Écrans

2022 – 1, n° 17

Écrans

Aux marges de l'idée de montage : pensées et pratiques

Sous la direction de Robin Cauche et Raphaël Jaudon

PARIS
CLASSIQUES GARNIER
2022

Écrans est une revue soutenue par l'Université Blaise-Pascal – Clermont-Ferrand (CELIS), l'Université Lumière – Lyon 2 (Passages XX-XXI) ; l'Université Paris Nanterre (HAR).

ISBN 978-2-406-14192-1
ISSN 2267-4357

SOMMAIRE

DEUXIÈME PARTIE / *PART TWO*

MARGES THÉORIQUES ET PHILOSOPHIQUES / *THEORETICAL AND PHILOSOPHICAL MARGINS*

TROISIÈME PARTIE / *PART THREE*

MARGES POÉTIQUES / *POETIC MARGINS*

AVANT-PROPOS

L'impossible topologie du montage

> Montage. Passage d'images mortes
> à des images vivantes. Tout refleurit.
> Robert BRESSON, *Notes sur le cinématographe.*

À celui ou celle qui s'intéresse au montage, plusieurs évidences s'imposent spontanément, comme autant de premières pierres sur lesquelles bâtir une définition minimale.

La première pose que le montage ne représentera jamais qu'une petite partie de l'expérience cinématographique, celle qui concerne l'enchaînement des images et le rythme de leur succession. Il s'oppose en ce sens à d'autres secteurs de la création (mise en scène, direction actorale, post-production…) et à d'autres formes, dont certaines emblématiques des possibilités offertes par le cinéma (mouvements de cadre, incrustation, plan-séquence…). Entre ces différents principes, l'équilibre n'est jamais définitif. Ainsi, à notre époque où les institutions semblent avoir consacré la victoire idéologique de l'auteurisme, on se souviendra que, dans le cinéma commercial, rares sont les cinéastes à disposer d'un pouvoir réel sur le montage de leurs films. Les *final cut*, *extended cut*, *director's cut*, *alternative cut* et autres *definitive edition* peuvent bien continuer d'alimenter les fantasmes comme les frustrations des fans, elles n'en témoignent pas moins, en creux, d'une réduction de la part accordée au montage dans le processus créatif. Que reste-t-il alors du montage, sinon une fraction bien négligeable de ce qui « fait » un film ? Et la fraction la plus abstraite, qui plus est, puisque s'il est aisé de percevoir une volonté artistique à l'œuvre dans la création des costumes, des décors, ou dans l'écriture scénaristique, les choix de coupes et de raccords demeurent, sauf exception, invisibles aux yeux du grand public.

Une seconde évidence, complémentaire autant que contradictoire, affirme que le montage est le principe esthétique fondamental du cinéma – non pas le seul, peut-être, mais celui qui lui est le plus *consubstantiel*. Une idée que l'on trouve aujourd'hui déclinée sous de nombreuses formes, et reproduites sur la quatrième de couverture de bien des ouvrages, des plus accessibles aux plus spécialisés. C'est qu'elle s'accorde avec le récit plus général d'un art qui n'en a pas toujours été un : né sous le signe de la simple technique, du divertissement de l'âge industriel, le cinéma n'aurait gagné sa légitimité artistique qu'au prix de démontrer qu'il était capable d'inventer une forme qui lui soit propre. La promotion du montage est venue résoudre l'équation historique ainsi posée. Prenons simplement les concepts que l'on accole habituellement à la pensée du cinéma, comme le *temps* ou le *rythme* : on ressent combien ils pointent vers une certaine idée du montage comme principe créatif, quand bien même la réalité serait plus nuancée (il y a un rythme interne aux images, de même qu'il y a des enjeux de durée dans les mouvements de caméra ou de cadre). C'est ce qui permettait à Jacques Aumont d'écrire, en conclusion d'un livre au titre déjà significatif : « le montage a toujours été [le] cœur formel et esthétique [du cinéma], le phénomène et l'idée centraux de toute la production filmique. Pourquoi ? parce qu'il est manifestation visible du pouvoir en fin de compte le plus remarquable du cinéma : montrer le temps[1] ». Où que l'on cherche l'essence du cinéma – dans l'inscription de toute image au registre du mouvement, dans la réduction du monde à ses instants prégnants, dans le traitement infligé à l'espace ou au corps humain –, on peut y voir la marque d'une incontournable opération poétique de sélection et de raccordement. Le cinéma, c'est le montage. Et inversement.

S'y ajoute un troisième axe définitionnel, plus ambitieux : celui qui prétend qu'avec le montage, le cinéma n'a pas seulement trouvé son moteur esthétique, mais défini une nouvelle idée de l'art englobant tout ce que les œuvres comptent de possibilités d'association et de mise en relation d'éléments hétérogènes (images, sons, corps, mots…). Ainsi entendu, le montage dépasse le cadre strictement filmique. Une telle conception se sera nourrie des œuvres de cinéastes au croisement des arts, comme Eisenstein ou Godard, avant d'alimenter à son tour de nombreux travaux de recherche, au point d'apparaître aujourd'hui comme une donnée essentielle de la réflexion sur le montage.

1 Aumont, Jacques, *Montage : « La seule invention du cinéma »*, Paris, Vrin, 2015, p. 105.

Également satisfaisantes sur le plan intellectuel, ces trois définitions n'en sont pas moins contradictoires. Une contradiction qui mérite d'être conservée, travaillée en tant que telle, et placée au cœur de la pensée du montage, si l'on veut espérer en saisir la complexité. Il n'est donc pas question pour nous de trancher entre l'une ou l'autre de ces acceptions, mais de prendre acte de la tension qui résulte de leur coexistence. L'« idée » de montage qui figure dans le titre de ce volume ne doit pas être entendue comme un concept figé, à l'extension définie *a priori*, mais comme un ensemble de pratiques et de discours dont personne ne saurait dire où ils commencent et où ils prennent fin. D'ailleurs, peut-être la métaphore spatiale est-elle la plus efficace pour poser le problème : si le montage était un lieu, il serait à la fois le territoire propre du cinéma, une portion *et* une extension de ce territoire.

Comment situer les « marges » d'un tel territoire ?

Ce n'est pas sans raison que nous avons choisi ce terme comme fil rouge pour les douze articles que vous vous apprêtez à lire. En filant la métaphore du lieu, il nous a semblé qu'il pouvait être intéressant de regarder le montage depuis l'extérieur, depuis ces zones d'ombre qui, tout en étant encore liées à lui, continuent d'échapper à sa pleine jurisprudence. Plutôt que ce qu'il est avec certitude, interroger ce qu'il n'est pas, ce qu'il n'a été que minoritairement, ce qu'il aurait pu être si le hasard de l'histoire en avait décidé autrement. La marge, donc. Zone de débordement, territoire intermédiaire, *no man's land* séparant l'une de l'autre deux entités contraires sans appartenir à aucune d'entre elles.

Dans l'un de ses ouvrages les plus fameux, le philosophe Jacques Rancière demandait que l'on se tienne sur les « bords » d'un objet pour mieux l'appréhender – en l'occurrence, la politique. Il s'agissait pour lui de substituer à la détermination temporelle une détermination spatiale : là où d'autres se poseraient la question de la naissance ou de l'essence, « déplacer la question des origines et des fins de la politique vers la question générale de ses "bords", c'est-à-dire des différentes manières de la voir délimiter son territoire, poser ses limites, rencontrer ses abîmes[2] ». Cela revient à s'éloigner du sens manifeste d'un concept que l'on pensait bien connu, pour prêter attention à des phénomènes qui réintroduisent en lui une part d'incertitude. Avec, de surcroît, la possibilité que ces

2 Rancière, Jacques, *Aux bords du politique* [1990], Paris, Gallimard, 2012, p. 10.

marges s'étendent indéfiniment – qu'elles ne soient pas seulement des limites, mais des invitations à pousser toujours plus loin l'exploration. Car ce que le philosophe affirme de la politique vaut aussi bien pour le montage : au-delà d'un certain degré d'éloignement par rapport au « centre », nulle définition objective ne saurait s'appliquer, de sorte que c'est le regard de l'analyste qui fait exister l'objet en question.

Le présent numéro aimerait s'inspirer de ce déplacement méthodologique pour nourrir une vision horizontale du montage cinématographique, où l'autorité des définitions serait contrainte de s'effacer devant la multiplicité des pratiques et des expériences, sans qu'il soit possible d'établir une quelconque hiérarchie entre les unes et les autres. Renonçant à définir le montage – ce pourquoi nous parlons de l'*idée* un peu flottante de montage, là où un *concept* rigide aurait sans doute été attendu –, nous nous contenterons d'en parcourir l'étendue, en nous concentrant sur quelques lieux remarquables : des exemples intempestifs, des films en excès sur leur temps, des pensées trop singulières pour être englobées dans un courant, une école ou une idéologie. Au fil de ces déambulations, il n'est pas exclu que revienne l'épineuse question de la nature du montage, de sa définition – on n'y échappe jamais vraiment. Mais pour espérer y apporter une réponse convaincante, peut-être n'est-il pas inutile de délaisser l'ontologie au profit de la topologie.

Les marges que les auteurs et autrices de ce numéro ont choisi d'arpenter sont de plusieurs ordres.

Historiques, d'abord : si la fonction du montage au cinéma semble aujourd'hui bien balisée, cette stabilité apparente est le résultat d'un long processus de différenciation, complexe, et jamais tout à fait achevé. Les textes de la première partie auront donc en commun un questionnement historique sur le montage. S'ils sont classés, par convention, dans l'ordre chronologique, leur assemblage démontre au contraire que l'avènement du montage et de ses figures se fait de manière non linéaire.

Pour interroger le moment d'institutionnalisation du cinéma – et donc l'avènement d'un montage narratif qui est devenu hégémonique – Jérémy Houillère propose d'observer l'influence croisée des pratiques de montage dans les vues animées et dans la presse illustrée en France au début du XXe siècle. L'auteur démontre que l'arrivée du cinéma et, au même moment, de nouvelles techniques de reproduction des images sur papier, modifient les pratiques de mise en page des journaux illustrés, vers des logiques de disposition et de défilement des images résolument cinématographiques. Pour observer ces influences, notamment en termes de montage, Houillère s'appuie sur l'analyse de représentations de combats de boxe, un sport qui est aussi un spectacle très narrativisé, et déjà séquentiel. C'est donc sur le mode de l'interaction qu'il faut étudier l'émergence des procédés et des habitudes de montage, se déployant au même moment sous des formes médiatiques diverses et qui s'influencent (ici, le spectacle sportif, la presse illustrée, les vues animées).

Selon cette perspective historique, le second article adopte l'angle des possibles politiques du montage. Raphaël Szöllösy s'y penche en effet sur un film réalisé entre 1938 et 1941, sur fond d'émergence des fascismes et du début de la Deuxième Guerre Mondiale : *Native Land*, de Leo Hurwitz et Paul Strand. L'assemblage des images par le montage cinématographique peut-il être également un principe politique fédérateur, notamment pour les classes populaires ? L'on a bien sûr l'habitude de poser cette question à travers le prisme du cinéma soviétique, et Szöllösy ne manque pas de rappeler l'ancrage important du travail de Hurwitz dans les enseignements de Poudovkine, par exemple. Mais, plus inattendue, c'est bel et bien une histoire politique états-unienne que construit *Native Land*. Grâce à l'analyse de certains points de montage, et en s'attardant sur les puissances du raccord, l'auteur parvient à déplier le projet politique de ce film de montage ; un film dont la construction, complexe, faite de luttes formelles et d'oppositions thématiques, est à l'image de la construction-même des États-Unis. Dans une dernière partie, Szöllösy commente l'importance de la voix du film, celle de l'acteur et activiste noir Paul Robeson, qui participe du politique du film. L'exemple met en exergue les puissances du montage des sons – une approche qui, il nous faut le reconnaître humblement, reste relativement marginale dans le présent ouvrage.

Dans l'article suivant, Mathilde Lejeune se penche sur la pratique singulière du cinéaste belge Charles Dekeukeleire (1905-1971). Pour étudier sa pensée du montage, Lejeune s'intéresse non à ses films, mais au fonds particulièrement fourni de ses archives papier : en l'occurrence une série de cent-trente carnets manuscrits. L'exploration de ce très vaste corpus sous les auspices du montage suit alors deux types de modalités. D'une part, l'autrice relève et analyse les réflexions du cinéaste sur le montage en général, et sur celui de ses propres films en particulier, en amont comme en aval de leur production. Des concepts émergent en effet, et sur le temps long, d'un carnet à l'autre, sont répétés, affinés ou abandonnés. D'autre part – et c'est là tout l'intérêt de cet article – il s'agit aussi de considérer la rédaction des carnets comme une théorie en acte, tout particulièrement une théorie du montage. S'engage alors un dialogue intermédial entre le montage des carnets et celui des films, où s'éclaire d'un nouveau jour la pensée d'un cinéaste qui, de l'aveu de l'autrice, manque souvent de clarté dans ses théories. Grâce à cette double approche, cet article richement illustré convainc du grand intérêt, pour les études cinématographiques, des œuvres (films comme carnets) de cet auteur trop ignoré, à qui l'autrice s'attarde à accorder sa juste place.

Le dernier article de cette première partie est lui-aussi l'occasion de mettre la lumière qui lui est due sur une figure historique du montage cinématographique. En effet, Rémy Besson s'y interroge sur la place trop longtemps minorée de Ziva Postec, la monteuse du film *Shoah* de Claude Lanzmann. Par le biais d'une analyse des discours – ceux du film bien sûr, mais surtout des discours d'accompagnement du film et des discours critiques – Besson révèle et creuse un paradoxe : si *Shoah* est largement reconnu pour des singularités liées au montage (son rythme, sa durée, mais aussi l'immense travail de sélection et d'agencement des dizaines d'heures d'entretien filmées), sa monteuse, elle, a été longtemps marginalisée au profit du réalisateur. En outre, dans la dernière partie de l'article, Besson porte un recul critique sur son propre rôle dans la reconnaissance historique de Ziva Postec, en particulier comme conseiller historique d'un film documentaire que la cinéaste Catherine Hébert a consacré à la monteuse. Ou la mise en lumière d'une figure de monteuse comme acte politique.

Il serait illusoire de croire la pensée du montage plus spontanément unifiée que les pratiques qu'elle cherche à décrire. En effet, un regard rétrospectif nous apprendra rapidement que les débats sur le montage ont toujours été de nature à *relancer* la théorie du cinéma sur de nouvelles questions, plutôt qu'à en achever l'édifice. Des légendaires oppositions entre cinéastes formalistes sur le rôle politique du montage aux inquiétudes contemporaines autour du *compositing* qui introduirait au sein du plan une discontinuité auparavant prise en charge par la coupe, en passant par les tentatives de caractérisation du montage « invisible » classique, les projets de rationalisation sémiotique ou les rêveries sur une prétendue affinité cosmique du montage : ces moments sont autant d'expressions d'une intranquillité fondamentale sur les potentialités réelles des associations d'images et de sons. Du point de vue de l'esthétique du cinéma, force est de constater que la théorie du montage a toujours fourni davantage de questions que de réponses – et c'est une bonne chose.

Ainsi, les textes de la deuxième partie s'intéresseront à des marges théoriques et philosophiques de l'idée de montage, incarnées par des auteurs ou des problèmes singuliers. Si certains des noms cités sont loin d'être inconnus des spécialistes d'esthétique du cinéma, l'ambition sera d'éclairer leur œuvre d'une lumière nouvelle. C'est ce que fait Bertrand Bacqué lorsqu'il propose de traverser la pensée de Gilles Deleuze à partir, non des concepts phares de l'auteur (l'image-temps, la rupture du schème sensori-moteur, les situations optiques et sonores pures...), mais de quelques autres plus rarement commentés (le Tout, l'intervalle et l'Ouvert, l'interstice et le Dehors) – des termes moins idiomatiques, peut-être, mais qui contiennent toute la singularité de la pensée deleuzienne du montage. L'auteur confronte ensuite cette philosophie à celle de Jacques Rancière au nom de leur intérêt commun pour les films de Jean-Luc Godard, remarquables dans leur manière, non de s'offrir à l'analyse, mais de relancer la théorie en images.

Passage obligé de toute réflexion sur le montage, le cinéaste qui occupe l'article de John MacKay est pourtant loin d'avoir encore livré tous ses secrets. Dans l'histoire du cinéma, Dziga Vertov (car c'est bien de lui qu'il s'agit) est à la fois le nom d'un pionnier dont les films sont invariablement étudiés et analysés dans les cours de cinéma, et d'un théoricien audacieux dont les idées, énoncées dans un style parfois ardu, s'opposent à toute tentative de vulgarisation hâtive. L'article de MacKay s'attelle à cette difficulté en proposant une nouvelle lecture de la théorie vertovienne des « intervalles », qui puise à la fois dans la réflexion musicale soviétique de l'époque, dans les débats formalistes autour de la possibilité d'un cinéma absolument non-narratif, et dans le contexte idéologique et politique de la jeune URSS.

La transition avec l'article suivant se veut assez naturelle puisqu'il sera là aussi question de cinéma documentaire, et des années 1920 – période de toutes les élaborations et contre-élaborations théoriques sur le montage. Toutes ? À bien y réfléchir, peut-être pas. En effet, en marge des débats canoniques sur les formes alternantes, sur l'opposition entre montage narratif et discursif ou sur l'implication affective du spectateur, il semblerait que d'autres territoires de la pensée aient été explorés de façon beaucoup plus sommaire. C'est le cas du montage documentaire, dont Stéphane Pichelin démontre qu'il n'a pas donné lieu à un concept unifié dans la France des années 1920. Examinant d'abord les phénomènes qui ont fait obstacle à cette émergence (en particulier le bergsonisme, encore très présent chez les intellectuels de l'époque), l'auteur propose ensuite de réenvisager quelques-uns des problèmes qui structurent la pensée du montage documentaire, comme la dimension pédagogique et scientifique, ou le rapport à la photogénie.

En somme, l'enjeu de cette deuxième partie n'est pas seulement de revenir sur les accomplissements de la théorie du montage, mais aussi d'interroger *ce qui n'a pas été pensé* au cours de son histoire. Si, pour Stéphane Pichelin, ces zones d'ombre demeuraient localisées dans un contexte (la France des années 1920) et un espace discursif précis (le cinéma documentaire), aux yeux de Gian Maria Tore, elles s'étendent encore bien au-delà : au fond, l'idée de montage elle-même a fini par s'effacer derrière l'étude de quelques pratiques de raccordement des images et de quelques figures singulières. C'est pourquoi son article se présente comme une proposition d'« extension » du concept de montage, qui aille au-delà de la technique pour embrasser des enjeux aussi vastes que l'activité interprétative ou la relation entre « petites » et « grandes » formes (c'est-à-dire entre le niveau local, la coupe, et le niveau global, le film pensé comme un tout). Une telle démarche nous rappelle que les catégories conceptuelles de l'esthétique du cinéma ne sont jamais fixées une fois pour toutes, et que le champ dans son ensemble gagnerait parfois à y réintroduire du jeu.

Les dernières marges que nous aimerions explorer sont poétiques, au sens où elles sont délimitées et habitées par des films, des œuvres, des gestes à la singularité irréductible.

Si la première partie de ce volume choisissait de mener une investigation historique, la dernière évolue au contact de la création contemporaine. En effet, les quatre articles en question se situent pleinement dans ce que Luc Vancheri a récemment nommé le « moment Youngblood » :

un virage théorique amorcé au début des années 1970 et qui, sous le nom d'*expanded cinema*, a permis d'amener le cinéma au-delà de lui-même[3]. Que l'ambition de Youngblood ait originellement été d'élargir la conscience humaine et non les pratiques artistiques, cela n'importe finalement que peu. L'essentiel est qu'il emploie pour ce faire le signifiant de « cinéma », et qu'à sa suite, il devienne possible d'englober sous ce nom, jusque-là bien défini, un ensemble d'expériences parfois très éloignées du modèle classique de la « projection » cinématographique. Le moment Youngblood, qui est encore le nôtre, désigne un processus d'éclatement sémantique dans lequel le « cinéma » continue d'exister sous sa forme conventionnelle en même temps que, parallèlement, il se déploie sous de nouvelles formes – une dialectique qui « nous amène à considérer autrement la manière dont le cinéma fait histoire[4] ».

C'est la raison pour laquelle nous avons souhaité faire dialoguer deux états esthétiques du montage dans le cinéma contemporain, apparemment opposés : d'un côté, une survivance du montage classique, au service de la narration ; de l'autre, une série de gestes qui interrogent les limites d'une conception strictement cinématographique du montage. Le premier axe de cette dialectique est incarné par Frédéric Thoraval, monteur ayant accompagné le développement d'un certain cinéma d'action français dans les années 2000 (notamment auprès de Pierre Morel, avec *Banlieue 13*, *Taken* ou *From Paris with Love*) avant de travailler à Hollywood, où il a été récemment nommé aux Oscars pour *Promising Young Woman* d'Emerald Fennell. Cette brève description laisse déjà percevoir que Thoraval, de son propre aveu, « n'entre pas dans les cases » – autrement dit, il se plaît lui-aussi à arpenter les marges : monteur de télévision passé à la fiction ; monteur de films d'action en France, où ce genre est plutôt considéré aux antipodes du cinéma d'auteur ; monteur français à Hollywood, désormais. Dans l'entretien qu'il nous a accordé, il se prête volontiers à l'analyse critique de sa propre pratique, de son style, de ses valeurs, et de leur évolution au fil de sa carrière. Que reste-t-il du raccord, de la continuité, du récit et même de la morale dans son métier de monteur, là où la discontinuité, l'ellipse et l'ubiquité semblent des lieux communs

3 Voir Jaudon, Raphaël, Marchiori, Dario et Vancheri, Luc (dir.), *Écrans*, n° 3 : *Expanded Cinema*, 2015.

4 Vancheri, Luc, *Le Cinéma ou le dernier des arts*, Rennes, Presses Universitaires de Rennes, 2018, p. 291.

de la pensée sur le cinéma contemporain[5] ? Sur ces points comme sur quelques autres, l'enjeu de ce texte est de recueillir le témoignage d'un praticien, appuyé sur quelques exemples récents et concrets.

Les autres textes, à l'inverse, travaillent sur un axe qui cherche à dépasser la seule inscription filmique du montage. C'est le cas de l'article d'Éric Thouvenel, qui s'intéresse aux formes *intensives* du montage élaborées par le cinéma d'avant-garde et expérimental – par opposition au modèle narratif-représentatif de conception des films, qui s'organise prioritairement selon un mouvement extensif. S'intéressant à quelques procédés emblématiques, comme le montage par compression, il montre que les pratiques expérimentales permettent de penser une toute nouvelle manière de faire du montage, non plus comme réagencement de fragments filmés au préalable en vue de les rétablir dans leur continuité, mais comme principe global de composition de la matière qui commence dès la conception du film. À sa suite, la plasticienne Kelly Egan s'interroge sur la possibilité de réinventer le montage à partir de pratiques socialement construites comme « féminines » : la cuisine, la couture, l'artisanat, ou encore la courtepointe – une tradition très ancrée dans la culture nord-américaine, et qui forme la matrice esthétique de ses propres œuvres. Une fois de plus, il s'agit de porter sur le montage un regard extérieur au strict champ cinématographique. Mais l'enjeu est également d'interroger les *imaginaires du montage* construits par l'histoire et la théorie du cinéma, en particulier l'imaginaire agonistique (le montage comme conflit, confrontation, lutte dialectique…), que l'autrice tente de contrebalancer en mobilisant d'autres valeurs, dépouillées de toute tentation viriliste.

Enfin, l'article de Philippe Bédard qui referme ce numéro offre un aperçu de deux formes de montage (au sens « élargi » du terme) apparues à l'ère numérique : les films interactifs et les installations vidéo multi-écrans. Chacun à sa manière, ces dispositifs nous invitent à abandonner la linéarité qui était au fondement du montage cinématographique, au profit d'approches valorisant la participation du public à l'opération même d'agencement des images. L'auteur se concentre en particulier sur le devenir paradoxal de l'idée de narration au sein de ces formes d'expériences – paradoxal au sens où le film interactif se présente à la

5 Que l'on pense, par exemple, à la *post-continuity* théorisée par Shaviro, Steven, *Post-Cinematic Affect*, Winchester/Washington, O-Books, 2010, p. 118-130.

fois comme un prolongement du cinéma traditionnel, défini prioritairement comme art du récit, et comme une invitation à s'émanciper de l'injonction à la cohérence héritée de ce même cinéma, pour mieux explorer les possibilités d'association infinies offertes par le médium.

Ces textes sont autant de preuves, s'il en fallait, que l'histoire de la pensée du montage est loin d'être achevée : parce que les pratiques elles-mêmes ne cessent de se réinventer et de se diversifier, et en cela, délimitent de nouveaux champs d'étude possibles ; mais surtout, parce qu'il appartient aux générations à venir de décider ce qu'elles feront des imaginaires philosophiques, éthiques ou politiques hérités des « grandes » théories du montage. La réflexion est donc tout juste entrouverte.

Plusieurs des articles qui composent le présent ouvrage trouvent leur origine dans les communications prononcées par leurs auteurs et autrices à l'occasion du colloque « L'émergence du concept de *montage* : ses sources, son développement, ses migrations » ayant eu lieu en novembre 2019 à l'Université de Lausanne, dans le cadre du programme de recherche sur l'archéologie et la généalogie du montage/*editing* PRAGM/*e* et du partenariat international de recherche sur les techniques et technologies du cinéma TECHNÈS[6].

Dans ce contexte, le présent ouvrage est né sous l'impulsion des trois directeurs du projet PRAGM/*e*, André Gaudreault, Santiago Hidalgo et Laurent Le Forestier, qui nous ont accordé leur confiance, et toute la liberté de prolonger ici la réflexion débutée lors de ce colloque, y compris en sollicitant des contributions nouvelles et complémentaires. Qu'ils en soient chaleureusement remerciés.

Robin CAUCHE et Raphaël JAUDON

6 Pour un compte-rendu du colloque, voir : Carfantan, Elisa, « "L'émergence du concept de 'montage' : ses sources, son développement, ses migrations", Lausanne, 13-15 novembre 2019 », *1895*, vol. 90, n° 1, 2020, p. 197-203.

PREMIÈRE PARTIE

MARGES HISTORIQUES

DU LECTEUR AU SPECTATEUR

Spectacles de boxe et pratiques de montage dans la presse illustrée et le cinéma en France au début du XXe siècle

Au tournant du siècle, le développement des techniques de reproduction des images (la similigravure en 1890 puis la rotogravure en 1910) transforme en profondeur le secteur de la presse illustrée. Les photographies remplacent peu à peu les traditionnelles estampes et gravures lithographiées, jusqu'à devenir la nouvelle norme. Cette modernisation de l'illustré passe par une accélération des modes de production du journal (on peut désormais reproduire plus facilement et plus rapidement les images), mais également par une accélération des modes de lecture. La photographie devient largement prépondérante par rapport au texte, et la mise en page évolue vers une juxtaposition et une présentation séquentialisée des images, visant à faire *défiler* les pages du journal.

Le rapport entre cette mise en forme innovante et le défilement des images animées sur les écrans est attesté par l'usage récurrent, dans ces journaux illustrés, de la métaphore cinématographique. Dans l'éditorial du premier numéro du quotidien *Excelsior*, le fondateur du journal et patron de presse Pierre Lafitte, expose ainsi son programme :

> Bien entendu nous ne prétendons pas atteindre la finesse luxueuse des publications préparées lentement et tirées posément. Néanmoins, le papier d'*Excelsior*, particulièrement choisi, et l'outillage modèle dont nous disposons, assureront à ses clichés toute leur valeur et toute leur vie…
>
> Grâce à ces éléments inappréciables, *Excelsior* sera ce qu'il a l'ambition d'être : le cinématographe de l'actualité universelle.
>
> Nous pouvons dire hardiment : le lire, ce sera « tout voir[1] ! »

Le parti pris de Pierre Lafitte est audacieux à deux titres au moins. D'une part, il propose un quotidien, là où ses principaux concurrents

1 Lafitte, Pierre, « Notre programme », *Excelsior*, n° 1, 16 novembre 1910.

(*La Vie illustrée*, *L'Illustration*) sont des hebdomadaires. En s'appuyant sur les progrès techniques de l'imprimerie, Lafitte préfère miser sur l'efficacité plutôt que sur l'aspect qualitatif de son journal, afin d'être au plus près de l'actualité. Bien qu'il ne le mentionne pas explicitement, le directeur de presse qu'est Lafitte ne peut ignorer l'essor des actualités cinématographiques dans les années 1900 : en mars 1909, soit un peu plus d'un an avant la publication d'*Excelsior*, Pathé lance son *Pathé-Journal*, renouvelé chaque semaine[2]. Cette accélération du rythme de publication du journal illustré pourrait ainsi se lire comme une manière de contrer la concurrence des cinématographes. D'autre part, cet éditorial ambitionne de renouveler l'expérience de lecture, en proposant à son public une expérience de *vision*. La mention du cinématographe cherche alors à marquer ce tournant vers une modernisation de l'illustré.

À travers cette métaphore cinématographique, dont on trouve des occurrences dans la presse dès la fin des années 1890, Thierry Gervais a bien montré comment les vues animées se sont rapidement imposées comme un référent visuel des journaux illustrés, où « les *montages* de photographies prennent le pas sur les compositions picturales des dessinateurs[3] ». Bien que ces deux termes soient très proches, désignant un mode d'assemblage d'éléments divers, montage et composition impliquent des pratiques différentes. Tel que Thierry Gervais l'entend, la composition désigne l'organisation des formes à l'intérieur d'un cadre, selon des règles en vigueur depuis la Renaissance au moins (perspective, proportions, lignes de force, etc.). Il s'agit donc de concevoir l'image comme un tout, un ensemble clos valant pour lui-même. Au contraire, le montage déploie les images dans le temps et dans l'espace, selon une logique de fragmentation, d'étirement et d'articulation. Les règles qui s'appliquent sont également différentes : raccord, rythme, chronologie conditionnent les modalités d'agencement des images. Dans la presse, cela conduit à reconsidérer les échelles de structures. La page devient le matériau de base de l'analyse, voire dans certains cas le journal dans son ensemble, quand les séquences d'images se développent sur plusieurs feuillets.

2 Huret Marcel, Ciné actualités : histoire de la presse filmée, 1895-1980, Paris, H. Veyrier, 1984.

3 Gervais, Thierry, « Les premiers magazines illustrés », dans Kalifa, Dominique, Régnier, Philippe, Thérenty, Marie-Ève et Vaillant, Alain, *La Civilisation du journal*, Paris, Nouveau Monde, 2011, p. 461.

Les illustrés sportifs, comme *La Vie au grand air* (également propriété de Pierre Lafitte), sont les principaux vecteurs de ce nouveau modèle de mise en page[4]. Ce journal, publié à partir de 1898, est né et a grandi avec le cinématographe. Il partage avec lui un goût pour le spectaculaire, l'évènementiel et la médiation par l'image photographique (fixe d'un côté, animée de l'autre). À ce titre, la boxe fait partie des thèmes récurrents de la presse sportive et des vues animées. Spectacle populaire à la fin du XIXe siècle, elle attire autant les reporters photographes que les caméras du cinématographe. Edison et Dickson reconstituent des combats de boxe dans leur studio dès 1894. Plus tard, les opérateurs de Pathé, Gaumont et consorts se tiendront au pied du ring pour filmer des rencontres officielles.

La boxe est un sport qui recourt lui-même au montage. L'alternance des phases de combat et des pauses, les temps forts et plus calmes rythment le déroulement du match et participent pleinement de sa dramaturgie.

À partir des photographies prises pendant les rencontres, les journaux sportifs tentent d'en reproduire la substance, par le biais de séquences d'instantanés qui reconstituent tel ou tel aspect du combat. Pour autant, peut-on vraiment parler de montage, au sens cinématographique, pour qualifier ce type d'assemblage ? Que recouvre l'analogie de Pierre Lafitte quand il compare son journal à un cinématographe ? Car s'il s'agit bien là d'agencement et de mise en forme des images, les moyens du journal illustré ne sont pas ceux du cinéma. Une vue animée, quelle que soit sa longueur et le nombre de plans qui la composent, instaure une durée, puis en fait varier la proportion à l'échelle de la bande en jouant sur les coupes et les longueurs de pellicule. Ce rapport au temps n'a pas d'équivalent dans la presse illustrée, où la page fixe la temporalité des images. Pour le dire autrement, contrairement à un plan de cinéma, chaque photographie publiée dans le journal a la même durée.

LE JOURNAL À LA FIN DU XIXe SIÈCLE : UN MÉDIA VISUEL

La mise en page du journal connait d'importantes évolutions dans le dernier tiers du XIXe siècle, dont la principale porte sur la hiérarchisation

4 Gervais, Thierry, « Les premiers magazines illustrés », art. cité, p. 455.

des textes. Alors que jusque-là les articles se succèdent de manière linéaire, segmentés par des titres en caractères gras, les éditeurs de presse mettent en place des stratégies d'ordonnancement afin de faciliter la navigation à l'intérieur du journal. De nouvelles fonctions apparaissent à cette période, telles que secrétaire de rédaction, rédacteur en chef ou chef de service, chargés entre autres tâches de coordonner la mise en page et l'impression du journal[5]. La rubrique devient l'unité de base du journal, l'élément structurant qui regroupe les textes et sert de repère visuel au lecteur. L'aspect général du journal est ainsi amené à se transformer. On cherche désormais à éviter les longues colonnes compactes, caractéristiques des feuilles des XVIIIe et XIXe siècles, et dont la forme peu attrayante rebute le lecteur. Dans son manuel sur le journalisme, publié en 1906, Vincent Jamati souligne l'importance de l'esthétique du journal : « Dans ce choix l'on ne cherche que le plus bel aspect du journal et l'impression favorable que sa vue doit laisser aux lecteurs. Si le public ne se rend pas compte de cette esthétique spéciale, il sent, par instinct, et s'aperçoit de primesaut si la feuille a ou n'a pas d'*œil*, tout en étant incapable de motiver son jugement[6]. »

L'agencement des différents éléments sur la page du journal permettrait donc de toucher au *sens*, d'atteindre directement l'inconscient du lecteur. Cela ne décrit-il pas justement une des fonctions du montage cinématographique ? Au-delà de l'aspect esthétique et formel, la mise en page sert également le discours du journal. L'association des textes et l'ordonnancement des rubriques produit du *sens*, cette fois-ci comme idée, signification : un même texte pourra être perçu différemment par le lecteur selon qu'il est placé à tel ou tel endroit du journal, dans telle ou telle rubrique. De la même manière, on sait qu'un plan dans un film ne dit pas la même chose selon l'endroit où il intervient sur la bande. Le sens produit est fonction des plans qui lui succèdent ou le précèdent.

Au tournant du siècle, le journal est donc bien un média *visuel*, qui de surcroît n'a pas attendu le cinématographe et « l'invention du montage[7] » pour peaufiner des techniques d'assemblage et de composition propres

5 Jamati, Vincent, *Pour devenir journaliste. Comment se rédige et s'administre un journal*, Paris, J. Victorion, 1906, p. 12-13.

6 *Ibid.*, p. 103.

7 Les guillemets soulignent l'usage volontairement anachronique et téléologique de cette formulation.

au domaine de l'édition. L'essor du journal illustré en France, et plus généralement « l'efflorescence de l'illustration dans les quotidiens populaires[8] » à la fin du XIXe siècle, correspondent bien à ces transformations éditoriales qui touchent le secteur de la presse dans son ensemble. Pour autant, ces recettes ne s'appliquent pas immédiatement à l'assemblage des images. Jusqu'à la toute fin du siècle, la presse illustrée française privilégie l'illustration autonome et les gravures à grand format – c'est-à-dire la composition picturale. C'est bel et bien en parallèle de l'émergence du cinématographe et du succès des vues animées que des formes de montage, reposant sur la démultiplication des images et la séquentialité, commencent à se diffuser dans les illustrés français.

L'ÉMERGENCE DU MODÈLE SÉQUENTIEL

Thierry Gervais propose 1898 comme date d'émergence d'un nouveau mode d'assemblage des images dans la presse illustrée. Il s'agit de l'année de création de *La Vie illustrée* et *La Vie au grand air*, deux périodiques dont la mise en page repose sur l'association de la photographie et de la similigravure[9]. Ce procédé, qui se substitue aux traditionnels dessins et gravures, facilite largement l'intégration des illustrations : lors de ses premières années, *La Vie illustrée* compte deux fois plus d'images par numéro que son prestigieux concurrent, *L'Illustration*, pour un prix deux fois moindre. Dans ces hebdomadaires, l'image devient prépondérante par rapport au texte. Cela influe nécessairement sur le rythme de lecture : ces journaux sont faits pour être parcourus des yeux, « feuilletés » comme l'indique le rédacteur en chef de *La Vie illustrée* dans le premier numéro[10]. La mise en page rompt avec le modèle canonique de la colonne et sa lecture verticale. Les images, aux dimensions plus réduites, se déploient aussi bien dans la verticalité que dans l'horizontalité. Désormais, une

8 Bacot, Jean-Pierre, « Panorama de la presse illustrée du XIXe siècle », dans Kalifa, Dominique et *al.*, *La Civilisation du journal*, *op. cit.*, p. 449.

9 Gervais, Thierry, « Les premiers magazines illustrés », art. cité, p. 453. La similigravure est un procédé d'impression consistant à rendre les demi-teintes d'un document ou d'une image par une série de points de différentes grosseurs.

10 De Weindel, Henri, *La Vie illustrée*, n° 1, 20 octobre 1898, p. 2.

page présente couramment une séquence de plusieurs images, là où les illustrés traditionnels privilégient les illustrations en grand format, accompagnées de larges bandes de texte.

Ces assemblages doivent être distingués des suites d'images organisées en séquences que l'on trouve, en particulier, dans les journaux satiriques ou les illustrés pour la jeunesse – et que l'on désigne par le terme d'histoires en images, ou histoires sans paroles. En effet, bien qu'il s'agisse dans les deux cas d'une juxtaposition de plusieurs images organisées pour raconter une histoire, ou décrire un évènement, leur conception au sein du journal relève de deux pratiques différentes. Dans le cas des journaux satiriques ou enfantins, les histoires en images se présentent sous la forme de planches conçues en amont et livrées d'un seul tenant par un auteur. Bien que chaque planche se compose effectivement d'une suite de dessins, répartis en « cases », elle fonctionne sur la page de manière autonome, de la même manière qu'une illustration composée d'un seul dessin. L'unité reste donc la *planche*, d'ailleurs généralement signée par son auteur une fois en bas à droite de la dernière case. Au contraire, les assemblages d'images – généralement photographiques – apparus à la fin des années 1890 résultent d'un agencement effectué par le « metteur en page[11] » du journal. Les photographies peuvent provenir de plusieurs sources différentes, dont le rendu peut varier en fonction du lieu et des conditions dans lesquelles elles ont été prises, voire selon le photographe qui en est l'auteur (celui-ci est d'ailleurs rarement crédité dans le journal, ce qui ne permet pas d'attribuer la paternité d'un reportage à un photographe en particulier). L'unité est alors la *page*, qui structure la composition livrée au lecteur et la rend homogène. On peut alors véritablement parler de montage dans le journal illustré, c'est-à-dire à l'échelle du médium, alors que l'histoire en images recourt au montage à une autre échelle, celle du média, et peut par conséquent se décliner sur d'autres supports (affiches, albums, etc.) – ce qui dépasse largement le cadre de cette étude[12].

11 Le terme est employé par Vincent Jamati lui-même dans son manuel, *Pour devenir journaliste*, *op. cit.*, p. 91.

12 Cela n'empêche toutefois pas d'effectuer certains rapprochements. Le satirique illustré *Le Rire* se plaît parfois à publier des pastiches de compositions typiques des illustrés sportifs. Voir par exemple une planche à propos d'une course cycliste, dont la mise en page séquentielle renvoie très clairement aux compositions de *La Vie au grand air* : Nollat, « Cinéblague. Le Tour de France », *Le Rire*, n° 596, n. p.

À l'instar de la distribution des textes au sein des rubriques qui structurent un journal, le montage d'une séquence d'images dans la presse illustrée cherche à produire du sens. Partant d'une série de clichés soigneusement sélectionnés, le metteur en page se fait narrateur. Il organise la répartition des images pour raconter une histoire, voire exprimer un point de vue, s'appuyant la plupart du temps sur les codes et la structure narrative de la chronique. L'agencement des illustrations répond à une logique de succession, pouvant retracer le déroulement d'une compétition sportive, les phases d'une course, les faits marquants d'un combat, ou encore les étapes d'un voyage. Chaque image s'intègre alors dans un continuum, généralement complété par de courts paragraphes de texte en légende qui fournissent des indications de temps ou de lieu afin d'aider le lecteur à se repérer. Fidèle aux principes du journalisme, la séquence repose sur la précision et l'exactitude des faits retranscrits. Le recours à la photographie accentue le réalisme de la représentation, et donne l'impression d'assister au *défilement*, image par image, de l'évènement capté.

Les premières vues animées font appel aux mêmes procédés. Dans les vues sportives et de plein air par exemple, la succession des tableaux documente avec minutie le déroulé de la course ou de la compétition, dans une démarche quasiment pédagogique. Des intertitres sont parfois là pour renseigner précisément le spectateur sur ce qu'il voit, comme dans *L'Ascension du Mont Blanc* filmée par Pathé (1907), où la bande est ponctuée de cartons explicatifs sur l'altitude ou le col atteint par les randonneurs. Ce découpage en plusieurs phases successives, dont chacune présente un attrait différent, est caractéristique du mode d'assemblage des vues animées.

Dès lors on ne sera pas surpris de croiser régulièrement la mention du cinématographe en description des séquences d'images publiées dans les journaux sportifs, laquelle, bien qu'employée métaphoriquement, n'en reste pas moins chargée de signification. Dans un numéro de *La Vie au grand air*, paru en juin 1902, la légende de la double page centrale indique ainsi que les instantanés d'une course équestre ont permis « de donner [...] à nos lecteurs un véritable cinématographe de la victoire de Kizil-Kourgan[13] ». De même, en juillet 1910, le rédacteur annonce le programme d'un reportage à venir en écrivant : « Nous aurons ainsi le

13 *La Vie au grand air*, n° 197, 21 juin 1902, p. 409.

loisir de publier de nombreux documents sur les épreuves sensationnelles qui se disputent à Bétheny et de donner en quelque sorte la cinématographie complète de cette semaine, sans en oublier un seul incident, grâce à l'armée de photographes et de rédacteurs qui représentent *La Vie au grand air* à Reims[14]. » Autant de manières, donc, de formuler l'analogie entre deux modes de représentation qui interfèrent, s'entremêlent et se concurrencent tout au long des années 1900 et 1910.

PRESSE ILLUSTRÉE ET CINÉMATOGRAPHE FACE À FACE SUR LE RING

Le modèle séquentiel s'impose rapidement dans *La Vie au grand air.* Au début des années 1910, il devient l'un des principaux modes d'assemblage des photographies au sein du journal, certains numéros pouvant compter jusqu'à cinq séquences sur des thèmes différents. Si la plupart des séquences tiennent sur une page, il arrive qu'elles s'étirent davantage. C'est le cas de plusieurs reportages consacrés à des matches de boxe, lesquels occupent parfois jusqu'à quatre pages du journal, soit un tiers du volume total du numéro.

Ces choix éditoriaux peuvent s'expliquer par la popularité de la boxe au début du siècle, thème par ailleurs récurrent du journal, mais également par certaines caractéristiques inhérentes à ce sport. Si la linéarité d'un match de boxe s'accommode bien de la succession des clichés sur la page, chaque round offre autant de renversements possibles, capables de tenir le lecteur en haleine jusqu'au dénouement. Les rédacteurs du journal n'hésitent d'ailleurs pas à s'emparer des matches comme d'un véritable récit à suspense : « Du début à la fin, tous les spectateurs passèrent par les phases les plus variées et les plus passionnantes. Fertile en coups de théâtre, comme un chef d'œuvre dramatique, ce championnat du monde fera date dans les annales du pugilisme[15]. » En outre, l'usage des instantanés permet d'adopter un regard plus technique sur la rencontre.

---

14 *La Vie au grand air*, n° 617, 16 juillet 1910, p. 500.

15 Mortane, Jacques, « Un vrai champion du monde », *La Vie au grand air*, n° 797, 27 décembre 1913, p. 1113.

Ces arrêts sur image sont une aubaine pour qui souhaite étudier dans le détail la posture des boxeurs, la maîtrise d'un coup, d'une feinte ou d'une esquive. Bref, un match de boxe offre un excellent cadre pour développer une séquence d'images à la fois technique et spectaculaire, rythmée par des rebondissements qui peuvent s'étirer sur plusieurs pages.

Pour les rédacteurs de *La Vie au grand air*, le cinématographe ne serait d'ailleurs pas tout à fait étranger au fait que les matches se prolongent ainsi. Plusieurs témoignages retranscrits dans les pages du journal font état d'une influence supposée des caméras sur le déroulement des rencontres :

> Les journaux protestent contre le contrat que Jack Johnson et Jim Flynn viennent de signer avec un entrepreneur de films cinématographiques pour prendre les diverses phases de leur combat, si j'ose m'exprimer ainsi. Ils assurent tous que le cinéma sera le principal facteur de l'affaire et que les deux hommes songeront non pas à combattre sincèrement, mais à poser devant les opérateurs. Il est certain qu'eux et les organisateurs comptent plus sur les recettes du film que celles du match[16].

La polémique court ainsi sur plusieurs numéros dans les années 1911 et 1912, pointant des matches qui s'éternisent, où les pugilistes éviteraient le coup fatal du K.O. qui interromprait prématurément la rencontre. La réalité de ce type d'arrangement est difficile à évaluer. S'il est vrai que Pathé a pu organiser des combats d'exhibition, ces rencontres se déroulent en dehors de tout cadre officiel, et les journalistes de *La Vie au grand air* n'y ont probablement pas accès[17]. En revanche, il est fréquent que les photographes et les opérateurs de vues animées se côtoient sur des rencontres importantes. Le match opposant Samuel Langford (dit Sam Langford) à Joe Jeannette le 20 décembre 1913 à Paris, a par exemple fait l'objet d'un long reportage dans *La Vie au grand air*[18] et d'une bande réalisée par Pathé. Pour être plus précis, on peut même ajouter que la caméra du cinématographe se situe en face des photographes du journal, dans le même axe et sensiblement à la même hauteur, à même distance du ring mais du côté opposé. Il résulte de ce placement un cadrage similaire sur les images produites de chaque côté, en plan moyen ou plan d'ensemble selon la focale utilisée, et une légère

16 « Le carnet du sportsman », *La Vie au grand air*, nº 708, 13 avril 1912, p. 258.

17 Voir en particulier une bande tournée en 1909, *Match de boxe anglaise*, où des pugilistes célèbres s'affrontent les uns après les autres devant un public trié sur le volet et… une toile peinte.

18 *La Vie au grand air*, nº 797, 27 décembre 1913.

plongée. Dans un autre numéro du journal, il est par contre clairement indiqué, en caractères gras juste au-dessous de la séquence d'images de l'affrontement entre Sam Langford et Samuel E. Mac Vea (dit Sam Mac Vea, ou Mac Vey), que « Tous les clichés pris au cours du match sont la propriété exclusive de *La Vie au grand air* et sont les seuls qui aient été faits du combat[19]. » Cette dernière mention constitue un bon indicateur de la concurrence que se livrent les journaux illustrés entre eux, au cœur d'une « bataille des images » pour couvrir certains évènements à succès. Cependant, elle nous semble également révélatrice de la compétition qui oppose les deux médias dans la course à l'exclusivité.

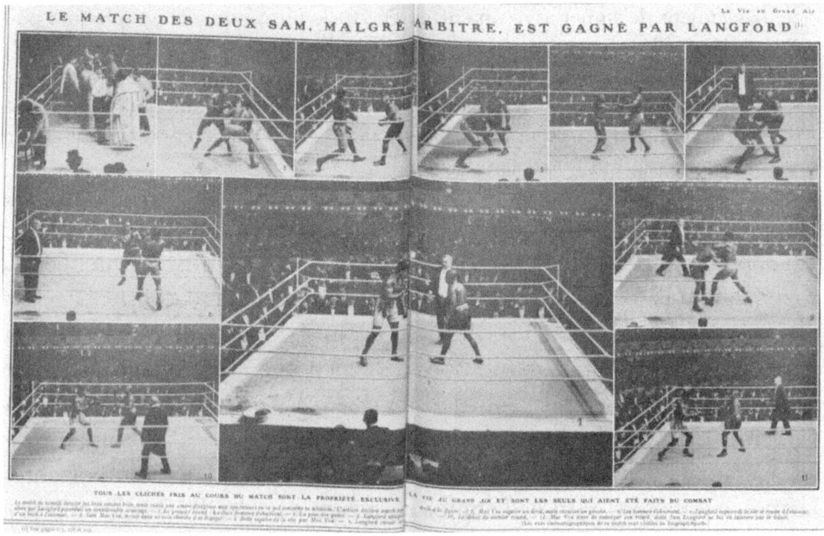

FIG. 1 – *La Vie au grand air*, n° 655, 8 avril 1911, p. 221 (source : Bibliothèque nationale de France).

Journaux illustrés et entrepreneurs de vues animées se rejoignent autour d'un objectif commun : celui de rendre compte, par l'image, d'un évènement donné ; en l'occurrence les diverses phases d'un combat de boxe. Les moyens à disposition diffèrent toutefois nettement d'un média à l'autre. Le journal illustré offre nécessairement une vision très parcellaire de la rencontre. L'espace alloué pour ce type d'évènement,

19 *La Vie au grand air*, n° 655, 8 avril 1911, p. 221.

même s'il est souvent généreux (trois à quatre pages pour des matches importants), implique de choisir scrupuleusement les images destinées à intégrer la séquence. Là où une vue animée fait défiler plusieurs milliers de clichés, la page d'un journal peut difficilement en contenir plus d'une dizaine. Sur un plan strictement quantitatif, la comparaison ne tient pas. Elle n'est cependant pas tout à fait hors de propos, car l'ambition d'un journal comme *La Vie au grand air* est précisément de se hisser au niveau du cinématographe. Dans le numéro consacré à la rencontre entre Sam Langford et Sam Mac Vea en 1911, le journal propose deux montages séquentiels de l'évènement. Le premier montage, intitulé « La cinématographie du match », présente un total de dix-huit clichés numérotés sur deux pages, dans l'ordre chronologique du combat. Le cadrage varie peu d'une image à l'autre. Les adversaires, saisis en plan moyen, alternent entre des phases de gardes, d'attaques, et des postures pour casser la distance. Si l'effet recherché est clairement celui d'un *défilement* linéaire du combat, la redondance entre les clichés sélectionnés et l'aspect très elliptique du montage rendent finalement peu lisible le déroulement du match. Sans le commentaire associé en légende à chaque image, il est difficile de se repérer dans la partie.

Le second montage est quant à lui nettement plus dynamique. Placé sur la double page centrale du numéro, il offre une vue d'ensemble du match, que le lecteur saisit d'un seul coup d'œil. La séquence se compose de onze clichés numérotés, dont dix sont répartis autour d'une photographie centrale, occupant près du tiers de la double page. Cette dernière accroche le regard du lecteur, qui se déplace ensuite d'une image à l'autre en suivant la chronologie du match. Ce type d'agencement, courant dans le journal, bénéficie d'un fort impact visuel. Il permet en quelque sorte de pallier les lacunes liées à la représentation parcellaire et fragmentée de l'évènement en misant à la fois sur la condensation et l'éclatement. La fixité devient alors un atout que le journal exploite en allant au-delà de ce que la vue animée est capable de montrer.

Pour ce qui est du cinématographe justement, il offre à son spectateur l'expérience de la durée. À l'instar du journal illustré, les vues animées respectent la chronologie de l'évènement. Dans la bande tournée à l'occasion du match entre Langford et Jeannette en 1913, le premier plan décrit les préparatifs de la rencontre. De la même manière, la première image choisie dans *La Vie au grand air* pour illustrer le match est également une photographie des préparatifs. L'écart ne se situe pas dans la retranscription du déroulement du combat, où chaque média recherche à sa manière un effet de continuité, mais plutôt dans le contenu, plus riche et plus varié dans la vue animée. La vue animée livre en effet les rounds dans leur intégralité, ce qui permet au spectateur d'apprécier chaque mouvement des pugilistes, chaque attaque, esquive, parade, décalage… sur lesquels le journal doit nécessairement faire l'impasse.

Cela ne veut pas dire pour autant que les éditeurs de vues animées n'opèrent pas également des sélections. La bande réalisée par Pathé en 1913 du match entre Langford et Jeannette, telle qu'elle est conservée dans les archives, compte huit plans. Le premier plan correspond aux préparatifs, et chaque plan suivant à un round, soit seulement sept reprises sur les vingt que compte le match. Il s'agit, pour être précis, des rounds n° 1, 4, 7, 13, 14, 19 et 20 (un panneau porté par un arbitre assistant le précise au début de chaque reprise). On le voit, les coupes opérées sont nombreuses. Elles concernent non seulement les temps de pause (en principe une minute entre chaque round), mais aussi les deux tiers du combat. La durée approximative de la bande (dix-neuf minutes dans la copie numérisée par Gaumont-Pathé Archives[20]) correspond *grosso modo* à la moyenne de cette période, ce qui rend l'authenticité de ce montage crédible. On imagine mal, par contre, qu'aient pu circuler des copies de l'intégralité de la rencontre, soit plus d'une heure avec les pauses.

Or, dans la presse illustrée comme en cinématographie, les sélections impliquent des choix : que souhaite-t-on montrer, et qu'est-ce qui est susceptible d'être retiré ? Il est clair que les temps de pause sont superflus, et ne figurent d'ailleurs ni dans les séquences de *La Vie en plein air*, ni dans aucune bande cinématographique représentant un match de boxe, parmi celles que nous avons consultées. Les images des préparatifs, ainsi que celles du dernier round, permettent de placer des bornes, de fixer un cadre au déroulement du combat. Mais comment s'est fait le choix des autres images ? Dans le cas du match entre Langford et Jeannette, cinématographié par Pathé en 1913, ce choix semble avoir été opéré sur des critères à la fois sportifs et dramaturgiques. Les rounds n° 13 et 14,

20 Nous ne disposons pas du métrage exact de la bande, mais en 1913 le métrage moyen est de 500 à 600 mètres, ce qui correspond à une durée d'une vingtaine de minutes environ. Voir Bousquet, Henri, « L'année 1913 chez Pathé Frères », *1895*, Hors-série, 1993, p. 128-139.

au centre de la bande, constituent le tournant du match. Voici ce qu'en dit d'ailleurs *La Vie en plein air :* « Ce fut l'un des moments les plus émouvants qui aient été enregistrés dans les annales du ring, lorsque Sam Langford, d'un terrible crochet à la mâchoire, changea soudain au 13e round la face du combat et fit sienne une décision qui semblait à ce moment devoir aller à Joë Jeannette[21]. » Dans la reprise suivante, Jeannette retrouve ses esprits et semble reprendre la maîtrise du combat. Finalement, tout se joue à la 20e reprise, où Jeannette subit une avalanche de coups portés par Langford, finalement désigné vainqueur.

La séquence d'images réalisée par le journal et la bande de Pathé suivent le même schéma. Ils construisent un même déroulé, en soulignant les moments-clés du match, les faits les plus spectaculaires ou les retournements marquants. Et surtout, chacun fait le choix dans son montage de couper les moments considérés comme mineurs, ceux qui éclairent peu la rencontre. Le résultat produit par chaque média correspond donc à un regard porté sur le match, un point de vue. Cette subjectivité transparaît nettement dans le journal illustré. Prenons un autre exemple, celui déjà cité du combat entre Langford et Mac Vea, en 1911. Le match, au terme duquel aucun adversaire n'a mis l'autre K.O., se solde par un nul aux points. Malgré ce jugement arbitral qui place les deux pugilistes sur un pied d'égalité, *La Vie au grand air* prend clairement le parti de Sam Langford, qu'il désigne explicitement comme « le meilleur ». La séquence d'images illustre alors la supériorité de Langford. Elle sélectionne ses meilleurs coups, les moments où Mac Vea est au sol. Sur les dix-huit clichés, presque aucun ne contient une attaque portée par ce dernier. Mais c'est surtout dans le texte, dans les légendes et les titres, que le journal affiche son positionnement : « Une décision incompréhensible – match nul – est venue gâter la soirée où l'on avait assisté à une rencontre qui avait prouvé la valeur de Langford et sa grosse supériorité sur Mac Vea[22]. » Le montage de la séquence d'images (des deux séquences en réalité), est donc le reflet de ce discours, davantage que le celui du résultat officiel du match.

Pour ce qui est des bandes cinématographiques, le point de vue auquel nous avons accès, sur la seule base du montage des images, n'est pas

21 Mortane, Jacques, « Un vrai champion du monde », *La Vie au grand air*, nº 797, 27 décembre 1913, p. 1114.

22 Mortane, Jacques, « Sam Langford est le meilleur », *La Vie au grand air*, nº 655, 8 avril 1911, p. 218.

aussi tranché. Cela tient au fait, comme nous l'avons déjà évoqué, que le contenu du film est beaucoup plus riche et varié que dans le journal. Mais il faut également signaler qu'à cette période, l'effet produit par un film est largement tributaire de ses conditions d'exploitation, qui varient substantiellement d'une séance à l'autre et d'une salle à l'autre. Comme l'ont bien montré les travaux de Martin Barnier, l'environnement sonore d'une projection cinématographique est très variable[23]. De plus, il pouvait arriver que les exploitants prennent quelques libertés avec le montage des bandes, en supprimant des intertitres par exemple, ou en intervertissant des plans.

Au début des années 1910, bon nombre de films de boxe sont projetés au Biograph-Sports (nom donné à la salle Berlioz, rue de Clichy, placée pour l'occasion sous le patronage de la revue *La Boxe et les Boxeurs*). C'est le cas notamment du film réalisé d'après le match nul décrit plus haut entre Langford et Mac Vea, dont nous n'avons malheureusement pas pu consulter de copie. On sait toutefois que la bande fut projetée dès le lendemain du combat, le 2 avril 1911. Elle était accompagnée d'autres films, traitant de boxe mais pas seulement : *L'entraînement de Sam Langford*, *L'entraînement de Mac Vea*, *Les sports athlétiques à Oxford et Cambridge*, *L'aviation en Angleterre*, etc.[24] Dans ce lieu dédié aux projections de vues sportives, la boxe occupe une place prépondérante. Le public qui fréquente cette salle est probablement bien renseigné sur le pugilisme, et les sports de manière générale : il y a fort à parier qu'il consulte également la presse spécialisée. Dans ce milieu, le journal et le film sont complémentaires. Les programmes du Biograph-Sports sont diffusés, par exemple, dans le quotidien *L'Auto* : le numéro du 1er avril 1911 annonce par exemple la sortie du film le lendemain. De même, dans le numéro de *La Vie au grand air* consacré au match entre Langford et Mac Vea, une mention indique au bas de la double page où figure la séquence du combat – certes en petits caractères, mais présente tout de même : « Les vues cinématographiques de ce match sont visibles au Biograph-Sports[25] ». Paru une semaine après la rencontre, le 8 avril 1911 (*La Vie au grand air* est un hebdomadaire paraissant le samedi), le reportage vient enrichir la vision du film, voire la remplacer si le spectateur n'a pu assister à la séance.

23 Barnier, Martin, *Bruits, cris, musiques de films : les projections avant 1914*, Rennes, Presses universitaires de Rennes, 2010.

24 *L'Auto*, n° 3821, 2 avril 1911, p. 6.

25 *La Vie au grand air*, n° 655, 8 avril 1911, p. 221.

DU LECTEUR AU SPECTATEUR : CIRCULATION, ATTRACTION, MODERNITÉ

La mise en relation de ces différents éléments (séquences d'images, articles des journaux illustrés, bandes de vues animées, programmes de films) montre bien qu'au-delà d'une influence supposée du modèle cinématographique sur la presse illustrée, les interactions entre les deux médias doivent être pensées sur le mode de la circulation, d'échanges réciproques. Si les agencements photographiques dans la presse illustrée renvoient effectivement à un aspect du montage cinématographique, les effets recherchés par les journaux sportifs vont au-delà d'un simple assemblage d'images. Comme la vue animée, le journal cherche à insuffler la vie à ses pages, à leur imposer un rythme.

Dans un journal comme *La Vie au grand air*, plusieurs fois mentionné au cours de cet article, les assemblages du metteur en page et les séquences d'images répondent à une logique d'attractivité visuelle. La répartition des photographies, leur juxtaposition, cherche à capter le regard du lecteur, à instaurer un contact avec lui, une rencontre qui se prolongera, dans un second temps, par la lecture des textes en légende ou des articles de fond, toujours nettement en retrait par rapport à l'image. Certaines compositions renvoient ainsi directement au modèle de l'affiche publicitaire. C'est le cas bien évidemment des pages de couverture, dont l'image occupe la presque totalité de la surface de la page. Les couleurs sont souvent vives, et l'usage récurrent du surcadrage ajoute de la dynamique à la composition. Les modèles n'hésitent pas à regarder vers l'objectif de l'appareil, comme pour interpeler directement le lecteur. Lors de confrontations particulièrement attendues entre deux sportifs, le journal recourt souvent au même type de composition symétrique, où prime la mise en scène du choc, de la confrontation – sur la couverture autant que dans les pages intérieures. Dans un numéro paru en janvier 1910 à l'occasion de la Coupe Davis en Australie, deux tennismen sont renvoyés chacun sur un bord de la page, avec au centre un instantané de la rencontre[26]. De même, lors de l'annonce du match entre Sam Langford et Sam Mac Vea en avril 1911, les deux boxeurs sont présentés

26 *La Vie au grand air*, n° 592, 22 janvier 1910, p. 60.

côte à côte en position de combat[27]. Ils occupent toute la hauteur de la page, face au lecteur, comme prêts à en découdre. Ces compositions empruntent largement aux codes visuels de l'affiche publicitaire, telles celles placardées sur les murs de la ville et les façades des établissements de spectacle (où par ailleurs ont lieu la majorité des matches de boxe à Paris[28]). Dans ces images destinées à capter le regard, il s'agit tout autant de présenter les athlètes que de susciter l'attente d'un choc à venir. Le journal remplit son rôle d'information, tout en cherchant à donner au public un avant-goût du spectacle qui se prépare.

Le cinéma également s'empare de ce modèle. Dans une bande tournée en 1909, Pathé met en scène un tournoi de boxe anglaise, convoquant devant la caméra les principaux champions de ce début de siècle. Devant un public de figurants, les pugilistes s'affrontent tour à tour, en multipliant les œillades et des coups spectaculaires mais maîtrisés. Avant de commencer les hostilités, les combattants sont alignés sur le ring, puis chacun apparaît dans une succession de plans rapprochés, cadrés sur un fond noir. Le nom et le titre du boxeur figurent sur un encart dans la partie inférieure de l'image, afin de permettre au spectateur de l'identifier. Juste au-dessus, le champion prend la pose en fixant l'objectif, tour à tour rigolard ou sérieux, voire menaçant, dans la droite ligne des postures présentées sur les affiches publicitaires et dans les pages de *La Vie au grand air*.

Ces analogies qu'on peut faire entre des images issues de médias différents sont courantes au début du XXe siècle. Jonathan Crary remarque que depuis le milieu du XIXe siècle, les images ne peuvent plus exister indépendamment les unes des autres, de manière autonome[29]. Elles circulent et se répètent inlassablement au sein de réseaux de médias et de pratiques culturelles qui se croisent, communiquent, se concurrencent, et s'influencent mutuellement. La répétition devient l'un des modes privilégiés de consommation des images au tournant du siècle. Et plus largement la répétition organise les nouveaux modes de production de l'économie capitaliste. Sur les grands boulevards, le flâneur voit sans cesse défiler les mêmes images sur les kiosques à journaux et les façades des

---

27 *La Vie au grand air*, n° 654, 1er avril 1911, p. 200.

28 Ville, Sylvain, « Donner la boxe en spectacle. Une histoire sociale des débuts de la boxe professionnelle à Paris, à la Belle Époque », *Actes de la recherche en sciences sociales*, n° 209, 2015, p. 13.

29 Crary, Jonathan, *L'Art de l'observateur. Vision et modernité au XIXe siècle*, Nîmes, Jacqueline Chambon, 1994 (1990).

théâtres. À la foire et dans les fêtes foraines, les spectateurs revoient sans cesse se jouer les mêmes numéros, ou les mêmes bandes qui tournent en boucle dans les kinetoscopes. Dans les usines, les machines répètent les mêmes mouvements, et les ouvriers répètent inlassablement les mêmes gestes toute la journée, toute la semaine.

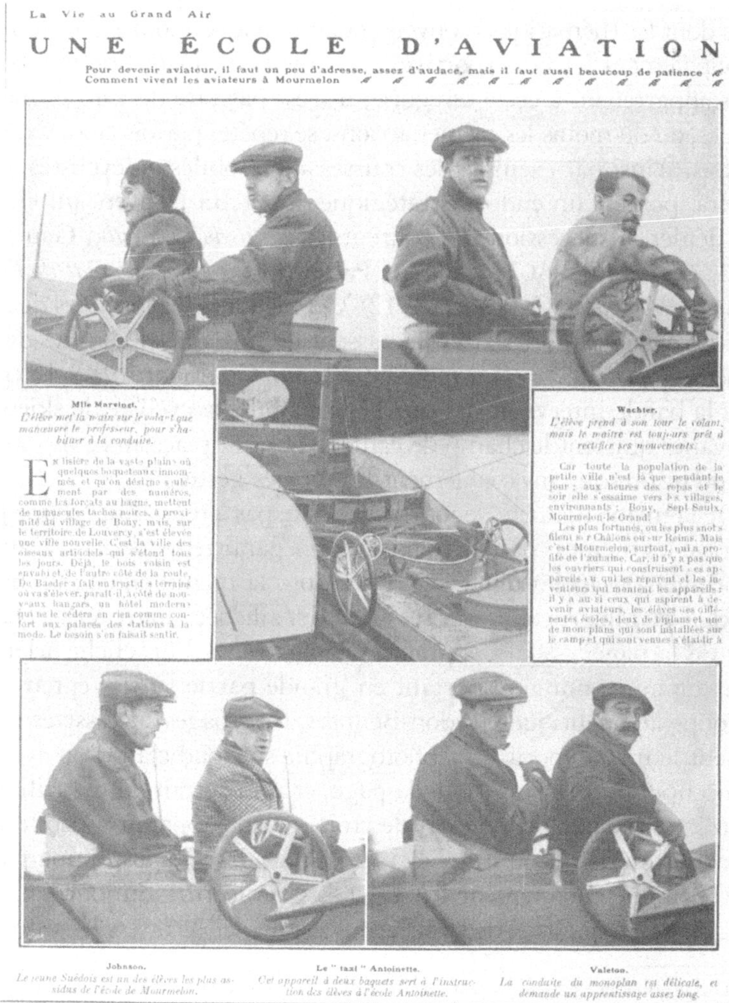

La Vie au Grand Air

UNE ÉCOLE D'AVIATION

Pour devenir aviateur, il faut un peu d'adresse, assez d'audace, mais il faut aussi beaucoup de patience
Comment vivent les aviateurs à Mourmelon

Mlle Marvingt.
L'élève met la main sur le volant que manœuvre le professeur, pour s'habituer à la conduite.

En lisière de la vaste plaine où quelques boqueteaux innommés et qu'on désigne seulement par des numéros, comme les forçats au bagne, mettent de minuscules taches noires, à proximité du village de Bony, mais, sur le territoire de Louvercy, s'est élevée une ville nouvelle. C'est la ville des oiseaux artificiels qui s'étend tous les jours. Déjà, le bois voisin est envahi et, de l'autre côté de la route, De Baeder a fait un trust des terrains où va s'élever, paraît-il, à côté de nouveaux hangars, un hôtel moderne qui ne le cédera en rien comme confort aux palaces des stations à la mode. Le besoin s'en faisait sentir.

Wachter.
L'élève prend à son tour le volant, mais le maître est toujours prêt à rectifier ses mouvements.

Car toute la population de la petite ville n'est là que pendant le jour ; aux heures des repas et le soir elle s'essaime vers les villages environnants : Bony, Sept Saulx, Mourmelon-le-Grand.

Les plus fortunés, ou les plus snobs filent sur Châlons ou sur Reims. Mais c'est Mourmelon, surtout, qui a profité de l'aubaine. Car, il n'y a pas que les ouvriers qui construisent ces appareils ou qui les réparent et les inventeurs qui montent les appareils ; il y a aussi ceux qui aspirent à devenir aviateurs, les élèves des différentes écoles, deux de biplans et une de monoplans qui sont installées sur le camp et qui sont venues s'établir à

Johnson.
Le jeune Suédois est un des élèves les plus assidus de l'école de Mourmelon.

Le "taxi" Antoinette.
Cet appareil à deux baquets sert à l'instruction des élèves à l'école Antoinette.

Valeton.
La conduite du monoplan est délicate, et demande un apprentissage assez long.

FIG. 2 – *La Vie au grand air*, n° 592, 22 janvier 1910, p. 52 (source : Bibliothèque nationale de France).

À partir du cas des jouets optiques, Nicolas Dulac et André Gaudreault ont bien montré comment la répétition constitue l'un des principaux modes opératoires de l'attraction au XIXe siècle[30]. Dans le prolongement de leur réflexion, nous voudrions conclure cette étude en montrant comment la répétition conditionne également l'assemblage des images dans les pages de *La Vie au grand air*, ainsi que dans certaines vues animées dont les thématiques convergent avec celles du journal, c'est-à-dire principalement les vues sportives et de plein air. Dans bon nombre de films appartenant à cette catégorie, il n'est pas rare de voir les mêmes images, ou du moins les mêmes actions, se répéter parfois cinq, six, huit, dix fois. Ainsi par exemple des courses automobiles ou cyclistes, où la caméra, posée à un endroit stratégique du circuit (souvent un virage), voit défiler la succession des coureurs (*Circuit de la Sarthe*, Gaumont, 1906 ; *Grand Prix ACF de Dieppe*, Pathé, 1907 ; *Championnat de France cycliste de Versailles*, Gaumont, 1912). Ou bien lors de concours de sauts à ski ou à cheval, où les athlètes passent les uns après les autres devant l'objectif (*Sport d'hiver*, Gaumont, 1908 ; *Ski*, Gaumont, 1910). La coupe dans la bande intervient dès que l'automobile, le cycliste, le skieur ou le cavalier quittent le champ de caméra, laissant place aux suivants qui exécutent presque invariablement les mêmes gestes.

De la même manière, le journal n'hésite pas à reproduire d'une page à l'autre les mêmes compositions, quitte à paraître redondant. Dans un reportage consacré à une école d'aviation, la même photographie, ou presque, de l'instructeur avec ses élèves est affichée quatre fois, à chaque coin de la page[31]. Seul l'apprenti aviateur varie d'un cliché à l'autre. Dans un autre numéro, portant en grande partie sur les épreuves de la Coupe aéronautique Gordon-Bennett, trois pages successives reproduisent le même motif[32]. La photographie sur fond clair d'un avion en vol occupe toute la surface de la page, et un portrait en médaillon du pilote, posant face à l'objectif de trois quarts, apparaît à droite dans la partie inférieure du cadre. La répétition des images, d'une page à l'autre, influe directement sur la vitesse de lecture du journal. C'est donc bien une question de rythme qui se pose ici, à travers les séquences

30 Dulac, Nicolas et Gaudreault, André, « La circularité et la répétitivité au cœur de l'attraction : les jouets optiques et l'émergence d'une nouvelle série culturelle », *1895*, n° 50, décembre 2006, p. 29-54.

31 *La Vie au grand air*, n° 592, 22 janvier 1910, p. 52.

32 *La Vie au grand air*, n° 617, 16 juillet 1910, p. 502-504.

photographiques réalisées par la presse sportive. Le lecteur ne doit pas s'attarder sur une image en particulier : il doit faire défiler les pages, comme défilent les images sur l'écran du cinématographe.

Ce type d'assemblage des images répond donc bien à la promesse du journal que le lecteur pourra « tout voir », selon la formule de Pierre Lafitte dans la citation donnée en introduction. À l'instar du cinématographe, le journal illustré propose une expérience visuelle résolument moderne, qui s'inscrit pleinement dans la culture visuelle du tournant du siècle. L'attraction et la vitesse conditionnent les nouveaux modes de lecture du journal, où le lecteur justement tend à se transformer en un spectateur. Le montage, l'assemblage des images dans le journal illustré et au cinéma, participe de l'avènement de ce nouveau régime perceptif où la mise en spectacle des images est peut-être avant tout une mise en spectacle du regard lui-même.

Jérémy HOUILLÈRE
Université Rennes 2

L'UNITÉ PAR LE MULTIPLE

Sur *Native Land* (1942) de Leo Hurwitz et Paul Strand

Le travail des historiens est à bien des égards *lumineux*. Il peut par exemple manier avec intelligence les divers éléments matériels qui fondent notre mémoire collective et faire comprendre les raisons d'un certain état des choses d'une époque et d'un lieu donnés. Mais l'adjectif peut aussi prendre un sens fort concret : voilà que, sous l'effet d'une recherche, un nom ou un évènement surgit, parfois au-delà de son contexte géographique, arraché à l'obscure méconnaissance où il s'était niché.

Jerold S. Auerbach, dans le *Journal of American History* en 1964[1], met en lumière un tel nom, lié à de multiples héritages : La Follette. Celui d'une famille bataillant au cœur des institutions politiques américaines. Le père, d'abord, Robert La Follette, que l'on surnomme *Fighting Bob*, est une figure émérite du Wisconsin : député de mars 1885 à mars 1891, gouverneur de 1901 à 1906 puis sénateur jusqu'au jour de sa mort le 18 juin 1925. Soutenu par le parti socialiste américain et plusieurs syndicats de travailleurs et paysans autant que par des intellectuels de la trempe de W.E.B Dubois, il aura eu le temps de se présenter à l'élection présidentielle de 1924 et d'y faire l'un des meilleurs scores (16,5 % du vote populaire) de l'Histoire électorale pour un candidat se présentant hors des « démocrates » et des « républicains », tout en remportant son propre État[2].

L'un des fils, ensuite, mène à notre sujet. Robert M. La Follette Jr. prend la place de son père au Sénat après son décès. Il fonde avec son frère Philip, lui-même 27 et 29e gouverneur de son État natal, le *Wisconsin Progressive Party* pour lequel il est réélu. Mais l'acte singulier auquel son nom est attaché réside dans le comité qu'il dirige en faveur du droit

1 Auerbach, Jerold S., « The La Follette Committee : Labor and Civil Liberties in the New Deal », *The Journal of American History*, vol. 51, n° 3, décembre 1964, p. 435-459.

2 Thelen, David P., *Robert La Follette and the Insurgent Spirit*, Little, Brown and Company, Boston, 1976, p. 190-191.

fondamental d'exercice des syndicats des travailleurs. Ainsi La Follette soumit le 23 mars 1936 à la seconde session du 74e congrès du Sénat la résolution 266 qui devait autoriser une « enquête sur les violations du droit à la liberté d'expression et de réunion et sur l'ingérence indue vis-à-vis du droit des travailleurs de s'organiser et de négocier collectivement[3] ». Dès le mois suivant, il put prendre connaissance de propos rapportant nombre de pratiques scélérates : on évoquait le chiffre de 40 000 espions payés par l'industrie américaine à hauteur de 80 millions de dollars pour contrecarrer les velléités syndicales[4].

C'est à partir des rapports de cette commission[5] que se déploie *Native Land*, coréalisé par Leo Hurwitz, qui se charge aussi du montage, et Paul Strand, fameux photographe et chef-opérateur.

THIS MACHINE KILLS FASCISTS

Le travail du cinéaste est également *lumineux* : l'appareil s'abreuve de lumière comme matière première et les images savent, elles-aussi, éveiller nos regards sur des territoires ombragés. De plus, la pratique cinématographique comme celle de l'Histoire invite à choisir, organiser, archiver, juxtaposer, comparer, mettre en lien : à faire œuvre de montage. Dans un entretien essentiel mené par Michael et Jill Klein à l'occasion de la ressortie de *Native Land*, Leo Hurwitz affirme sans détour l'influence du travail du *La Follette Committee*, trop « peu connu » selon lui, et déjà s'esquisse l'ambition de réunir de multiples éléments :

> Les nombreux volumes issus du témoignage de la commission contenaient les informations essentielles sur la lutte des classes à l'œuvre dans les années 30, brossant aussi bien la question de la société en général que les histoires individuelles des participants. Tisser ensemble cette grande conception sociale

3 Auerbach, Jerold S., *op. cit.*, p. 440.

4 *Ibid.*

5 *Violations of free speech and Rights of labor. Report of the committee on education and labor pursuant to S.Res.266 (74th Congress). A Resolution to investigate violations of the right of free speech and assembly and interference with the right of labor to organize and bargain collectively*, United States Government Printing Office, Washington, 1939-1941.

> avec les détails de chaque vie humaine nécessitait de penser à une nouvelle forme filmique (*new film form*). Cela impliquait de lier la mise en scène et le document, le lyrique et le statistique, le modèle social global et les épisodes de vie réelle[6].

La perspective est celle d'une réflexion portant tant sur l'organisation des images que du monde social. Et la période de tournage du film, réalisé de 1938 à 1941, indique assez bien à quel contexte Leo Hurwitz et Paul Strand eurent à faire face : leurs images se pensent contre le fascisme qui s'est alors imposé dans de nombreux pays européens et qui imprègne certains esprits américains. Dès 1933-1934 dans *The World in review*, Leo Hurwitz compilait des séquences tournées par des compagnies de films d'actualités, supprimées ou présentes dans des films peu distribués. Le court film s'affirme comme une mise en alerte : « Les puissances mondiales se préparent pour la guerre. Le fascisme et le militarisme sont leurs réponses au chômage de masse et à la famine ».

Dès l'ouverture nous pouvons y voir la préparation des troupes mussoliniennes dont les mains levées font immédiatement écho aux signes hitlériens. Et comme en contrechamp tonnent les canons américains dont les images s'entrelacent avec la figure de Franklin Delano Roosevelt signant un décret associé à l'emblème de la *National Recovery Administration*, esquisse d'une régulation de la concurrence aux lendemains de la grande dépression. *The World in review* se tient à un seuil et nous présente les lignes de force contradictoires d'une époque au bord d'un terrible basculement.

Dans les rues de Berlin s'affichent des panneaux nationalistes d'appels au boycott de la population juive ; en 1934 à Paris 150 000 travailleurs manifestent contre le fascisme. Aux États-Unis, de vifs mouvements de contestation se déploient pareillement : des fermiers éreintés par leurs conditions de vie bloquent les routes du Wisconsin. Et aux États-Unis aussi des scènes de violence émanent des institutions gouvernementales : des shérifs et députés armés tentent de briser la grève des travailleurs des métallurgistes à Ambridge, en Pennsylvanie.

Le court métrage est une manière d'agir en pleine contemporanéité, autant que d'en documenter la sombre effervescence. En Italie comme en

6 Klein, Michael, Klein, Jill et Hurwitz, Leo, « *Native Land* : An interview with Leo Hurwitz », *Cinéaste*, vol. 6, n° 3, 1974, p. 5.

Allemagne, les tyrans et les foules tendent donc leurs bras : *The World in review* consigne et met en évidence ces résonnances, annonçant déjà les desseins mortifères de « L'Axe » à venir. Les images révèlent aussi la transformation du quotidien par le nouveau pouvoir : sur des colonnes où l'on préférerait voir s'afficher l'une des nombreuses propositions artistiques allemandes issues des années vingt, la perverse politique de préférence raciale s'exprime sans ambages et en deux langues. Mais d'autres mots s'affirment en résistance, notamment dans le pays voisin. « Unissez-vous » clame une pancarte à destination de la communauté ouvrière. Ces mots offrent l'occasion de marquer l'engagement de Leo Hurwitz lui-même, et sans doute pourrait-il inscrire sur son appareil la célèbre maxime ornant la guitare de Woody Guthrie – dont il aura tenté de réaliser l'adaptation filmique de son autobiographie – *this machine kills fascists*.

Construisant sa logique en arrachant des fragments de films épars, *The World in review* est l'exemple exact d'une œuvre de montage. Elle l'est très certainement du point de vue strictement technique autant que de celui, esthétique et philosophique, donné par Ernst Bloch dans *Héritage de ce temps*, rédigé justement au moment de l'avènement des chemises brunes. En 1935, alors que « l'époque se putréfie » il reste une méthode pour appréhender sa temporalité funeste, le « montage » :

> Car le montage arrache à la cohérence effondrée et aux multiples relativismes du temps des parties qu'il réunit en figures nouvelles. Ce procédé n'est souvent que décoratif, mais c'est souvent déjà une expérimentation involontaire, ou, quand il est utilisé sciemment, comme chez Brecht, c'est un procédé d'interruption, qui permet ainsi à des parties fort éloignées auparavant de se recouper. Ici grande est la richesse d'une époque à l'agonie, d'une étonnante époque de confusion où le soir et le matin se mêlent dans les années vingt[7].

Leo Hurwitz et Ernst Bloch ont traversé l'Histoire du vingtième siècle en en subissant communément l'âpreté : le premier doit sa naissance à Brooklyn à l'exil de sa famille venue de Lituanie et d'Ukraine, le second traversera l'Atlantique pour fuir le nazisme le temps de son emprise sur l'Allemagne. Le cinéaste comme le philosophe eurent à œuvrer en dépit des formes contradictoires de tyrannies relatives à l'existence du

7 Bloch, Ernst, *Héritage de ce temps*, traduit de l'allemand par Jean Lacoste, Payot, Paris, [1935] 1978, p. 9.

« socialisme ». D'un côté, Leo Hurwitz fut empêché de travailler par la paranoïa maccarthyste, de l'autre Ernst Bloch quitta la RDA pour Tübingen suspect de trop d'hétérodoxie communiste. Mais l'un comme l'autre ne désarmèrent pas, s'abreuvant des avant-gardes des années vingt pour aiguiser leurs travaux jusqu'à la modernité d'après-guerre.

La pratique du *montage* est ainsi constitutive de l'œuvre d'Ernst Bloch comme de Leo Hurwitz, qui l'employèrent chacun face à cette époque putréfiée par le fascisme. Lorsqu'un pouvoir se veut total, usant pour ce faire de toute la violence dont dispose un État, l'acte de l'arrachement, de la découpe, de la césure, puis de la réassociation, de la réinvention, de l'entrechoquement apparaît être propice à l'acuité, à la critique et aux subversions. Au sauvetage, aussi, des éléments rejetés et aux dévoilements des mystifications à l'œuvre par les tenants de l'absolutisme.

L'Histoire de la tentative de distribution de *Native Land*, relative au contexte américain, est à cet égard fortement intéressante. L'intention de Leo Hurwitz, Paul Strand et de leur compagnie indépendante *Frontier films* fut de « briser le monopole de la réservation en bloc (*block booking*)[8] » des salles de cinéma. Il s'agissait alors de fonder une distribution à « partir de la base » :

> Le plan était d'aller dans les communautés de travailleurs où il y avait une forte adhésion syndicale et dire à un directeur de salle : « Beaucoup de monde dans votre quartier serait intéressé par *Native Land*. Si vous voulez vous en assurer, demandez-leur, parlez aux syndicats, regardez s'ils ne publient pas des dépliants annonçant le film[9] ».

Après les premières rencontres et les projections préliminaires, l'enthousiasme régnait. Mais la seconde guerre mondiale déjoua un tel plan :

> Nous avons reçu la copie zéro de *Native Land* le 8 décembre 1941, le lendemain de Pearl Harbor. (…) Dans *Native Land*, nous avions dramatisé le conflit entre la classe dominante américaine et les syndicats dans les années 30. Cependant, il y avait désormais un besoin d'unité dans le pays pour la guerre contre le fascisme. Les entreprises américaines devaient être prêtes à se joindre à l'Union soviétique, à cesser leur isolationnisme et à laisser tomber leur hostilité farouche envers les Soviétiques. Donc une politique

8 Klein, Michael, Klein, Jill et Hurwitz, Leo, *op. cit.*, p. 5.
9 *Ibid.*, p. 5-6.

> d'unité nationale a vu le jour. Cela était juste et nécessaire mais, à mon sens, cela a été mené de la mauvaise façon. Le Parti devait être un acteur important vis-à-vis de son influence envers les syndicats et donc dans la façon de distribuer le film. Ils m'ont dit : « Nous aimons le film mais nous ne pouvons pas vous aider en ce moment car nous sommes dans une période d'Unité nationale[10] ».

Native Land, dans les péripéties mêmes de son déploiement, se nourrit de la force de la conflictualité. S'y révèle un imaginaire du concept d'« Unité » contre un autre, construit par les moyens du montage. Nul doute que le film s'affirme contre le fascisme qui s'étend alors sur le monde. Mais celui-ci va jusqu'à le traquer sur les terres américaines, ébréchant par ce biais les discours évacuant la potentialité des critiques contre la nation. *Native Land* incarne de fait la possibilité d'une unité conçue par la multiplicité plutôt que par une vision totalisante de l'unique.

MONTAGE : PRATIQUE DE L'UNITÉ PAR LE MULTIPLE

Les mots de Leo Hurwitz nous l'indiquent : afin de rendre compte du rapport La Follette et de l'ensemble de ses ramifications, il fallait trouver une « nouvelle forme filmique ». Mais celle-ci n'est pas sans héritage. Pour les coréalisateurs de *Native Land*, l'influence des avant-gardes russes est certaine. S'il cite les noms de Dziga Vertov dans son rapport à la notion de « documentaire », d'Eisenstein pour *Octobre* (1928), de Dovjenko pour *Arsenal* (1929) et *La Terre* (1930), c'est à Vsevolod Poudovkine que Leo Hurwitz se réfère d'un point de vue théorique et en particulier à son ouvrage phare *Film technique and Film acting*, grâce auquel le co-réalisateur de *Native Land* a pu faire grandir sa conception du cinéma : « L'idée que des images filmiques peuvent agir les unes sur les autres afin de créer de nouvelles idées et des émotions non présentes au sein de ces images fut une révélation (*eye-opener*)[11] ».

Dans la préface de l'édition allemande de son livre, Poudovkine le déclare sans ambages : « Le fondement de l'art du film est le montage (*The*

10 *Ibid.*, p. 6.
11 *Ibid.*, p. 3.

foundation of film art is editing)[12] ». Et depuis cette pratique constitutive, il s'agit bien de délibérément altérer la réalité, d'en extraire des éléments pour en livrer une construction nouvelle : « Les éléments de la réalité sont fixés sur ces bouts de pellicules ; en les combinant dans une séquence choisie, en les raccourcissant ou en les allongeant suivant ses désirs, le réalisateur construit sa propre version filmique de l'espace et du temps. Il n'adapte pas la réalité mais l'utilise pour en créer une nouvelle[13] ». Et pour définir cette capacité remarquable de l'appareil cinématographique, Poudovkine emploie le mot *unité* : « la méthode fondamentale de la représentation filmique, cette construction de l'unité d'un film à partir de morceaux et éléments distincts, dont on retire le superflu et dont on garde le signifiant, offrent des possibilités exceptionnelles[14]. »

Si l'héritage de Poudovkine se *lit*, il se *voit* évidemment aussi au sein de *Native Land*. La grande séquence d'ouverture du film est de ce point de vue significative. Les premières images affichent des paysages bruts dénués de présence humaine : mer agitée, montagne escarpée, forêts aux troncs infinis. Ils accueillent un discours idéalisé de l'arrivée des pionniers sur cette terre que l'on présente comme vierge, propos non dénué d'une cruelle candeur : aucun mot et aucune image ne sont dédiés à la diversité des peuples originaires (*Native americans* ou *Indigenous people of the americas*) alors présents et régulièrement massacrés à la suite de la colonisation du continent comme on le sait. En réalité, il s'agit ici de l'exposition d'une hypothèse qui servira un jeu rhétorique de retournement. Cette hypothèse est particulièrement affirmée par le moyen du montage.

Au cœur de cette ouverture, l'entrelacement de deux panoramiques verticaux, se déployant de la terre vers les cieux. D'une part, une colonne blanche qui soutient un bâtiment institutionnel, d'autre part un arbre remarquable pour la luxuriance de ses branches. Et un texte qui traverse les images :

> Nous avons fondé la liberté. Nous avons bâti la liberté à travers les poutres de nos maisons. Nous avons fait des États depuis cette verte région sauvage (*wilderness*) : Virginie, Massachussetts, Rhode Island, Caroline. Nous, les gens

12 Poudovkine, Vsevolod, *Film technique and Film acting*, traduit et édité par Ivor Montagu, Grove Press, New York, 1960, p. 23.

13 *Ibid.*, p. 89-90.

14 *Ibid.*, p. 90.

> simples, laboureur et pionnier, nous avons vécu, nous nous sommes battus, nous avons rêvé un nouveau genre de nation, un nouveau genre de vie, sous un nouveau ciel, libre de toute tyrannie.

L'éloge initial de l'œuvre en ferveur de la constitution des États-Unis semble être à la mesure de l'appel à « l'unité nationale » régit par le contexte de l'entrée en guerre. Si le discours insiste sur la notion de fondation, rendue possible par la classe laborieuse, les images vont au-delà d'une considération de l'élément « bois » comme simple ressource matérielle à destination des poutres qui tiendront les demeures comme la nation tout entière. La similitude des deux plans, doublée par la pratique de l'entrelac, propose quelque-chose comme le chevillage du principe de l'institution à la nature de la terre dont il est issu. Cette « liberté » revendiquée par les mots, qui doit pouvoir affronter toutes les tyrannies, paraît prendre sa racine dans ses impressionnants paysages, ceux-là même dont on retrouve la capacité d'attraction au cœur de la littérature du « *wilderness*[15] ».

Cependant, ce n'est pas seulement par un tel exemple de pratique expressive du montage que nous saurions évaluer le film à la lumière des enseignements de Poudovkine, pas seulement non plus par la vue des séquences qui suivront et qui appuieront l'idée d'une puissance constructiviste – architecture de métal, engin mécanique – mais par l'usage de la force de la contradiction au sein même de la structure du film. Car après cette exposition que l'on croirait à tort définitivement dithyrambique quant au regard porté sur les institutions américaines, le ciel, littéralement, s'obscurcit. Voilà qu'en plein cœur de la campagne du Michigan, lors d'un moment filmique qui s'autonomise et prend appui sur l'art de l'adaptation d'un fait par la fiction, l'on assassine un fermier. Avant même que la voix-off n'explicite l'action, le montage aura permis d'indiquer par résonnance de quel type de conflit il était alors question : la main endiamantée du commanditaire contre celle de la femme du futur défunt s'affairant à la découpe des pommes de terre ; il s'agit d'une lutte des classes.

---

15 Il en va ainsi de la prose extasiée du peintre ornithologue Jean-Jacques Audubon, né en 1785 : « Peu à peu nous avons réussi à nous hisser jusqu'à la ligne de crête des collines et notre récompense, tandis que nous prenions quelques minutes de repos, a été de pouvoir admirer autour de nous un panorama tout simplement grandiose. La vue s'étendait, très loin au-dessus de nous dans toutes les directions. À l'ouest s'élevait la célèbre Medecine Hill. Dans la direction opposée, les sinuosités du Missouri se déployaient sur plusieurs miles » cité par Arnould, Paul et Glon, Eric, « *Wilderness*, usages et perceptions de la nature en Amérique du Nord », dans *Annales de géographie*, Armand Colin, 2006/3, n° 649, p. 228.

Dès lors, la voix du film sonnera la charge, s'inscrivant dans la lignée du rapport La Follette, sur des images documentant la vie urbaine, saisie avec une certaine spontanéité :

> Le droit à la libre expression refusé à un Américain. C'est arrivé à Custer, Michigan, en septembre 1934. « Jamais entendu parler », les gens n'en ont jamais entendu parler. À 30 kilomètres plus bas, dans la ville d'à côté, les gens vivent comme si de rien n'était, considérant la déclaration des droits (*Bill of rights*) comme acquise.

Nulle naturalité, donc, du principe de liberté. Aux États-Unis, nation que l'on croirait un peu trop vite fondée sur un socle mutuel de valeurs d'opposition à la tyrannie, les voix de multiples individus bataillant pour l'égalité des travailleurs et travailleuses sont tues. Voilà que le film, par le moyen de la mise en contradiction des images et des sons, ébrèche, ouvre le regard, révèle la propre aliénation d'un pays qui refuse de la voir. Et dans *Native Land*, la multitude de voix empêchées s'incarne en une seule qui les porte : celle de Paul Robeson.

LA VOIX DE PAUL ROBESON

Lorsque *Native Land* doit démarrer son existence au sein des salles – une existence qui sera donc malheureusement contrariée par les évènements mondiaux – Paul Robeson s'apprête à faire basculer sa carrière. Celui qui apparut au cinéma pour la première fois en 1925 dans l'œuvre muette d'Oscar Micheaux *Body and Soul*, décide de ne plus permettre à aucun film de s'approprier sa figure physique après *Tales of Manhattan* de Julien Duvivier en 1942, lassé des stéréotypes raciaux attribués par ses rôles. De fait, après le film de Leo Hurwitz et de Paul Strand, il ne laissera sa voix qu'à Joris Ivens en 1954 dans *Das Lied der Ström*. Cette voix, caractéristique de l'œuvre de Paul Robeson qui conjugua son travail actoral à l'art du chant, n'est pas une simple donnée générique : elle confère un profond sens théorique et esthétique à *Native Land*.

Si l'œuvre, dans une quête d'une « nouvelle forme filmique », se construit à travers une pluralité stylistique, la présence vocale continue de Paul Robeson permet de lier l'ensemble des images en mouvement, par l'intermédiaire du texte rédigé par Ben Maddow, et leur confère une charge supplémentaire de résistance aux affres décelables au cœur des États-Unis. Car sa vie est rythmée par les batailles ininterrompues à mener en faveur de l'équité, notamment liées à toutes celles que la grande communauté africaine-américaine doit organiser, encore aujourd'hui, face à la violence mortifère exécutée de la main des institutions. Ainsi, dans son ouvrage phare *Here I Stand*, rédigé alors que pour raisons maccarthystes Paul Robeson fut condamné à un retrait de son passeport en vertu de ses proximités socialistes, il exposait ses réflexions stratégiques sur ce combat en évoquant la dialectique de l'unité et du multiple :

> À tous les différents groupes impliqués dans le quotidien du peuple noir, je dirais que la clé pour mettre en marche notre pouvoir d'organisation est celle formulée par le concept d'*action coordonnée*, le rapprochement des multiples organisations existantes dans le but de planifier et de réaliser notre lutte commune. Nous savons tous très bien que cela n'est pas chose aisée. Nous sommes divisés à bien des égards – sur la question politique, dans nos appartenances religieuses, du point de vue économique et des classes sociales ; et en plus de toutes ces rivalités de groupe, existent les obstacles relatifs aux ambitions personnelles et aux jalousies des différents leaders. [...] La prise de conscience augmente rapidement qu'il est nécessaire que nous nous unissions en dépit de toutes nos différences, et je pense que la force d'une telle idée transcendera toutes les barrières. L'action coordonnée ne va pas, bien sûr, surgir d'un coup : elle va se développer dans les organisations locales et s'étendre de communauté en communauté. Et la construction de cette unité est une tâche que chacun et chacune de nous peut entreprendre, où que nous soyons[16].

La grandeur de la pensée de Paul Robeson réside dans le fait d'avoir inscrit cette dialectique à la fois dans le cadre nécessairement spécifique de l'expérience du peuple noir et dans le cadre commun de l'idéal d'équité à construire entre les êtres. Dans *Native Land*, une séquence permet de penser une telle unité respectueuse des singularités, et donc des batailles particulières à mener, par-delà la terrible « ligne de partage des couleurs », selon la formule de l'ouvrage fondamental de W.E.B Dubois[17].

Au cours de l'été 1936, dans une Église nichée au cœur des paysages nimbés de soleil de l'Arkansas, des métayers noirs comme blancs se réunissent afin d'obtenir une augmentation de dix centimes pour le

16 Robeson, Paul, *Here I stand*, Beacon Press, Londres, 1988 [1958], p. 98.
17 Dubois, W.E.B, *Les Âmes du peuple noir*, La découverte, Paris, 2007, p. 7.

fruit de leur labeur. En guise de réponse, le shérif assermente quinze hommes armés. Deux corps seront retrouvés sur une route de ce pays de coton. La séquence s'attarde sur la tentative de fuite des deux travailleurs avant leur trépas, non sans une certaine richesse esthétique : vitesse des travelling latéraux lors de la course, temps suspendu lorsque que l'on espère une échappée, luxuriance végétale animée par le vent. Mais les plans affirment également un inaltérable principe de solidarité entre les individus littéralement visés par une tyrannie meurtrière : les deux êtres éreintés par la douleur, l'un noir et l'autre blanc, se soutiennent physiquement dans leur ultime tentative de fuite. L'unité se dévoile dans le fait même de l'adversité rencontrée alors qu'ils tentaient d'améliorer leurs conditions d'existence, et dont Paul Robeson chante la réalité à travers la séquence : le soleil brûle les corps des travailleurs de la terre de l'Arkansas, et ceux-ci s'épaulent quand bien même surviendrait la mort.

Cette voix, comme le film, s'envisagent en faveur de celles et ceux qui tentent de métamorphoser les peines de leurs labeurs. Afin de rendre compte de ces luttes, la méthode du montage est privilégiée pour organiser la pluralité des images en mouvement et la profusion du rapport La Follette à leur source. S'il s'agit d'une pratique qui vise l'Unité par le multiple – celle du film en lui-même comme celle des organisations syndicales (*Unions*) qui y apparaissent – ce montage est également animé d'un idéal, saisi par les mots de Paul Robeson :

> Être libre – de marcher à travers la bonne terre américaine comme des citoyens égaux, de vivre sans peur, de jouir des fruits de notre labeur, d'offrir à nos enfants les meilleures chances dans la vie – ce rêve que nous avons porté si longtemps dans nos cœurs et aujourd'hui la destinée que nous tenons entre nos mains[18].

Nous ne saurions en définitive qu'être emplis d'enthousiasme à la lecture d'une telle formule alors que nous réfléchissions à l'art de monter, œuvre manuelle s'il en est, bien qualifiée de battement de cœur à l'occasion.

Raphaël SZÖLLÖSY
Université de Strasbourg

18 Robeson, Paul, *op. cit.*, p. 108.

LE MONTAGE ET LA MÉMOIRE CHEZ DEKEUKELEIRE

L'espace-temps cinématographique de la pensée

INTRODUCTION

Charles Dekeukeleire (1905-1971) est un cinéaste belge dont le travail, relativement méconnu[1], s'étend de la fin des années 1920 au début des années 1960. Renommé pour ses premiers films d'avant-garde[2], le réalisateur s'est ensuite dirigé vers un parcours documentaire[3], puis industriel[4] – parcimonieusement ponctué de films de fiction[5]. Parallèlement à une production filmique de grande ampleur (qui approche

1 Les films de Dekeukeleire font actuellement l'objet d'une campagne de restauration lancée par la Cinémathèque royale de Belgique. Une cinquantaine de ses films a été déposée sur la plateforme European Film Gateway, disponible via ce lien : https://www.europeanfilmgateway.eu (dernière consultation le 14 juillet 2022).

2 Ses films expérimentaux sont *Combat de boxe* (1927), *Impatience* (1928), *Histoire de détective* (1929) et *Flamme blanche* (1930). À propos de ces œuvres, voir Thompson, Kristin, « (Re) discovering Charles Dekeukeleire » [en ligne], David Bordwell's website on cinema, 2009. URL : www.davidbordwell.net/essays/dekeukeleire.php (dernière consultation le 14 juillet 2022).

3 Dekeukeleire s'est d'abord occupé des images belges des *France-Actualités Gaumont* (qui étaient alors dirigées par Germaine Dulac) de 1932 à 1934, puis a produit plusieurs films ethnographiques : *Visions de Lourdes* (1932), *Terres Brûlées* (1934), *Processions et carnavals* (1936). Il a réalisé un film sur l'art, *Thèmes d'inspiration* (1938) ainsi que quelques films historiques : *Le Fondateur* (1947), *Charles-Quint : destin d'un empire* (1 puis 2, en 1958 et 1959, destinés à une diffusion télévisuelle).

4 Les films publicitaires et institutionnels de Dekeukeleire sont très nombreux. En voici une sélection qui ne manque pas d'intérêt quant aux résurgences de formes expérimentales et au travail poétique de l'esthétique des machines : *La laine* (1936), *Le cuir* (1937), *Images du travail* (1938), *Chanson de toile* (1938), *L'usine aux champs* (1945), *900 hommes* (1949), *À propos de fleurs* (1952).

5 Ces films sont *Le mauvais œil* (1937) et *Un petit nuage* (1954). S'il ne s'agit que d'une partie minime de ses œuvres, le réalisateur s'est néanmoins penché sur la théorisation du film

la centaine d'œuvres), Dekeukeleire s'est consacré à l'écriture critique[6] puis théorique. Il a notamment publié *L'émotion sociale* (1942) et *Le cinéma et la pensée* (1947), deux ouvrages qui cristallisent ses réflexions sur le médium cinématographique, lesquelles sont largement approfondies dans ses carnets de notes personnels.

Les archives papier du réalisateur sont déposées, tout comme ses films, à la Cinémathèque royale de Belgique. Les carnets, manuscrits, sont au nombre de cent-vingt-huit et s'agrémentent de deux index également écrits à la main par Dekeukeleire, qui en répertorient les idées, accompagnées de leurs pages. Les documents originaux ont disparu. Il subsiste des photocopies de tous les carnets. Remplies de 1931 à 1962, ces quelques dix-mille pages abritent la partie la plus éloquente de la pensée théorique de Dekeukeleire non seulement en termes de contenu (puisqu'on y trouve des écrits inédits) mais également de forme. En effet, ils se déploient à la manière d'un vaste montage d'idées numérotées et intra-communiquantes, lequel correspond structurellement à la conception que le réalisateur se fait du cinéma.

Dekeukeleire prend pour principe qu'une représentation proche de celle du souvenir permettra d'atteindre les structures internes de la mémoire et, *a fortiori*, de changer le mode de pensée des masses (le but étant d'amener la société moderne à s'épanouir au sein des cadres de la vie industrielle[7]). Inspiré de la psychologie et de la philosophie – notamment Freud puis Bergson[8], le cinéaste approfondit ses recherches dans les carnets tout au long de sa vie. De manière plus instinctive que scientifique (soit à partir d'une réflexion qui, souvent, s'avère peu

---

de fiction durant les dix dernières années de son activité – travail pour le moins inconnu puisqu'il n'a jamais été publié (il se trouve dans ses carnets de notes).

6 Voici quelques revues et journaux pour lesquels Dekeukeleire écrivait des critiques et articles réflexifs : 7 *Arts*, *Dernières nouvelles*, *Cinéa-Ciné pour tous*, *Le rouge et le noir.*

7 Concernant ses films industriels, leur théorisation et leurs documents de travail, voir : Lejeune, Mathilde, « La technographie de Charles Dekeukeleire. Le rôle du cinéma dans la civilisation machinique », dans *Images du travail, travail des images* n° 9, *L'apprentissage et l'enseignement professionnel en images*, 2020 [En ligne]. URL : https://journals.openedition.org/itti/496 (dernière consultation le 14 juillet 2022).

8 Il n'indique pas nécessairement les ouvrages sur lesquels il appuie sa pensée, la sélection suivante peut donc s'avérer lacunaire. De Freud, le cinéaste lit *Totem et tabou* (1913). Concernant Bergson, c'est sur l'*Essai sur les données immédiates de la conscience* (1889), *Le rire : essai sur la signification du comique* (1900), *L'évolution créatrice* (1907), *Les deux sources de la morale et de la religion* (1932) et *La pensée et le mouvant* (paru en 1934, mais réunissant des articles de 1903 à 1923) qu'il s'appuie.

claire), il s'adonne à une analyse du fonctionnement de la mémoire afin de définir une méthodologie systématique pour la capture de ses images et le montage de ses films, faisant correspondre écritures filmique et mémorielle. Celles-ci sont pensées conjointement à travers trois grands axes qui concernent, essentiellement, la perception du temps et de l'espace : la fragmentation, le rythme et les connexions sensibles entre les images. L'aboutissement de ces recherches, s'il ne transparaît que peu dans le résultat final des films[9], se révèle particulièrement dans la manière dont la pensée est écrite dans les carnets de notes. Celle-ci est fragmentée, s'exprime selon une cadence perceptive, et fonctionne par résonnances intuitives qui la rendent a-chronologique. En ce sens, la pratique d'écriture dans les carnets de notes correspond à la théorisation du montage cinématographique que fait Dekeukeleire, permettant d'envisager les carnets de notes comme geste créatif conceptuellement proche du cinéma lui-même.

Cet article se donne pour visée de déterminer la manière dont les théories sur l'écriture filmique de Dekeukeleire résonnent avec l'écriture de la pensée qui parcourt ses carnets, afin de saisir comment ceux-ci permettent de repenser le montage cinématographique à l'aune de la structure de la mémoire ou de la pensée. Quatre parties parcourent le corps de l'article, en lien avec les aspects majeurs des théories du cinéaste. À l'aide d'exemples tirés des carnets, les deux premières parties se concentreront sur le cadrage (d'un plan en cinéma, d'une idée dans les carnets) pour laisser place à une analyse du rythme (des images cinématographiques d'une part, du flux de la pensée de l'autre). Les deux parties suivantes s'attachent à comprendre d'abord comment Dekeukeleire théorise la forme de la rupture au cinéma et la met en pratique dans ses carnets, pour ensuite amener à la conceptualisation de ce que le réalisateur nomme la « caméra idéale ». Créée par le choc

9 L'article cité ci-dessus discute également de ce phénomène, qui tient surtout au fait que les films produits par Dekeukeleire sont le résultat de commandes de la part de l'état belge ou d'entreprises privées ayant pour vocation de faire la publicité du patrimoine industriel national en décrivant les gestes du travail. Faute de moyens et à cause d'impératifs qui lui sont extérieurs, Dekeukeleire n'aura pas l'occasion d'aller au bout de ses théories dans la pratique de ses films sur le plan esthétique. Les films expérimentaux, eux, font preuve d'une exploration des limites du cinéma qui correspond plus précisément aux aspirations théoriques du réalisateur, sans toutefois mettre en avant la dimension sociale de celles-ci.

du montage, elle symbolise un regard cinématographique omniscient supposé ouvrir le spectateur à une spiritualité pure qui repense les cadres spatio-temporels à la fois du film et de l'esprit.

LE CADRAGE : FRAGMENTATION ET ENREGISTREMENT DE L'ÉPHÉMÈRE

Des années 1920 aux années 1960, Dekeukeleire n'a de cesse d'approfondir ce que l'on peut définir comme le projet théorique de toute une vie. Dans ses mots, respectant la graphie d'origine,

> 23) Peut-on formuler une émotion/rêve par l'art ? Ou ne formule-t-on que la vision-souvenir de cette émotion ? [...] Il y a ds nos émotions quelque chose de fugitif. Ce quelque chose ns échappe (ns ne gardons que le souvenir d'en avoir eu connaissance) avant qu'on ait eu le temps de le formuler.
> Le charme particulier du cinéma, c'est qu'il nous restitue justement ce qui nous a ému avec la clarté même du regard, avec plus de clarté même car le regard de l'objectif cinémat. plonge beaucoup plus loin que le nôtre. Il plonge dans l'espace, dans le temps, touche l'infiniment petit et l'infiniment grand. Il nous restitue notre regard en dehors des contingences de temps et de lieu. Il ns restitue nos regards dans un ordre, un montage purement intérieur qui participe de nos rêves, qui participe du mécanisme de notre cerveau. La machine de montage ns aide à réaliser ce second miracle aussi clairement que la machine de prise de vues à réaliser le 1e[10].

L'expression « mécanisme de notre cerveau » interpelle. Elle induit d'abord une confusion entre machine et cerveau – ce qui revient ici à caractériser la machine cinématographique comme phénomène de la pensée. Proche de Jean Epstein[11], Dekeukeleire considère ici que l'œil de la caméra permet précisément d'atteindre des perspectives inédites

10 Dekeukeleire, Charles, carnet n° 34, idée n° 23, janvier-mai 1936, p. 73 à 75. Fonds Dekeukeleire à la Cinémathèque royale de Belgique. Les crochets ne font pas partie du contenu des carnets et fonctionnent de la même manière que dans toute citation. Les abréviations sont retranscrites telles que dans le texte d'origine.

11 Dekeukeleire lit Epstein et est amené à le rencontrer. Les liens sont nombreux entre les deux cinéastes, se tissant autour d'une approche spirituelle de la machine cinématographique. Il arrive à Dekeukeleire de se référer à la notion de photogénie qu'utilise Epstein dans ses théories (voir Epstein, Jean, *Photogénie de l'impondérable*, Paris, Ed. Corymbe, 1935),

aux dimensions spirituelles (le rêve précède et succède ici à l'infiniment petit et à l'infiniment grand) en enregistrant des segments de temps et d'espace dans leur aspect éphémère, les isolant de la fugitivité propre au flux de la conscience. Ce regard machinique reflète les images instinctives de la mémoire. Dekeukeleire apparente le fonctionnement du cerveau à celui d'une machine : comme le cinéma, la pensée enregistre de manière automatique. Ce qu'elle retient révèle, de même que le film par son cadrage, des dimensions inconscientes de l'esprit (ou des dimensions invisibles de l'espace).

Ces assertions donnent lieu à des réflexions méthodologiques de la part du réalisateur. Sur une même lignée que Dziga Vertov et son concept de ciné-œil[12], il envisage l'opération de montage comme le résultat d'une soumission aux images capturées par la caméra de manière aléatoire. Pour Dekeukeleire, le cinéaste doit s'imprégner de l'énergie véhiculée par les images, de leur contenu, de leur forme, pour penser son montage – raison pour laquelle il n'envisage pas le découpage de ses films avant d'en avoir capturé les vues[13]. À l'automatisme de la caméra doit donc répondre le regard automatique du cinéaste, littéralement guidé par son appareil[14].

Les images de cinéma sont ici mises en miroir de celles de l'esprit, qui figurent le souvenir, le rêve, et provoquent l'émotion (trois termes intrinsèquement liés dans les discours de Dekeukeleire). Elles se construisent à partir de points de vue intériorisés, fragmentés : « ce qui entre en ns,

---

plaçant tout autant la technique cinématographique dans le domaine de la poésie, de la magie ou encore de la révélation.

12 Dekeukeleire prend connaissance des écrits de Vertov, qu'il cite (sans toutefois apporter de claire référence) dans ses carnets dès l'année 1931. Vertov introduit la notion de ciné-œil en 1923, défendant un œil mécanique (celui de la caméra) doté d'une vision objective (car automatique) qui s'oppose au cinéma dramatique. Le ciné-œil est une pratique révolutionnaire, elle a pour vocation de mener la lutte des classes, en en montrant le quotidien de manière brute. Voir la récente réédition des écrits du réalisateur : Vertov, Dziga, *Le ciné-œil de la révolution – Écrits sur le cinéma* (introduction de François Albera et postface d'Antonio Somaini), Dijon, Les Presses du Réel, 2019.

13 Cela s'applique surtout à ses films expérimentaux (la capture des images donnant lieu à un calcul précis du rythme du montage) ainsi qu'à sa pratique de chasseur d'images dans les productions ethnographiques et les actualités. Il en est différemment des films industriels, qui répondent toujours à une structure préétablie, encore une fois résultant de leur nature de commande.

14 C'est le sujet principal d'un film comme *Histoire de détective* (1929), où la caméra guide un détective dans son enquête et ses diverses pérégrinations, à la poursuite d'un homme errant dans les villes et campagnes belges.

y entre par “fragments”. [...] Ns reconstituons mentalement l’unité, ds le temps et ds l’espace[15] ».

Cette segmentation propre aux images du souvenir ainsi qu’à la technique du cadrage s’applique à la manière dont la pensée de Dekeukeleire est archivée dans ses carnets. Ces derniers sont le fruit d’un système de numérotation élaboré par le réalisateur : numérotation des carnets eux-mêmes, de leurs pages, mais aussi des idées (*fig. 1*). À chaque nouvelle idée, un nouveau numéro, et chaque nouveau carnet reprend les idées au numéro un. À travers un tel découpage, le contenu des carnets s’exprime ici selon un processus mémoriel proche de ce qu’envisage Dekeukeleire pour le cinéma : tout ne pouvant être retenu, certains éléments sont inscrits (sur la pellicule ou sur le papier) de manière aléatoire, des idées qui surgissent automatiquement, bousculant mais aussi structurant le flux de la pensée.

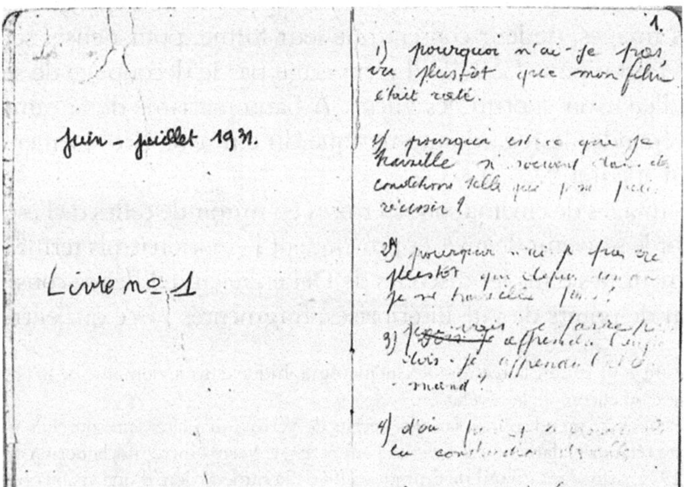

FIG. 1 – Charles Dekeukeleire, carnet de notes n° 1, juin-juillet 1930, p. 1. © Cinémathèque royale de Belgique.

Les carnets s’étendent sur des périodes variables, de quelques semaines à plusieurs mois, et l’écriture fait s’alterner des réflexions de longueurs différentes : les idées peuvent être courtes ou longues selon que l’esprit

15 Dekeukeleire, Charles, carnet n° 31, idée n° 26, juillet-septembre 1935, p. 43.

de Dekeukeleire approfondisse plus ou moins telle pensée. Ainsi, le premier carnet fait apparaître des idées furtives (*fig. 1*), là où certains développements peuvent prendre de nombreuses pages. Par exemple, le deuxième carnet en 1931 comporte 213 idées pour 94 pages, là où le 34e carnet (dont est tirée la première citation de cet article en 1936) présente un total de 45 idées étalées sur un nombre de pages similaire (*fig. 2*).

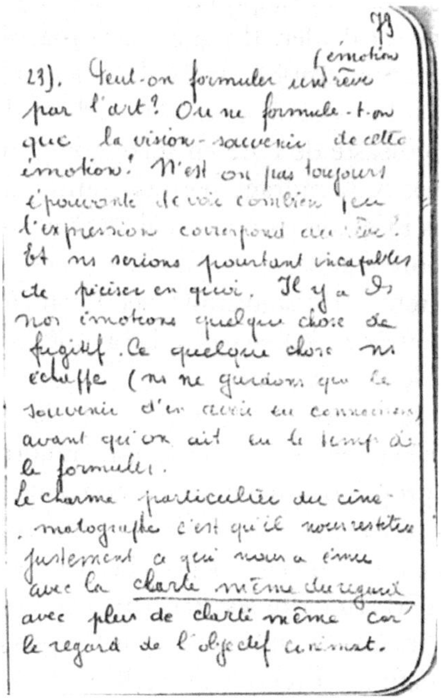

FIG. 2 – Charles Dekeukeleire, carnet de notes n° 34, janvier-mai 1936, p. 73. © Cinémathèque royale de Belgique. Ici, l'idée fait plusieurs pages, exprimant une temporalité plus longue que les pensées inscrites sur la figure précédente.

Ces idées se manifestent par fragments spatio-temporels, retranscrits ici dans un espace qui, par sa structure, devient, à l'image du cinéma, un médium pour représenter l'expérience d'un temps vécu – c'est-à-dire un temps éclaté, qui parfois s'étire, parfois se condense. Ces fragments pourraient se nommer des « plans de la mémoire », puisque s'ils cadrent la pensée dans l'espace du carnet, ils mettent aussi en évidence sa temporalité.

LE RYTHME : DEKEUKELEIRE À LA RECHERCHE D'UNE « TECHNIQUE DE LA PENSÉE »

Au-delà du cadrage, il convient pour Dekeukeleire de retranscrire cette expérience fragmentaire auprès du spectateur. Comme il l'indique, « Il y a la machine à calculer. Il y a aussi la machine à penser. C'est le cinématographe. Son emploi est évidemment plus délicat, il faut savoir s'en servir[16] ». Il revient autant à la machine de voir à la place de l'opérateur qu'au cinéaste de faire en sorte que la machine pense à la place du spectateur. Si le cadrage permet comme la mémoire d'isoler des images (ou des idées), le montage a alors pour rôle de « recréer une perception intérieure » afin de projeter son spectateur dans le temps éclaté ou le hors-temps du souvenir (avec le cinéma, il n'y a pas de « contingence de temps et de lieu » – *cf.* la première citation) avant qu'il ne s'échappe dans le flux de la pensée.

Ce hors-temps est le lieu d'où se façonnera « la clarté d'un nouveau regard » : pour Dekeukeleire, le cinéma est un outil pour conduire la société à faire sa propre psychanalyse en accédant à l'inconscient des foules afin de refaçonner leur manière de penser, c'est-à-dire pour donner lieu à une nouvelle forme de conscience chez les spectateurs[17].

Dans sa volonté d'atteindre les structures de l'esprit, ses réflexions sur le montage sont alors des recherches sur l'expression de la mémoire elle-même, qu'il définit en termes de rythme. Dekeukeleire prolonge ses réflexions ainsi :

> Si ns voulons créer ou recréer une chose par l'art, ns avons à y introduire ces mêmes notions de rythme, de fragments successifs, – ou simultanés. Une œuvre d'art qui n'est pas une réalité, mais un choix, en vue de reconstruire une réalité, doit dans ce choix, suivre le travail intérieur. *on regarde souvent sans voir : cad que successivement on « voit » des parties de ce que l'on regarde. – Et de même ds le temps – On raccorde des moments mentalement, mais on ne sent avec la*

16 Dekeukeleire, Charles, carnet n° 29, idée n° 20, janvier-avril 1935, p. 52.

17 C'est précisément l'idée au départ d'un ouvrage comme *Le cinéma et la pensée* (1947), qui s'approche très largement des réflexions de Jean Epstein dans *L'intelligence d'une machine* (1946). La parution de l'ouvrage *Le cinéma et la pensée* a donné lieu à quelques comparaisons entre le Belge et le Français, disponibles dans le dossier de presse du livre, au sein du fonds Dekeukeleire.

> *même intensité tout un mouvement. Ainsi lorsque l'on reconstruit une vision intérieure par le film [...] entre les images qu'on voit ou sur les images qu'on voit viennent se coller des « images souvenirs » [...] Cette connaissance « par fragments » se fait en [...] fonction de certains rythmes originels de la pensée. [...] La structure du cinéma lui fait épouser le rythme de nos impressions visuelles et sonores* [...] La science du rythme permet justement de faire saisir une continuité par des moments choisis dans cette continuité. [...] La longueur et l'alternance des plans en sont les éléments essentiels ds le film[18].

La continuité du flux de la conscience est ici décrite à travers les termes de « rythmes originels », lesquels se réfèrent au sensible, à l'instinct ou l'intuition. Cette rythmique de la mémoire se construit à partir des « images souvenirs », un terme que Dekeukeleire utilise régulièrement pour réfléchir au montage de plans. Comme l'indique le cinéaste, la pensée ne s'exprime pas de manière totale : elle se ponctue d'images qui surgissent, attirent l'attention pour « se coller » au reste. Par le montage, il revient au cinéma d'apporter un rythme aux images qu'il capture pour les signifier en tant « qu'images souvenirs ».

Cet intérêt pour le rythme se retrouve dans la quasi-totalité des films de Dekeukeleire ainsi que dans ses documents de travail, qui souvent révèlent des montages minutieusement pensés (*fig. 3*), axés sur l'alternance des plans et leur temporalité ainsi que sur leur potentiel rapprochement au souvenir, Dekeukeleire s'inspirant de sa propre mémoire dans le but de faire résonner ces images avec les souvenirs des spectateurs.

De leur côté et en tant qu'archives mémorielles, les carnets mettent ces théories sur le rythme interne en pratique. Le contraste entre les éléments courts et longs, puis la sensation d'interruption provoquée par les numéros créent une cadence aléatoire qui imite celle de la pensée en action.

18 Dekeukeleire, Charles, carnet n° 31, idée n° 23, juillet-septembre 1935, p. 43 à 47. Les mots sont soulignés par Dekeukeleire. Le texte se trouve en italique lorsqu'il s'agit d'une note du cinéaste sur le côté de son propre texte, écrite alors qu'il se relisait. Ces relectures sont parfois datées, ce qui n'est le cas pour aucune des citations de cet article.

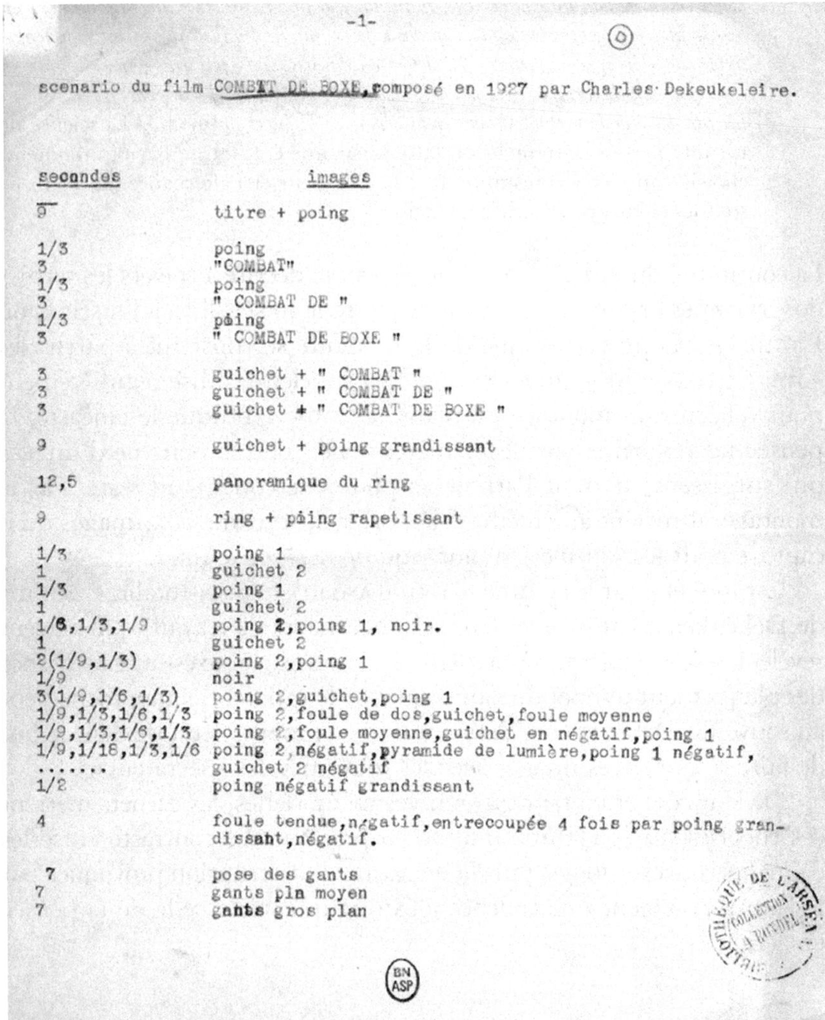

-1-

scenario du film COMBAT DE BOXE, composé en 1927 par Charles Dekeukeleire.

secondes	images
9	titre + poing
1/3	poing
3	"COMBAT"
1/3	poing
3	" COMBAT DE "
1/3	poing
3	" COMBAT DE BOXE "
3	guichet + " COMBAT "
3	guichet + " COMBAT DE "
3	guichet + " COMBAT DE BOXE "
9	guichet + poing grandissant
12,5	panoramique du ring
9	ring + poing rapetissant
1/3	poing 1
1	guichet 2
1/3	poing 1
1	guichet 2
1/6,1/3,1/9	poing 2,poing 1, noir.
1	guichet 2
2(1/9,1/3)	poing 2,poing 1
1/9	noir
3(1/9,1/6,1/3)	poing 2,guichet,poing 1
1/9,1/3,1/6,1/3	poing 2,foule de dos,guichet,foule moyenne
1/9,1/3,1/6,1/3	poing 2,foule moyenne,guichet en négatif,poing 1
1/9,1/18,1/3,1/6	poing 2,négatif,pyramide de lumière,poing 1 négatif, guichet 2 négatif
....	
1/2	poing négatif grandissant
4	foule tendue,négatif,entrecoupée 4 fois par poing grandissant,négatif.
7	pose des gants
7	gants pla moyen
7	gants gros plan

FIG. 3 – Dekeukeleire, Charles, scénario de Combat de boxe, 1927, première page. © Bibliothèque nationale de France. À la droite des plans est indiqué le minutage très précis de ceux-ci, au neuvième de seconde près.

Dans la dernière citation, le cinéma est défini comme « science du rythme », cette scientificité se référant à l'automatisme et à la technicité du médium cinématographique. Par ailleurs, le rythme cognitif s'associe chez Dekeukeleire à ce qu'il nomme une « technique de la pensée ». On retrouve ces termes plus loin dans le même carnet, où il discute d'un « *rythme intérieur à la technique de la pensée*[19] » que le cinéma devrait reproduire ; ainsi que dans l'une de ses notes typographiées, dans laquelle il annonce : « la conversation est utile au plus haut point, car elle permet de se rendre compte de la technique de la pensée de son interlocuteur, par la manière dont il enchaîne les idées[20] ». À travers le mot de « technique », la pensée se trouve associée à un vocabulaire qui concerne également le montage cinématographique : l'enchaînement, la successivité ou la simultanéité, les raccords.

Naturellement alors, les recherches techniques et théoriques de Dekeukeleire sur le montage interrogent la structure de la pensée elle-même, dont il dit qu'elle agit par « frottements, par plissements sur des faits établis, puis par intuitions brusques de rapports ou de vérités, de voies nouvelles[21] ». S'inspirant des travaux d'Eisenstein[22], le cinéaste s'attelle à une tâche pour le moins complexe : systématiser le fonctionnement cognitif du cerveau – c'est-à-dire définir une technique de la pensée – en s'axant sur les raccords de « l'image-souvenir » comme déclencheurs d'émotions chez le spectateur. Il s'adonne ainsi à plusieurs séries de calculs qui parcourent les carnets (sans toutefois qu'ils soient explicités ou rigoureusement justifiés) dans le but de trouver l'équation parfaite d'un film qui reproduirait par son rythme le phénomène de la conscience (*fig. 4*), caractérisé par ces frottements, plissements et intuitions brusques.

19 *Ibidem*, p. 48.

20 Dekeukeleire, Charles, « Moi, vie intérieure », note typographiée, 1934, p. 5. Fonds Dekeukeleire.

21 Dekeukeleire, Charles, carnet n° 4, idée n° 28, août 1931, p. 13.

22 Dès le début des années 1930, Dekeukeleire se montre admiratif du travail d'Eisenstein, notamment de ses films. Il ne cite pas précisément les ouvrages auxquels il se réfère, mais il est certain qu'il a pris connaissance de quelques écrits du Russe, discutant de ses recherches dans son soixante-dix-huitième carnet. Sur les différentes théories du montage d'Eisenstein, voir : Aumont, Jacques, *Montage Eisenstein*, Paris, Éditions Albatros, 1979.

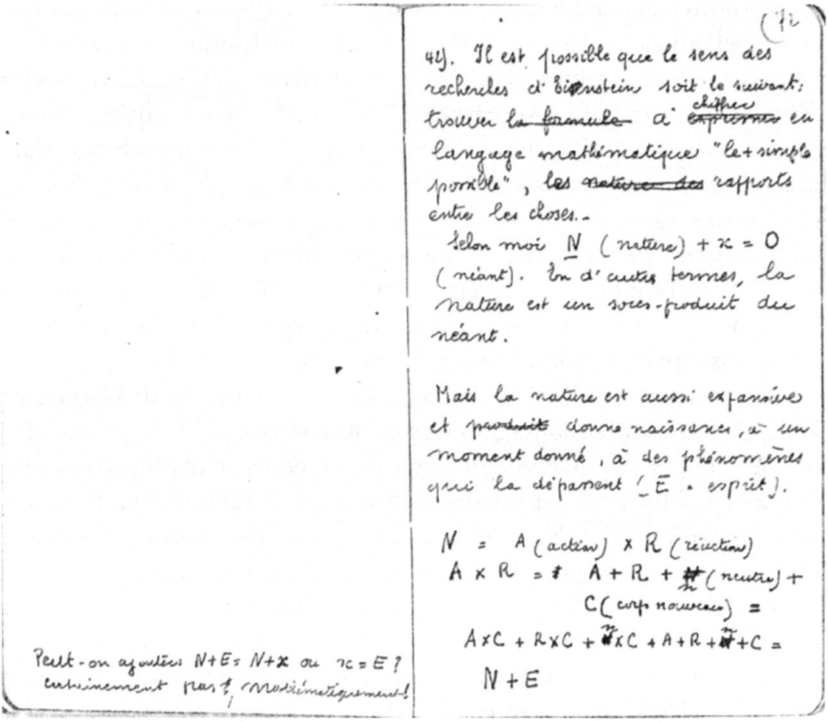

(72)

44. Il est possible que le sens des recherches d'Einstein soit le suivant : trouver ~~la formule~~ à chiffrer ~~exprimer~~ en langage mathématique "le + simple possible", les ~~natures des~~ rapports entre les choses.-

Selon moi N (nature) + x = 0 (néant). En d'autres termes, la nature est un sous-produit du néant.

Mais la nature est aussi expansive et ~~produit~~ donne naissance, à un moment donné, à des phénomènes qui la dépassent (E = esprit).

N = A (action) x R (réaction)
A x R = A + R + n (neutre) + C (corps nouveau) =
A x C + R x C + n x C + A + R + n + C =
N + E

Peut-on ajouter N+E = N+x ou x = E ? certainement pas ! mathématiquement !

FIG. 4 –Dekeukeleire, Charles, carnet de notes n° 78 bis, n.d. (c. 1955), p. 72. © Cinémathèque royale de Belgique. Les équations de Dekeukeleire sont rarement limpides et n'aboutissent jamais concrètement à une méthode. Ici, le cinéaste belge tente de signifier les « rapports entre les choses » pour atteindre directement l'esprit.

LE CHOC : LA FORME DE LA RUPTURE POUR PROLONGER L'ESPRIT DES SPECTATEURS

À travers de tels calculs, les travaux de Dekeukeleire sur l'écriture du film se concentrent sur la rupture – laquelle est induite par le surgissement du photogramme (ou du souvenir). Les carnets des années 1940 amorcent une réflexion sur le choc dans le mécanisme de la conscience :

> 7) Il m'est arrivé d'être comme averti d'un choc, de l'explosion d'un pneu p. ex. [...]
> N'y aurait-il un décalage analogue ds les sensations dont je parle [...] : le moment entre la sensation de choc et celui où cette sensation devient perceptible à la conscience peut suffire pour que se produise un réflexe de protection qui dès lors nous paraît être antérieur à la sensation elle-même. Il faudrait en conclure à l'existence de mouvements réflexes indépendants de la conscience[23].

Cette idée se prolonge dans la pensée du cinéaste, l'amenant à définir une méthodologie :

> Reste maintenant à déterminer la technique cinématographique qui permet de rendre cette « volonté » sensible :
> 1re image de choc qui oriente le spectateur vers ... en le sortant de ses propres préoccupations. [...] [une image] qui peut l'accrocher parce que ce sont des choses qui ont déjà pu, du moins sous l'une ou l'autre forme ou par un détail, l'accrocher jadis.
> Orienter cette image vers la série de chocs que l'on veut lui imposer.
> On est dedans cette fois, il s'agit de bien définir la technique du « passage », en se rapportant à chaque fois à ces expériences 1res de l'enfance, de la « naissance de la conscience[24] ».

Plus tôt dans le même carnet, le réalisateur s'interroge : « Pourrait-on dire que ce qui fait rêver, c'est *le "choc" de* la "présence" *insolite*, présence d'une ligne ou présence "visuelle" intense d'une chose "sentie" par le super-œil de la caméra[25] ? ».

Le cinéma se présentait déjà, au début de cet article, comme un moyen d'atteindre le rêve. L'image cinématographique se donne ici à comprendre, à travers la rupture, comme ouverture ou « passage » vers « la naissance de la conscience ». Elle quitte le domaine du choc et de l'émotion pour entrer dans celui de l'onirisme et de la spiritualité. Quelques années plus tard, Dekeukeleire revient sur les termes « d'image souvenir » :

> 23) suite 9 p. 28.
> En voyant « les 400 coups » (Truffaut) j'ai reconnu au passage des « images de souvenir ». Je porte en moi des images souvenirs *des sortes « d'images-clefs » qui déclenchent la rêverie, la suite d'images.*
> [...]

---

23 Dekeukeleire, Charles, carnet n° 44, idée n° 7, juin-juillet 1940, p. 37-38.
24 Dekeukeleire, Charles, carnet n° 84, idée n° 25, décembre 1955-janvier 1956, p. 54-55.
25 *Ibidem*, même idée, p. 50-51.

> Page 52, note 27, je parle des « images-souvenir » et de la manière de s'en servir pour créer une fiction ; c'est-à-dire « une vie que l'on aurait pu vivre ». Les « images-souvenir » sont des carrefours de l'existence, des plages non interrogées, qui n'ont pas dit leur dernier mot et que l'on reprend « lorsqu'on en a le temps » *(dans la vie psychologique)*[26].

Plus que le choc provoqué dans la continuité du temps conscient, cette forme du choc intéresse donc le cinéaste au niveau des possibles qu'elle engendre en termes d'esprit. Il cherche à mobiliser l'imaginaire du spectateur : « *Le souvenir marque un détour / est comme un arrêt / marque un méandre dans le cours de la vie.* [...] [Il] est le point de départ de l'imagination[27] ». La rupture provoquée par l'image est le moyen de sortir le spectateur du flux de sa propre expérience cinématographique – en créant un instant de suspension qui l'amènera à penser en dehors de lui-même et du film (*fig.* 5).

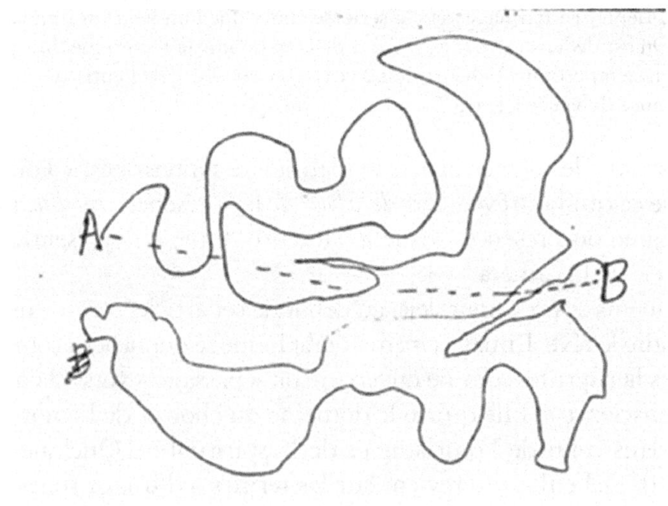

FIG. 5 – Dekeukeleire, Charles, carnet n° 79, n.d. (ca. 1955), p. 45. © Cinémathèque royale de Belgique. Ce schéma figure la trajectoire de la pensée à travers des croisements entre continuité et rêverie : la pensée est ponctuée de ruptures qui la dé-linéarisent et l'emmènent ailleurs.

26 Dekeukeleire, Charles, carnet n° 104, idées n° 23 et n° 31, septembre 1959, p. 49 puis p. 57.

27 *Ibidem*, idée n° 33, p. 64 puis p. 65.

Lorsque Dekeukeleire parle d'images-souvenirs que l'on « reprend » plus tard, il en souligne la valeur de résonnance, de connectivité : les « images-souvenirs » sont très simplement des plans (cinématographiques) qui sont amenés à resurgir sous forme de souvenirs, c'est-à-dire à se répéter et (se) prolonger (dans) l'esprit du spectateur. L'écriture cinématographique ainsi envisagée est proche de la théorisation du montage intellectuel d'Eisenstein[28] : elle a pour rôle d'éclater la perception en provoquant des ruptures qui ne sont pas simplement des fractures (et n'induisent donc pas seulement un rythme perceptif), mais qui permettent à d'autres chemins de pensée de se créer.

Ce phénomène fait précisément écho à la structure mémorielle qui construit les carnets de notes. Décrite jusqu'ici, leur temporalité reste linéaire, suivant une voie rythmique et certes déconstruite, mais plutôt chronologique – qui est celle d'une forme de rationalité. Qu'en est-il du chemin de l'inconscient, ou encore celui du rêve, que Dekeukeleire cherche à atteindre ? De même que ces « images-souvenirs », les pensées répertoriées dans les carnets n'ont rien d'isolé. Elles se présentent comme des éléments fragmentés, mais résonnent régulièrement les unes avec les autres. En effet, le cinéaste a pour habitude de se renvoyer lui-même à ses propres idées (*fig.* 6, 7 et 8). Cela s'exprime à de petites comme à de grandes échelles, avec des idées qui peuvent se répondre à l'intérieur d'un même carnet (c'est par exemple le cas dans la citation ci-dessus : « 23) suite 9 p. 28 ») ou d'un carnet à l'autre, parfois à plusieurs années de distance.

28 Voir Eisenstein, Sergueï M., "Methods of montage" [1929], in *Film Form. Essays in Film Theory*, trad. Jay Leyda, New York, Harcourt Barce & Co, 1949, p. 72-83. Bien qu'ils relèvent d'une conceptualisation proche, il faut noter que le montage intellectuel d'Eisenstein apporte à ses théories une dimension politique qui n'est pas la même que chez Dekeukeleire (Eisenstein entend déclencher une prise de conscience chez son spectateur qui relève de la dialectique marxiste, là où Dekeukeleire veut faire adhérer le spectateur aux modes de production propres au capitalisme).

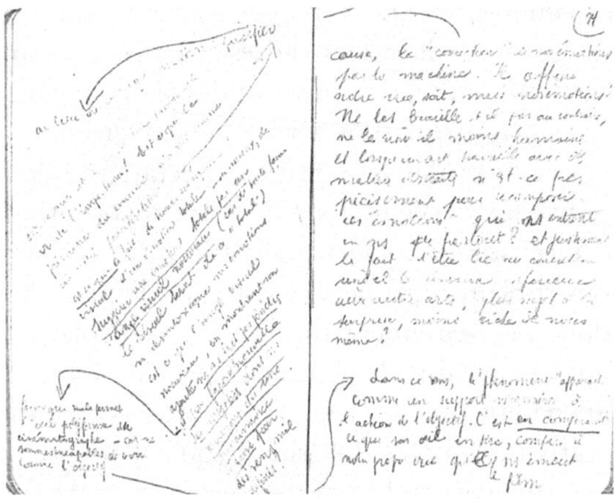

FIG. 6 – Charles Dekeukeleire, carnet n° 29, janvier-avril 1935, p. 34. © Cinémathèque royale de Belgique. Cette page montre une pensée qui déborde et suit un chemin différent de celui imposé par la forme du carnet.

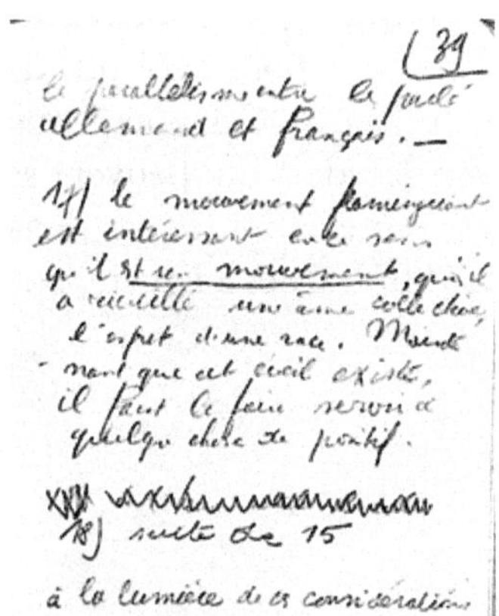

FIG. 7 – Charles Dekeukeleire, carnet n° 13, décembre 1932 – janvier 1933, p. 39. © Cinémathèque royale de Belgique. « suite de 15 » : voici l'une des manières pour Dekeukeleire de « reprendre ses pensées lorsqu'il en a le temps » à l'intérieur d'un même carnet.

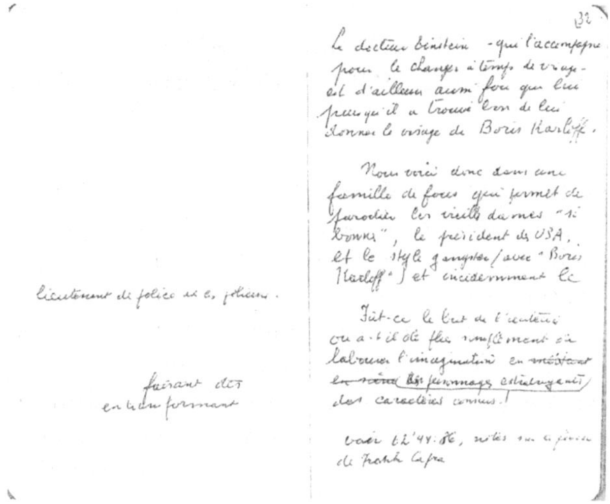

FIG. 8 – Dekeukeleire, Charles, carnet n° 90, février-avril 1957, p. 32. © Cinémathèque royale de Belgique. Ici, Dekeukeleire se renvoie à la page 44 de son carnet n° 62 (août 1946 – février 1947), où il se réfère au film *Arsenic et vieilles dentelles* de Frank Capra (1944).

Dans les carnets, toute impression de linéarité chronologique est rendue illusoire. Explosé par le système de numérotation et de connexions, le temps vécu s'y exprime de manière spatiale. L'écriture brise la logique horizontale du médium « carnet », matérialisant là l'expérience temporelle de la mémoire. Elle en spatialise l'hétéroclisme et le rythme instable, mais surtout l'éclatement et les correspondances. On comprend, dans le quatrième carnet, que Dekeukeleire se relit constamment[29] – c'est ainsi que les correspondances s'opèrent. Au-delà d'une pensée dispersée ou qui procède par collage d'idées, ces notes sont donc aussi le fruit d'une écriture proche de ce que le réalisateur envisage pour le cinéma, c'est-à-dire d'un montage de souvenirs qui surgissent inconsciemment « pour être repris plus tard ».

29 Dekeukeleire écrit : « 22) lorsque je dépouille ces notes, je peux m'apercevoir de l'utilité de laisser une question provisoirement dans l'ombre (et alors je la laisse tomber pour un cahier) ou de la reprendre sur des données tout à fait nouvelles (et alors je pose une nouvelle question générale) », parlant d'une « organisation de notes, par "questions" toujours "posées un certain temps" puis reprises », carnet n° 4, idées n° 22 et n° 24, août 1931, p. 11-12.

LA CAMÉRA IDÉALE : DU TEMPS À L'ESPACE CINÉMATOGRAPHIQUE DE LA PENSÉE

Ces chemins-là remettent en question la forme spatio-temporelle de la pensée et, dans un même mouvement, celle du cinéma. Les modes de temps et leur rapport à l'espace sont l'un des sujets privilégiés de Dekeukeleire concernant le cinéma qui, selon lui – et à travers sa lecture d'Epstein – « est du passé (ce qui est enregistré) que nous orchestrons dans le présent (montage) et dont nous jouissons dans le futur (projection)[30] ». Cette réflexion se reporte sur l'esprit lui-même : « Parmi les "courants" qui se heurtent dans le cerveau pour former par "osmose" cette chose nouvelle qu'est la conscience, il faut citer le "souvenir", le passé en d'autres mots, le présent, *la "sensation" du présent, la "sensation" de passé et la "sensation" d'avenir*, et l'avenir[31] ». Ainsi la conscience, de même que le cinéma, se définissent pour lui dans leur caractère multi-temporel.

Dekeukeleire s'interroge alors sur la spatialité de cette rencontre entre différentes couches de temps :

> Il y a-t-il une différence fondamentale entre le temps et l'espace ou l'espace n'est-il que du « temps » que nous embrassons en un coup d'œil et où d'ailleurs le « présent », l'espace présent, contient du passé, du présent et du futur […]. Tout espace est <u>temps</u> pour quelque chose ou quelqu'un. […]
> Si l'espace est une notion purement relative, si <u>tout est temps</u>, le temps idéal – qui comprendrait tous les temps, n'aurait plus d'espace car tout serait présent au même endroit (*cf.* dans « Le Cinéma et la Pensée » mon image de la caméra idéale qui pourrait tout saisir d'un point sans espace[32]). […]
> Nous sommes peut-être arrivés à un moment décisif où nous allons abandonner la prédominance de la notion espace pour la prédominance de celle de temps où le temps prendra pour nous la solidité de l'espace et où l'espace perdra la sienne (cinéma) (L'espace, c'est du temps non structuré).

30 Dekeukeleire, Charles, carnet n° 29, idée n° 12, janvier-avril 1935, p. 37. Au moment où il écrit ces lignes, le réalisateur est en train de lire *Photogénie de l'impondérable* de Jean Epstein (1935).

31 Dekeukeleire, Charles, carnet n° 95, idée n° 4, juin-septembre 1958, p. 10.

32 Dekeukeleire développe toute une partie de son ouvrage autour d'une caméra qui permettrait d'atteindre la conscience de manière directe, de sorte à en changer les postulats. Voir *Le cinéma et la pensée*, chapitre 6 « La pensée de notre civilisation », et plus précisément la partie « Faits irrationnels et postulats nouveaux », p. 97 à 107.

> En fait ni le temps ni l'espace n'existent. Il y a « temps » là où l'esprit distingue passé, présent, futur. Il y a « espace », là où l'esprit perd cette distinction. [...] Le temps nous échappe par l'espace[33].

Cette réflexion attire l'attention quant à son rapport à la caméra. Dekeukeleire introduit l'idée d'une « caméra idéale qui pourrait tout saisir d'un point sans espace », soit d'un regard cinématographique centripète et omniscient. Le temps ici décrit est une abstraction (il est « non structuré »). En d'autres termes, c'est de l'*idée* de temps elle-même que Dekeukeleire discute, sous la forme d'une temporalité pure qui pourrait être ramenée à l'espace en ce que l'espace est traversé par le passé, le présent et le futur. Cela se rapporte à la perception : l'esprit « perd cette distinction » entre les trois modes de temps lorsqu'il prend conscience de leur relativité, ou de l'espace comme vecteur de temporalités multiples – phénomène que l'on retrouve par exemple autour des aspects spatio-temporels éclatés du rêve et du souvenir qui traversent les réflexions du cinéaste. Avec le cinéma, et à travers la caméra idéale de Dekeukeleire, le temps devient espace, et l'espace « perd sa solidité ». Il est instable, devient mouvement : il matérialise le passage-même du temps et de l'esprit.

Au-delà des carnets, ce sont cette fois-ci les deux index de Dekeukeleire (nommés R et R2) qui permettent de prolonger l'analyse (*fig. 9*). Il est probable que le cinéaste se soit relu d'abord tout au long de son écriture, puis entièrement autour de 1962 afin de diviser son travail d'indexation en deux : l'index R se réfère aux 53 premiers carnets là où l'index R2 ne présente aucune référence avant le 52e carnet et renvoie également au premier index.

33 Dekeukeleire, Charles, carnet n° 119, idée n° 12, avril-juin 1961, p. 30 à 33. C'est l'auteur qui souligne. Le travers de langage « Il y a-t-il » provient du texte original. Le cinéaste s'inspire de la métapsychie (dont il ne cite aucune source dans les carnets) puis de la métaphysique pour développer ses réflexions, notamment à travers *Le fait métaphysique* de Paul Masson-Oursel (1941) et *Les tendances actuelles de la philosophie allemande* de Georges Gurvitch (1930).

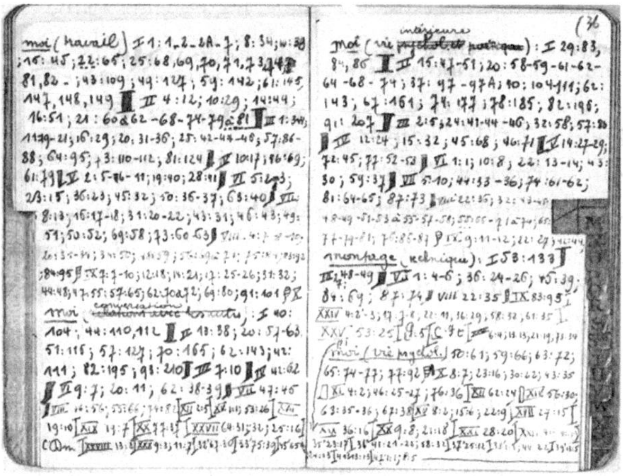

FIG. 9 – Charles Dekeukeleire, index R2, n.d., p. 36.
© Cinémathèque royale de Belgique.

L'indexation mise en place par Dekeukeleire fonctionne ainsi : en premier lieu, on trouve le numéro de carnet[34]. Ensuite vient le numéro de page, deux points, puis le numéro d'idée, auquel succèdent un tiret et d'autres pages lorsque les termes indexés se réfèrent à plusieurs idées d'une même page. Entre plusieurs pages et idées d'un même carnet, Dekeukeleire utilise un point-virgule.

Le système de coordonnées qui est ici développé rejoint la structure de l'auto-référencement dans les carnets en amenant à lire ceux-ci de manière délinéarisée, depuis les thèmes forts qui les traversent. En somme, cela permet de déconstruire les idées numérotées et de les reconfigurer. Cette forme invite donc à appréhender la pensée des carnets non plus par l'analyse des contenus mais bien directement des connexions spatio-temporelles qui sont faites entre structure et discours. En d'autres termes, si les carnets fragmentent et rythment le temps, les index en spatialisent le passage, ils offrent un espace d'expression à ces « raccords de l'esprit » que Dekeukeleire entend atteindre par le cinéma. Ils sont l'accès, matérialisé, à cette suspension, ce hors-temps du souvenir, présenté comme le point de départ d'un champ de possibles, de directions

34 En chiffres romains environ jusqu'au trentième carnet. À partir de là, en chiffres arabes suivi d'un signe prime.

imaginaires. Le temps de la pensée est ici exprimé dans son rapport direct à l'espace, lequel nous est signifié non pas comme linéaire ou chronologique, mais plutôt comme centripète.

Les index de Dekeukeleire reflètent sa notion de « caméra idéale ». Multidirectionnelle, cette caméra enregistre tout espace, donc tout temps. Allant plus loin que la retranscription d'un « montage purement intérieur » qui « participe du mécanisme de notre cerveau » (*cf.* première citation), elle figure le passage, le mouvement d'un plan à l'autre, l'entre-deux, tout comme les index révèlent les connexions qui existent d'une idée à l'autre. En d'autres termes, les deux médiums conceptualisent le passage du temps – caractérisé par l'image-souvenir – lui-même en le matérialisant dans l'espace, faisant du montage le principal mode d'expression à la fois du cinéma, à la fois de la pensée.

LES CARNETS DE DEKEUKELEIRE : DU CINÉMA, EN THÉORIE (POUR CONCLURE)

Dans ses théories, Dekeukeleire manque souvent de clarté. L'emploi de certains termes-clés reste ambigu – notamment celui de « montage », mais aussi ceux de « mémoire », « souvenir », « pensée », « conscient », « inconscient », « imagination » ou plus largement « image » – autant de mots qui se confondent pour décrire un même phénomène. Face à ces réflexions aussi unitaires qu'éparses, profondément éclatées, l'étude formelle d'une pratique comme celle des carnets se dessine comme une approche valable pour comprendre, dans la structure même de la pensée, le rapport théorique que Dekeukeleire entretient au montage cinématographique.

En quelque sorte, les carnets s'écrivent comme le ferait le cinéma tel que l'envisage le réalisateur. On y retrouve les opérations de cadrage et de découpage (les aspects éphémères de la réalité intérieure – qu'est celle de la pensée – sont retenus comme fragments), de même que l'on a affaire à un rythme poétique (permis par le collage d'idées plus ou moins longues et aléatoires). Enfin, les idées résonnent dans le temps et l'espace, déconstruisant toute linéarité rationnelle pour atteindre l'éclatement et les résonnances propres à la mémoire.

Les carnets se présentent ainsi comme une pratique théorique de cinéma, les index matérialisant la caméra idéale de Dekeukeleire, qui elle-même se réfère au passage ou au montage. Au-delà des fragments de temps et d'espace, en creux des souvenirs, de ces « plans de la mémoire », se situe la Pensée, au sens absolu que Dekeukeleire lui prête, c'est-à-dire au sens du Cinéma.

Mathilde LEJEUNE
Universités de Lille et de Lausanne

L'ÉMERGENCE DU RÔLE DE LA MONTEUSE DE *SHOAH* (1985) DANS L'ESPACE PUBLIC

1973-2022

Depuis sa sortie en salle en avril 1985, *Shoah* de Claude Lanzmann est devenu une référence partagée tant pour les cinéphiles que pour les chercheurs en sciences humaines et sociales, ainsi que pour un plus large public. De manière comparable à *Si c'est un homme* de Primo Levi (1947), *La Nuit* d'Élie Wiesel (1958), *La Destruction des Juifs d'Europe* de Raul Hilberg (1961), *Maus* d'Art Spiegelman (1986-1991), ce documentaire est incontournable quand il est question du génocide des Juifs dans l'espace public francophone. En plus de sa durée (570 minutes), le choix de donner la parole à des acteurs de l'histoire – Juifs persécutés, témoins polonais et exécuteurs –, sans le recours à aucune voix off explicative, à aucune musique dramatisante ni à aucune image d'archives contemporaines des faits est très régulièrement souligné. L'ingéniosité des dispositifs filmiques mis en place lors des tournages entre 1975 et 1979 l'est également. Il est alors question de retourner sur les lieux du génocide (Simon Srebnik dans une barque aux abords du camp de Chelmno), de refaire des gestes (Abraham Bomba dans un salon de coiffure, Henryk Gawkowski aux commandes d'une locomotive), de voler des images avec une caméra cachée (Franz Suchomel qui s'expriment à propos du camp de Treblinka) et de revivre le passé jusqu'à atteindre une forme de point de rupture où le témoignage s'interrompt face à la difficulté à dire ce qui a été vécu aux abords des camps d'extermination. Concernant le montage, la durée totale du film est certes devenue un lieu commun des discours portant sur *Shoah*, de même, il est régulièrement question de la longueur de chacune des séquences ou encore de la lenteur des mouvements de caméra sur les lieux du génocide et du choix d'avoir laissé tout à la fois les prises de parole des acteurs de l'histoire et leur traduction par l'interprète présent sur le lieu du tournage. Par contre, il n'est quasiment jamais question de la manière dont le film a été monté. Il en ressort l'impression d'une forme d'ascèse, qui reviendrait à une mise en contact la plus directe possible avec les acteurs de l'histoire, sans aucune mise en intrigue des témoignages filmés, ni travail sur la bande sonore enregistrée lors des tournages. Cette étape du processus de réalisation a ainsi longtemps été quasiment absente des discours tenus par les critiques, les chercheurs ou encore le réalisateur.

Dans le cadre de cet article, nous allons d'abord proposer un état des lieux de ces discours portant sur *Shoah* entre 1985 et 2022. La façon dont les dispositifs filmiques et la figure du réalisateur est devenue centrale est présentée tout en identifiant les quelques prises de parole faisant état du rôle du montage. Par la suite, l'importance du montage et de la monteuse – Ziva Postec – est soulignée. La prise en compte de cette étape du processus de réalisation conduit à considérer que le film est autant le résultat des dispositifs élaborés lors du tournage que de leur intégration à un montage fin et complexe tant au niveau de l'image que du son. D'un point de vue méthodologique, il s'agit d'articuler une approche par l'analyse des discours avec une démarche relevant de la génétique cinématographique fondée sur une étude des archives du film restaurées par le musée des États-Unis du mémorial de l'Holocauste (USHMM)[1]. L'étude des discours amène à se pencher sur les thèmes sur lesquels la réception s'est attardée, mais aussi ce qui a été oublié. La génétique conduit, elle, à faire ressortir l'importance des aspects qui ont été négligés. La troisième partie est consacrée à la réalisation du documentaire de Catherine Hébert, *Ziva Postec, la monteuse derrière le film Shoah* entre 2012 et 2018, dont l'auteur de ces lignes a été le conseiller historique et un protagoniste. Ce film est appréhendé à titre d'argument participant à la revalorisation du rôle du montage dans les discours portant sur *Shoah*. La dernière partie est consacrée à la réception de ce film second[2]. Il s'agit ainsi de déterminer dans quelle mesure la perception du film de Lanzmann a été transformée par les discours produits au sujet du film d'Hébert depuis sa sortie en festival fin 2018, puis en salle en 2019.

L'enjeu de cet article est donc de montrer en quoi l'émergence des discours autour du montage et de la monteuse n'a rien d'évident. Ce

---

1 Sur la notion de génétique cinématographique, lire Bourget, Jean-Loup et Ferrer, Daniel (dir.), *Genesis*, n° 28 : Cinéma, 2007.

2 Film second au sens où c'est un documentaire qui porte sur un autre film.

type de sujet peut très bien rester quasiment absent dans l'espace public pendant une trentaine d'années (1985-2018). Ce n'est qu'à la suite de travaux académiques, puis surtout de la réalisation d'un film documentaire, que ce sujet se fraye un chemin dans les discours au sujet de *Shoah*.

ABSENCE DU RÔLE DU MONTAGE ET DE LA MONTEUSE DANS LES DISCOURS

Dès la fin avril 1985, le film a été l'objet d'une polémique portant sur l'antisémitisme des protagonistes polonais filmés en 1978 aux abords des sites des camps d'extermination[3]. La sortie de *Shoah* devient un événement dans la presse quotidienne nationale française. La venue du Président de la République française, François Mitterrand, à l'avant-première est alors considérée rétrospectivement comme un affront. L'enjeu est dès lors politique et diplomatique[4]. Il n'est ni question des dispositifs filmiques, ni du montage. En parallèle, c'est assez logiquement le réalisateur, Claude Lanzmann, qui présente le film à la télévision. Il y reçoit un accueil très favorable, sans pour autant que *Shoah* ne constitue un événement sur ce média. L'accueil de la presse cinéphile est également très favorable, mais c'est moins en 1985, qu'au fils des ans et de ses appropriations par de nouvelles générations de critiques que le documentaire devient une référence partagée[5]. Il est régulièrement qualifié de chef-d'œuvre. Ce qualificatif, qui relève autant de la critique que d'une certaine forme d'histoire de l'art, repose sur l'étude de la forme finale du film. C'est le cas dès la première dépêche de l'Agence France Presse (AFP)[6], mais

3 La polémique est lancée par la publication d'un dossier dans *Libération* le 25 avril 1985. Le dernier article du dossier, signé par Laurent Joffrin, est intitulé « La Pologne au banc des accusés. »

4 Ochman, Ewa, « The Search for Legitimacy in Post-Martial Law Poland : The Case of Claude Lanzmann's *Shoah* », *Cold War History*, vol. 6, nº 4, novembre 2006, p. 501-526.

5 Besson, Rémy, « *Shoah*, documentaire, œuvre d'art et fiction du réel », dans Kleinberger, Alain et Mesnard, Philippe (dir.), *La Shoah : théâtre et cinéma aux limites de la représentation*, Paris, Kimé, 2013, p. 337-355.

6 « Il a fallu plus de dix ans à Claude Lanzmann pour réaliser *Shoah*, un long film de 9h30 sur le génocide juif pendant la seconde guerre mondiale, un chef d'œuvre qui a la poésie puissante d'une cantate ou d'une méditation, en même temps qu'il apporte des

aussi dans l'ouvrage collectif de référence dirigé par Michel Deguy, *Au sujet de* Shoah (Paris, Belin, 1990). Ce sont les dispositifs qui sont mis de l'avant. De plus, le réalisateur est présenté comme étant l'unique auteur du film. À partir de 1986-1987, Lanzmann est quasiment le seul membre de l'équipe à prendre la parole dans l'espace public médiatisé (presse généraliste et spécialisée, radio, télévision)[7]. Le film devient aussi progressivement une référence pour de nombreux chercheurs en sciences humaines et sociales, que ce soit en histoire, en sociologie, en psychologie, en philosophie. Dans ces domaines, *Shoah* est moins interprété comme une œuvre d'art que comme étant le résultat d'une recherche relevant de l'histoire orale. Par exemple, Henry Rousso, dans un avis de recherches publié en 1988 dans la revue *Vingtième-siècle*, indique ainsi que *Shoah* est « (...) pour beaucoup l'occasion de comprendre l'importance du témoignage, sa puissance d'évocation, sa faculté irremplaçable de sensibiliser une audience dont l'écrasante majorité est née bien après la fin de la guerre[8]. » De nouveau, ces réflexions se fondent sur une étude du film et de ses dispositifs qui sont le plus souvent loués pour leur ingéniosité, et parfois critiqués[9]. Le point commun entre les discours tenus par les critiques et par les chercheurs est une absence d'attention portée au processus de montage. Cela s'explique notamment par le fait que le réalisateur aborde peu cette étape de la réalisation lors de ces nombreuses prises de parole publiques.

Il serait donc possible de conclure à une absence du thème du montage dans les discours portant sur le film. Toutefois, une exception est à souligner. En effet, dans le texte qu'elle consacre à *Shoah* dans *Le Monde* du 29 avril 1985, la philosophe Simone de Beauvoir, qui est une

témoignages exceptionnels sur cette tragédie », Maupin, Françoise, « "Shoah" de Claude Lanzmann : la mémoire du génocide juif (sortie 30 avril) », dépêche AFP, 26 avril 1985.

7 Ziva Postec a accordé un entretien à Anne Grynberg, « Exil et dévoilement », *Les Nouveaux cahiers*, n° 84, printemps 1986, p. 63 et un article lui est consacré par Clarisse Nicoïdski, « *Shoah* ou la quête de l'identité », *Tribune juive*, non daté, archives privées de Ziva Postec.

8 « La mémoire de la Shoah en vidéo », *Vingtième-siècle. Revue d'histoire*, n° 17, janvier-mars 1988, p. 113.

9 Les deux principales critiques proviennent de chercheurs Nord-américains, qui soulignent l'absence de représentation des femmes dans le film et mettent en perspective les choix historiographiques effectués. – LaCapra, Dominick, « Lanzmann's *Shoah* : "Here There Is No Why" », *Critical Inquiry*, vol. 23, n° 2, 1997, p. 231-269 et Hirsch, Marianne et Spitzer, Leo, « Gendered Translations : Claude Lanzmann's *Shoah* », dans Cooke, Miriam et Woolacott, Angela (dir.), *Gendering War Talk*, Princeton, Princeton University Press, p. 3-19.

très proche amie du réalisateur, revient sur le montage à trois reprises. Elle insiste sur le fait qu'il « n'est jamais chronologique », qu'il y a « au-delà même de la subtilité du montage (...) des résonances, des symétries » et enfin, que « grâce au remarquable montage de Lanzmann il y a des moments de paix, de sérénité[10]. » Le rôle du montage est donc bien mis en avant, mais la figure de la monteuse est absente. Cette tribune écrite par une grande figure intellectuelle est ensuite choisie comme préface de la publication des dialogues du film chez Fayard[11]. L'auteur de cet ouvrage est le seul réalisateur et, de nouveau, le nom de Ziva Postec est omis. La mention qui était présente dans le générique du film « Ziva Postec, qui, pendant cinq années et jour après jour, a monté le film à mes côtés » n'apparait pas. Cela n'ira pas sans heurt. Une conciliation est tentée fin octobre 1985, Lanzmann acceptant alors de remplacer le terme de « montage » utilisé dans la préface du livre par Beauvoir par celui considéré comme étant plus neutre de « construction ». Postec refuse, rappelant qu'elle souhaite que son nom apparaisse ou qu'au moins celui de Lanzmann soit retiré quand il est question du montage. Début 1986, le litige est porté devant les tribunaux. Un article de Louis Skorecki dans *Libération*, commence ainsi « Ziva Postec a passé près de six ans à mettre bout à bout les images du film de Claude Lanzmann. Pour faire reconnaître son travail, elle a attaqué le metteur en scène en justice[12]. » Dans la seconde édition du texte, la mention du montage est remplacée par celle de construction[13]. Le nom de la monteuse reste absent et la présence même du mot montage tend à s'effacer[14].

10 De Beauvoir, Simone, « La Mémoire de l'horreur », *Le Monde*, 29 avril 1985.

11 Lanzmann, Claude, *Shoah*, Paris, Fayard, 1985.

12 Skorecki, Louis, « La monteuse de *Shoah* refuse de se fondre dans le noir », *Libération*, 27 février 1986.

13 Elle devient celle-ci : « La construction de Claude Lanzmann n'obéit pas à un ordre chronologique. », Lanzmann, Claude, *Shoah*, Gallimard, Paris, 1997, p. 12.

14 Ziva Postec exlique, « je m'aperçois que dès le film terminé [en 1985], Claude [Lanzmann] se livre à mon égard à une sorte d'effacement de traces, ne parlant jamais de mon travail, ne me citant jamais, intimidant des personnes qui voulaient en parler et allant même jusqu'à endosser la paternité du montage. » Elle ajoute, en note, « de fait on peut constater qu'en France quasiment aucun critique, aucune revue de cinéma n'a jamais cherché à m'interviewer. Il a fallu un jeune historien français enseignant au Canada pour que, pour la première fois, on s'interroge sur les procédés de montage dans *Shoah* (...) et que, sur son instigation, une jeune réalisatrice canadienne ait eu envie de faire un film sur moi », entretien accordé à Évelyne Chauvet, « Rencontre avec Ziva Postec : Comment

Les polémiques des années 1990-2000, lors de la sortie en salle en France de *La liste de Schindler* (Steven Spielberg, 1993), de *La vie est belle* (Roberto Benigni, 1997) et de l'exposition de photographies *Mémoire des camps* en 2001 ne changeront rien à ce sujet. Elles ont porté respectivement sur la spectacularisation du génocide, la possibilité de faire une fable à ce sujet et la représentation de l'intérieur des chambres à gaz en fonctionnement[15]. Cette absence des discours n'est pourtant pas totale et quand la question a été posée à Lanzmann, notamment par Jean-Michel Frodon dans *Le cinéma et la Shoah*, il n'hésitait pas à répondre qu'il s'agit d'une seconde écriture du film. « Il y a une écriture, il faut une écriture, des choix, certains et pas d'autres. Au tournage et au montage. (...) Le film se veut un long processus de découverte, par une écriture cinématographique. Sans doute même deux écritures successives, au tournage et au montage[16]. »

IMPORTANCE DU MONTAGE ET DE LA MONTEUSE DANS LA RÉALISATION DU FILM

Adoptons à présent une démarche génétique afin de déterminer si ces derniers propos du réalisateur correspondent à ce qui s'est passé entre 1973 et 1985. Une courte présentation des principales étapes du processus de réalisation permet de se rendre compte du rôle du montage. En effet, la recherche documentaire dans les archives a duré environ un an (1973-1974), les premiers tournages datant, eux, de 1975. C'est, toutefois, entre 1978-1979 que la plupart des quelque deux cents heures d'entretiens ont été filmées aux États-Unis, en Israël, en Allemagne et en Pologne. Entre 1978-1979, des vues plus contemplatives sont également tournées principalement sur les lieux du génocide en Pologne. À la fin des tournages, en septembre 1979, l'ensemble des bobines de film

j'ai monté le film *Shoah*, par Ziva Postec », *Revue française de psychanalyse*, vol. 84, n° 4, 2020 [en ligne].

15 Sur ce dernier sujet, lire Didi-Huberman, Georges, *Images malgré tout*, Paris, Minuit, 2003.

16 « Le travail du cinéaste », dans Frodon, Jean-Michel (dir.), *Le cinéma et la Shoah, un art à l'épreuve de la tragédie du* XX*e* *siècle*, Paris, Éditions des Cahiers du cinéma, 2007, p. 118-119.

16mm sont entreposées aux studios de montage LTC en banlieue parisienne (Saint-Cloud). Ziva Postec passe alors plusieurs mois à visionner l'ensemble des *rushes* une première fois. Le sujet du film n'est pas encore clairement défini, Lanzmann ayant clairement en tête l'ouverture du film (cinq premières minutes), mais pas la suite, ni la structure d'ensemble du film. Postec se livre ensuite à de premiers montages thématiques qui portent sur des séquences précises. C'est un processus de création de plus de cinq ans (1979-1985) qui débute. Ainsi, ce n'est qu'au début des années 1980, que le sujet du film – la mise à mort des juifs en un lieu fixe par le gaz entre décembre 1941 et janvier 1945 – a été clairement identifié par la monteuse. Cela a conduit à exclure plusieurs dizaines d'entretiens qui ont été filmés, mais qui portaient sur d'autres sujets notamment sur les persécutions avant 1942, mais aussi sur l'après 1945. De plus, les sous-thématiques qui composent le film et les liens entre chacune d'entre elles sont conçues à cette période.

C'est aussi durant ces années que le principe d'une alternance entre des vues prises sur les lieux du génocide et des plans issus des entretiens prend de l'importance. C'est une manière de montrer que la parole des acteurs de l'histoire constitue une forme de résistance visuelle à la mise à mort des Juifs et à la destruction des traces mêmes du génocide par les nazis. Cette dimension éthique a bien été identifiée lors de la réception[17]. Ce choix esthétique donne également au spectateur un espace visuel et un temps de respiration afin d'appréhender la très grande dureté des récits portés par les témoins. La décision de conserver au montage les prises de paroles des traductrices va également dans ce sens. Toutefois restreindre l'interprétation de ces vues à leur dimension éthique et esthétique conduit à manquer un aspect plus pratique lié au montage de la bande-son. Pour le dire le plus clairement possible, quand le visage des acteurs de l'histoire est visible à l'écran, le son est synchrone, mais dès qu'il ne l'est plus, des extraits issus de différents passages de l'entretien original ont été agencés sans forcément respecter le rythme, l'ordre, le sens de celui-ci. Les archives de *Shoah* permettent de mener une comparaison systématique entre ce qui a été dit lors des entretiens filmés et ce qui peut être entendu lorsque l'on visionne le documentaire. Il en ressort que de nombreuses coupes ont été faites dans le matériel

17 Sur ce sujet le texte qui fait autorité est Felman, Shoshana, « In an era of testimony : Claude Lanzmann's *Shoah* », *Yale French Studies*, n° 79, 1991, p. 39-81.

d'origine également dans le but d'orienter les propos tenus face à la caméra en fonction d'enjeux propres à l'équipe du film[18]. Ce travail sur le son conduit donc à transformer, parfois radicalement, la signification d'origine des témoignages. Cela correspond aussi à des choix politiques assez clairement identifiables tels que la suppression répétée de marques de solidarité de la part des Polonais catholiques envers les Juifs. Cela équivaut enfin à des choix historiographiques qui s'inscrivent dans les débats qui ont lieu à la fin des années 1970, notamment autour de la résistance juive au génocide, de la représentation des Sonderkommandos, des Conseils juifs, etc.

Prenons comme cas, le début d'une prise de parole du témoin polonais Jan Piwonski à propos de la construction du camp d'extermination de Sobibor. Les propos de cet ancien cheminot ainsi que ceux de Lanzmann sont traduits du polonais vers le français par Barbara Janicka. Le tournage a lieu aux abords du camp. Dans *Shoah*, le spectateur entend cette traduction :

> Vers la fin mars 1942, on a fait venir ici, on a chassé ici, des groupes assez importants de Juifs, entre cinquante et cent personnes. Plusieurs trains sont arrivés avec des éléments de baraques, des poteaux, avec des barbelés, avec des briques et on a commencé la construction proprement dite du camp. Les Juifs déchargeaient ces wagons et transportaient les parties de ces baraques vers le camp. Le rythme de travail imposé par les Allemands était extrêmement rapide[19].

À l'image, on voit d'abord un train se déplacer sous la neige, puis un sentier enneigé bordé d'arbres. Ce qu'il est important de retenir, c'est que dans ce passage du film, le visage de Piwonski n'est pas visible. La bande-son a donc pu être montée.

Considérons tout d'abord les neuf premiers mots : « Vers la fin mars 1942, on fait venir ici ». Ils n'ont jamais été prononcés de cette manière par Janicka. Lors de l'entretien original[20], elle a dit « vers la fin mars,

---

18 Besson, Rémy, Shoah, *une double référence ? Des faits au film, du film aux faits*, Paris, MkF, 2017.

19 Lanzmann, Claude, *Shoah*, DVD, partie 2, time code : 12 min. à 13 min. La transcription est légèrement différente de celle qui apparait dans la version publiée des dialogues du film (*op. cit.*, 1997, p. 110-111).

20 Ce dernier a été restauré. Il est accessible en ligne : https://collections.ushmm.org/search/catalog/irn1004241 (dernière consultation le 14 juillet 2022). Le passage étudié se situe à la fin de la capsule FV3339 et au début de la capsule FV3340. Sur ce site, une numérisation

peut-être au début d'avril, on fait venir ici (…). » Elle n'avait pas précisé l'année. Elle avait, par contre, fait mention d'une hésitation de la part de Piwonski. Pour le film, le son a été coupé après le mot « mars » ce qui conduit à omettre l'hésitation, puis le terme 1942 a été inséré alors que la suite de la phrase a été conservée, « on fait venir ici ». De telles gestes, de découpage et de déplacement d'éléments de la bande-son, se retrouvent également dans la suite de la séquence. Ainsi, le début de la phrase suivante, « Plusieurs trains (…) » a été tournée quelques minutes plus tard. Entre-temps, quelques mots ont été échangés, puis il y a eu un arrêt pour recharger le magasin de la caméra en pellicule 16mm. L'impression d'une continuité dans les propos est donc bien créée au montage[21]. Il serait possible de continuer ainsi pour l'ensemble de *Shoah*. Prenons un dernier exemple issu de ce court passage avec Piwonski. Lors de l'entretien original, les deux phrases suivantes sont prononcées l'une après l'autre, « Plusieurs trains sont arrivés avec des éléments de baraques, des poteaux, avec des barbelés, avec des briques et on a commencé la construction proprement dite du camp. (A) Le rythme de travail imposé par les Allemands était extrêmement rapide. » C'est au montage que la phrase « Les Juifs déchargeaient ces wagons et transportaient les parties de ces baraques vers le camp » a été ajoutée entre les deux (notée A ci-dessus)[22]. Dans ce dernier cas, l'idée est certainement de ne laisser aucune ambiguïté concernant le fait que c'étaient les déportés juifs qui étaient forcés à construire le camp.

Ce travail fondé sur une étude des archives a été croisé avec plusieurs entretiens avec la monteuse du film, Ziva Postec et la consultation de ses archives personnelles à son domicile à Tel-Aviv. En 2010/2011, cette dernière était prête à revenir sur le processus de montage. Lors d'une classe de maitre qui s'est tenue à Paris en 2010 devant une vingtaine de personnes, elle a notamment indiqué « j'ai fait de la dentelle, c'est-à-dire que j'ai reconstitué ce que les gens disaient très longuement. Je l'ai

de la transcription réalisée pour le montage est également disponible (l'extrait se situe p. 5).

21 Cela a aussi conduit à couper les interventions du réalisateur, dans ce cas une précision et une relance (*cf.* transcription citée dans la note précédente).

22 Il faut ajouter que le rythme de la traduction est complètement modifié par le montage de la bande sonore. En effet, les prises de parole de Piwonski et de Janicka sont relativement longues – souvent une vingtaine des secondes – lors de l'entretien original. Le découpage de la bande son a été pensé pour entrelacer plus finement le témoignage et sa traduction. Cela produit l'impression de prises de parole très courtes de Piwonski – quatre-cinq secondes – immédiatement suivies de leur traduction.

raccourci et j'ai remonté la phrase[23] ». Cela correspond en tout point à la manière dont le son du film a été monté.

UN FILM SECOND COMME ARGUMENT POUR CHANGER LA PERCEPTION DE *SHOAH*

À la fin de la rédaction de ma thèse (début 2012), j'ai formulé le constat d'un écart manifeste entre la centralité prise, dans les discours, par le rôle du réalisateur et des dispositifs filmiques et l'absence de considération pour ce qui a trait au montage et à la monteuse. Ce fut aussi le moment d'insister sur l'importance d'une démarche génétique en soulignant notamment la complémentarité entre le travail sur l'image et sur la bande-son. Cet aspect du montage a des conséquences sur la perception du film. Il conduit à penser une auctorialité qui est partagée entre Lanzmann et Postec. Cela revient aussi à rétablir un équilibre entre le rôle des dispositifs créés lors des tournages et le montage. Enfin, ce travail contredit l'impression largement partagée que *Shoah* relève de l'histoire orale filmée, soit de la mise en contact direct du spectateur avec les témoignages des acteurs de l'histoire. Ainsi, il s'avère que comprendre les gestes effectués par la monteuse est essentiel pour saisir les enjeux du film de 1985.

C'est à cette même période (printemps 2012), que j'ai rencontré la réalisatrice québécoise Catherine Hébert et que le projet d'un documentaire portant sur Ziva Postec est né. L'idée de départ était de faire entendre son point de vue concernant le montage de *Shoah*. J'ai dès lors occupé le rôle de conseiller historique. Concrètement, Catherine Hébert a eu accès aux résultats de mes recherches, ce qui va des études sur le montage du son présentées dans cet article jusqu'au partage de références telles que l'existence d'un court métrage réalisé au studio LTC où l'on voit Ziva Postec travailler à la table de montage[24]. Je l'ai également aidée

23 Postec, Ziva, classe de maitre organisée en 2010 par Rémy Besson et Christian Delage au 104 à Paris.

24 Thiébaut, Claude, *La propriétaire et la monteuse*, 1983, 24 minutes qui est la deuxième partie d'une série intitulée *Bernardins, Bernardines*.

dans sa découverte de ce champ de recherche (tout à la fois l'histoire du génocide et celui de ses représentations) et aussi des archives du film[25]. Je l'ai aussi accompagnée en Israël lors d'un premier tournage chez Ziva Postec (septembre 2013). Ces éléments sont fondateurs pour le projet, mais Catherine Hébert, qui est une réalisatrice expérimentée et renommée a évidemment amené le film dans une autre direction[26]. Lors de sa première rencontre avec la monteuse, ce qui a surtout retenu son attention, c'est la richesse de sa biographie et de sa trajectoire professionnelle entre le tout début des années 1960 et 2013. Cet aspect était quasiment absent de mes recherches. Hébert s'est intéressée à la présence des rescapées du génocide au domicile de ses parents, au bout-à-bout qu'elle a réalisé en 1961 pour le procès Eichmann, aux raisons qui l'ont conduite à quitter Israël peu de temps après, aux conditions de son arrivée à Paris alors qu'elle ne parlait pas français, à sa rencontre avec le metteur en scène de théâtre Robert Postec et à sa mort alors qu'elle était enceinte de sept mois, aux montages qu'elle a faits pour Alain Resnais et Orson Wells. Le travail sur *Shoah* était alors, pour elle, considéré comme étant une étape importante d'une biographie qui ne se limite pas à ces six années de sa vie (1979-1985). À la suite de deux autres tournages avec Postec en Israël (2016 et 2017)[27], un premier montage adoptant une forme assez chronologique centrée sur son récit de vie est effectué (septembre 2017)[28]. Mais pour Catherine Hébert et la monteuse, Annie Jean, c'est avant tout une manière de s'approprier le matériau collecté. Il est clair, pour elles, que le documentaire n'adoptera pas cette forme. À l'automne 2017, l'idée qui s'impose est de tisser des échos entre des séquences portant sur sa trajectoire biographique et d'autres ayant pour objet son travail sur *Shoah*. La structure chronologique est dès lors abandonnée. Le principe directeur n'est pas de démontrer de manière trop affirmée l'influence de l'une sur l'autre, mais, par touches successives, de présenter différentes articulations entre sa biographie en partie tragique

25 Un séjour de recherche a été organisé par la production à l'USHMM en mai 2013.

26 Fin 2011, elle a remporté le Grand prix de la compétition nationale longs métrages aux Rencontres internationales du documentaire de Montréal pour *Carnets d'un grand détour*. Pour en savoir plus sur sa biographie, lire : https://fr.wikipedia.org/wiki/Catherine_H%C3%A9bert (dernière consultation le 14 juillet 2022).

27 Un tournage a également eu lieu à Paris en 2016.

28 Pour être tout à fait précis, un premier assemblage d'une durée de 2h45, centré sur les entretiens avec Postec, a été réalisé en cinq semaines à l'été 2016. La seconde phase du montage s'est étalé sur dix-huit semaines entre septembre 2017 et février 2018.

et sa résilience pendant le travail qu'elle a mené sur *Shoah*[29]. Le film de 1985 redevient ainsi central[30]. Cette réorientation mène à la mise en place d'un dernier tournage à Washington dans les archives du musée des États-Unis du mémorial de l'Holocauste (novembre 2017). Avec les archivistes qui travaillent à conserver, restaurer et valoriser le fonds (Lindsay Zarwel et Kevin Fallis), je deviens alors l'un des protagonistes du film[31]. L'objectif de ces séquences est de donner une image vivante de ces archives (et non pas seulement monter des extraits des plans tournés entre 1975 et 1980)[32].

Le montage de *Shoah* est donc présent dans de nombreux extraits du documentaire de Catherine Hébert. Postec a l'opportunité d'expliquer sa démarche. Elle raconte notamment : « *Shoah* c'est un film qui est monté comme une dentelle au niveau du son. Au niveau de la parole, dès que j'étais *off*, j'ai reconstitué une bande sonore de paroles où je mettais très souvent beaucoup de silence entre les mots[33]. » Ce propos qui était déjà connu des chercheurs acquiert ainsi une plus grande visibilité. Pour autant, le film n'adopte pas une démarche génétique ou une approche historienne. Postec ne revient pas précisément sur le montage du son d'une séquence en particulier comme celle avec Piwonski que l'on a étudiée dans partie précédente de cet article. Il s'agit plus d'aider à comprendre l'esprit dans lequel elle a travaillé que de donner à voir une démonstration précise. Elle a ainsi l'occasion de présenter certains aspects essentiels de son apport à *Shoah*. Postec dit notamment qu'elle a identifié le sujet du film (la mise à mort des Juifs) et elle revient sur la très grande liberté que lui a laissée le réalisateur. Elle précise aussi qu'elle lui a demandé

29 Catherine Hébert est revenue sur ce processus de réalisation dans le dossier d'artiste « Témoigner : l'expérience du tournage de Ziva Postec. La monteuse derrière le film *Shoah* » du numéro d'*Intermédialités* portant sur le verbe « témoigner » (2020) que j'ai codirigé avec Claudia Polledri. Un entretien filmé a été réalisé par Hébert avec sa monteuse, Annie Jean, pour ce dossier d'artiste.

30 Pour autant, il faut insister sur le fait que ce film porte aussi de manière plus générale sur la création en documentaire, ainsi que sur le rôle des femmes dans l'histoire du cinéma. À propos de ces deux sujets, il est essentiel de souligner l'importance de la combinaison de la très grande générosité de Ziva Postec, de la réalisation de Catherine Hébert et du montage d'Annie Jean.

31 Un entretien a également été tourné avec l'historien Henry Rousso qui explique l'importance de *Shoah* dans la perception du génocide dans l'espace public.

32 Sur ce point précis, lire Besson, Rémy, « Une image d'archives, c'est une image des archives », *Hors champ*, 21 avril 2019 [en ligne].

33 Time code : 63 minutes environ.

de retourner en Pologne pour filmer des séquences afin de permettre le montage du son. Elle aborde enfin l'absence de reconnaissance de son travail par Lanzmann dès que le film a été fini. Ainsi, à propos du soir de l'avant-première en avril 1985, elle dit notamment : « apparemment il n'avait pas envie que je sois à ses côté et c'est dommage[34]. » Il ne s'agit toutefois pas de présenter de quelconques ressentiments. Le film présente « simplement » le point de vue de Ziva Postec. En faisant cela, il donne à voir une autre histoire de la réalisation de *Shoah*. Il permet ainsi aux spectateurs de saisir l'importance du montage et le rôle de la monteuse. Il n'est plus seulement question des dispositifs filmiques ou de penser que le film relève de l'histoire orale filmée. Le documentaire de 2018 peut donc être considéré comme un argument afin de transformer la perception du film de 1985 dans l'espace public.

LA RECONNAISSANCE DU RÔLE DU MONTAGE ET DE LA MONTEUSE DANS L'ESPACE PUBLIC

À présent, une étude des discours tenus dans l'espace public est à mener. En effet, le documentaire est porteur d'un point de vue, dont il s'agit de se demander s'il a retenu l'attention des chercheurs et des critiques[35]. Tout d'abord, notons que le documentaire a été pris en compte dans le champ universitaire. Ainsi, par exemple, en 2019, quand Nicholas Chare et Dominic Williams ouvrent l'introduction de *Testimonies of Resistance : Representations of the Auschwitz-Birkenau Sonderkommando* par une référence à *Shoah*, ils indiquent : « As the late director Claude Lanzmann and his editor Ziva Postec began to put some shape on the hundreds of hours of footage that he had filmed (...)[36]. » La co-auctorialité du montage est ici mise en avant comme cela n'avait jamais été fait auparavant. La note de bas de page qui suit ces propos

34 Time code : 82 minutes environ.

35 Une autre piste à suivre serait celle d'une réception dans les institutions responsables de la préservation de la mémoire du génocide. Celle-ci a sensiblement été freinée par la pandémie de COVID. Notons, tout de même, une projection au Mémorial de la Shoah à Paris le 17 novembre 2019.

36 Berghahn Books, 2019, p. 1.

renvoie au film de Catherine Hébert. En 2021, la place du montage et de la monteuse est également valorisée dans l'ouvrage de référence de Sue Vice, *Claude Lanzmann's* Shoah *Outtakes*. Ainsi, dès la cinquième page de son introduction, la chercheuse écrit :

> Ziva Postec, Lanzmann's chief editor on *Shoah*, has made clear in her writing and in interviews, including those in Catherine Hébert's eponymous 2019 documentary on her work, the principle that emerge during the process of preparing for release over a demanding six years material from original undifferentiated hours of footage[37].

Du côté de la recherche francophone portant sur ce sujet, notons que la présentation de la journée d'étude consacrée à « *Shoah*, après Lanzmann », qui s'est tenue à l'École Normale Supérieure (ENS) en décembre 2020, invitait les participants à s'interroger sur le sujet suivant : « Quelles influences le montage ou la photographie, les techniques d'entretien et d'enquête ont-ils eu sur les productions cinématographiques contemporaines[38] ? » Le rôle du montage est ainsi considéré avec une attention égale à celle qui est portée aux dispositifs filmiques[39]. De nouveau, c'est aspect quasiment inédit, l'accent ayant été jusque-là exclusivement porté sur les dispositifs filmiques et la figure du réalisateur.

Cette revalorisation ne se limite pas au seul milieu académique. Il est important de souligner l'accueil critique qui a été réservé au film au Québec. Celui-ci a eu lieu entre la première projection publique du film lors des Rencontres internationales du documentaire de Montréal

37 p. 5. Une référence, bien que moins développée, est également faite au travail de la monteuse dans l'introduction de l'ouvrage de Cazenave, Jennifer, « the editor Ziva Postec who, at the LTC film laboratory between September 1979 and April 1985, physically cut and spliced film frames, ultimately transforming the 230 hours of footage into a nine-and-a-half-hour work », *An Archive of the Catastrophe : The Unused Footage of Claude Lanzmann's* Shoah, Suny Press, 2019, p. 31.

38 Levine, Emmanuel (dir.), *Shoah*, après Lanzmann, 15 janvier 2020, URL : https://calenda.org/731394 (dernière consultation le 14 juillet 2022). L'entretien que j'ai accordé au sujet du film de 2018 à Jeff Heinrich, « Film célèbre, monteuse occultée », *UdeM nouvelles*, 12 mars 2019 [en ligne] entre dans le même cadre.

39 Cet article constitue également un apport dans ce champ, tout comme la communication dont il est issu (celle-ci a eu lieu au colloque *L'émergence du concept de montage : ses sources, son développement, ses migrations*, qui s'est tenu du 13 au 15 novembre 2019) et le compte rendu du colloque en question qui a été rédigé par Élisa Carfantan. Elle écrit à ce sujet que : « Le film de Catherine Hébert permet ainsi de relativiser la figure auctoriale du réalisateur dans l'imaginaire commun, afin de reconduire la vision de *Shoah* en général, et la vision de son montage en particulier. », *1895*, vol. 90, nº 1, 2020, p. 197-203.

en novembre 2018 et la sortie en salle du film en mars 2019. Il s'agit moins de discuter du contenu de chaque article que de souligner la valorisation, systématique, du rôle de la monteuse. Ainsi, dans *Le Soleil*, Normand Provencher explique : « c'est peu connu, le film [*Shoah*] n'aurait peut-être jamais existé sans le travail de moine de Ziva Postec[40]. » Dans *Le Devoir*, André Lavoie se demande : « qu'est-ce qui fait qu'une femme monte un film pendant six ans ? (…) C'est la cinéaste Catherine Hébert qui la pose [cette question] et y répond magnifiquement[41]. » André Duschesne dans *La Presse* indique, lui, que : « la Cinéaste tourne les projecteurs sur une femme, Ziva Postec, dont le travail a été essentiel dans la création du film [*Shoah*][42] » et, dans *La Presse+*, il ajoute : « Derrière le travail de Lanzmann, il y a celui de Ziva Postec, qui a mis six ans à faire le montage du film à partir des 350 heures de pellicules 16 mm[43]. » Dans la presse cinéphile, le même constat est fait. Ainsi, dans *24 images*, Carlos Solano indique que « Catherine Hébert a restitué, aujourd'hui, le rôle indispensable tenu par Postec dans la création d'un film [*Shoah*] qui se mesure à l'incommensurable[44] ». Jean-Philippe Gravel, dans *Ciné-bulles*, explique que la réalisatrice a « [fait] connaître la contribution et les sacrifices de cette monteuse qui a apporté à *Shoah* sa dimension filmique[45]. » Et au-delà de la figure de la monteuse, c'est cette étape du processus de réalisation qui est célébrée. Ainsi, dans *Séquences*, Elie Castiel écrit que « Catherine Hébert démythifie l'exercice du montage en le situant parmi les actes nobles et bien sûr essentiels de la production cinématographique[46] ». À cette réception critique au Québec, il faut ajouter une demi-douzaine de sélections dans des festivals à travers le monde (de l'IFFR à Rotterdam au festival de Jérusalem en passant par le Brésil, la Corée, l'Écosse, la

40 « Catherine Hébert : Sur les traces de Ziva Postec, la monteuse de *Shoah* », *Le Soleil*, 14 mars 2019.

41 Lavoie, André, « Catherine Hébert consacre un film à Ziva Postec », *Le Devoir*, 8 mars 2019.

42 Duchesne, André, *La Presse*, 15 mars 2019.

43 Duchesne, André, « Ziva Postec et Shoah : entre destin et création », *La Presse+*, 15 novembre 2018.

44 Solano, Carlos, « *Ziva postec, la monteuse derrière le film* Shoah », *24 images*, 1er avril 2019.

45 Gravel, Jean-Philippe, « Celle qui apporta le cinéma à Lanzmann », *Ciné-bulles*, vol. 37, nº 2, 2019, p. 53. L'ensemble de ces critiques sont issues du dossier de presse constitué par l'équipe du diffuseur, Les Films du 3 mars.

46 « *Ziva Postec : La monteuse derrière le film* Shoah », *Séquences. La revue de cinéma*, 14 mars 2019.

France et l'Uruguay) qui ont constitué autant d'occasion de parler du montage du film de 1985. Enfin, en 2020, au Québec, le documentaire d'Hébert a été primé lors du gala du cinéma (Iris) et lors de celui de la télévision (Gémeaux). Dans les deux cas, le film a reçu un prix pour le meilleur montage dans la catégorie documentaire[47]. Cette reconnaissance du travail de la monteuse, Annie Jean, signe le succès du film auprès des professionnels du cinéma[48]. À chaque fois, ces sélections et ces récompenses ont été l'occasion de nouveaux discours portant sur le montage de *Shoah*. De plus, ces prix sont également un marqueur d'une forme d'institutionnalisation du film dans la riche histoire du documentaire québécois.

ÉMERGENCE ET PERSISTANCE DES DISCOURS AU SUJET DE *SHOAH*

Conclure cet article constitue tout autant l'occasion de revenir sur la transformation de la perception de *Shoah* dans les discours que de s'interroger sur l'ampleur et la pérennité d'une telle transformation. Il s'agit ainsi de constater que le montage n'est plus une étape ignorée du processus de réalisation de *Shoah* et que la figure de la monteuse, Ziva Postec, n'est plus oubliée. Son rôle a été revalorisé, si bien qu'il est actuellement possible de parler d'une auctorialité partagée avec Lanzmann. Le film de Catherine Hébert a joué un rôle essentiel dans cette émergence de la figure de la monteuse et du rôle du montage. La présence de cette figure et de ce rôle dans l'espace public peut ainsi être datée de la fin de l'année 2018 et surtout des années 2019-2020 (et non des prises de paroles publiques de Postec en 2010 ou des articles que j'ai pu consacrer à ce sujet entre 2011 et 2021), soit trente-quatre ans après la sortie de *Shoah* (1985).

47 Lors de ces deux cérémonies, il a également été nommé dans la catégorie meilleur documentaire.

48 Le fait que le premier podcast en français de l'association des Monteurs et monteuses de cinéma canadien ait été consacré à ce documentaire est un marqueur de cette reconnaissance. URL : https://cceditors.ca/fr/2020/03/15/episode-001-ziva-postec-the-editor-behind-the-film-shoah/ (dernière consultation le 14 juillet 2022).

Toutefois, constater cette émergence ne doit pas laisser penser à une transformation radicale de la perception de *Shoah*. Il est important d'identifier certaines limites. En effet, le film d'Hébert n'est pas sorti en salles en France (il a été diffusé à la télévision sur TV5 Monde[49]) où il n'a pas été l'objet de beaucoup de discours dans l'espace public[50]. C'est, surtout au Québec que le documentaire de 2018 a transformé la perception de *Shoah*. De plus, l'appropriation dont il a été l'objet dans le milieu académique est surtout le fait de chercheurs anglophones qui s'intéressent aux archives conservées et restaurées à l'USHMM. Il est loin d'être certain qu'au-delà de ce petit cercle de spécialistes, les chercheurs qui s'intéressent à *Shoah* intégreront le rôle du montage et qu'ils prendront en compte les gestes créateurs posés par Ziva Postec. Autrement dit, il n'est pas certain que le discours dominant, qui perçoit *Shoah*, soit comme une œuvre d'art aux dispositifs filmiques particulièrement singuliers, soit comme relevant de l'histoire orale filmée, change. Un travail de nature historiographique sera à mener dans les années à venir afin d'observer dans quelle mesure une forme d'auctorialité partagée est reconnue, ainsi qu'un plus grand équilibre entre le rôle des dispositifs filmiques mis en place lors des tournages et le montage. Cela dépendra certainement de l'institutionnalisation (ou non) du film d'Hébert dans l'histoire du documentaire. Cela est aussi lié aux appropriations qui seront faites (ou non) par les chercheurs et les critiques de son sujet quand il sera question de *Shoah* dans leurs discours.

Rémy Besson
Université de Montréal

49 Une version montée pour cette chaîne est accessible en ligne : https://www.tv5unis.ca/ziva-postec (dernière consultation le 14 juillet 2022)

50 L'article d'Ophir Levy constitue à ce titre une exception, « Montage. *Ziva Postec, la monteuse derrière le film* Shoah », *Mémoires en jeu*, 14 avril 2021, URL : https://www.memoires-en-jeu.com/actu/montage-ziva-postec-la-monteuse-derriere-le-film-shoah/ (dernière consultation le 14 juillet 2022).

DEUXIÈME PARTIE

MARGES THÉORIQUES ET PHILOSOPHIQUES

DELEUZE, RANCIÈRE ET LE MONTAGE

Le cas Godard

Dans *L'Image-mouvement* (1983) et *L'Image-temps* (1985), Gilles Deleuze s'est intéressé au cinéma, dans le sillage de la phénoménologie de Bergson et de la sémiologie de Peirce. Dans ces deux volumes conséquents, il propose une taxinomie qui permet de faire une distinction conceptuelle importante, quoique souvent discutée, entre le cinéma « classique » et le cinéma « moderne[1] ».

Sans revenir directement sur ce découpage problématique, nous aimerions exposer ici les liens que le philosophe tisse dans ces deux ouvrages entre *montage cinématographique* et *pensée*. Tout d'abord, en reprenant rapidement le cadre qu'il pose dans le chapitre 3 de *L'Image-mouvement*[2], intitulé justement « Montage », et en montrant l'importance que prend dans ces pages le terme d'intervalle (entre deux mouvements). En analysant ensuite la façon dont il reprend ce même thème dans le chapitre 7 de *L'Image-temps*[3], « La pensée et le cinéma », où le terme d'intervalle laisse la place au terme d'interstice (entre deux images, entre deux sons, entre les sons et les images).

Ce sera aussi l'occasion de discuter sa conception très problématique du montage chez Jean-Luc Godard – un montage plutôt dissociatif qu'associatif – en prenant particulièrement appui sur *Ici et ailleurs* (1976) et sur l'analyse que Jacques Rancière fait des *Histoire(s) du cinéma* (1988-1998) dans *Le destin des images* publié en 2003[4], où ce dernier opère une distinction essentielle entre *montage dialectique* et *montage symbolique*. De

1 Sur cette question, lire à profit : Rancière, Jacques, « D'une image à l'autre ? Deleuze et les âges du cinéma », in *La Fable cinématographique*, Paris, Seuil, 2001 (désormais FC), p. 145-163, et la réponse de Leutrat, Jean-Louis, « Image-mouvement / Image-temps : une coupure ? » in Dosse, François et Frodon, Jean-Michel (dir.), *Gilles Deleuze et les images*, Paris, Cahiers du cinéma, 2008, p. 111-115.

2 Deleuze, Gilles, *L'Image-mouvement, Cinéma 1*, Paris, Minuit, 1983, désormais IM.

3 Deleuze, Gilles, *L'Image-temps, Cinéma 2*, Paris, Minuit, 1985, désormais IT.

4 Rancière, Jacques, *Le Destin des images*, Paris, La Fabrique, 2003, désormais DI.

fait, c'est le jeu analogique entre différence et ressemblance devenu figure de montage qui nous intéresse ici.

LE MONTAGE SELON GILLES DELEUZE DANS *L'IMAGE-MOUVEMENT*

Prenant ses distances avec l'approche sémiologique alors en vigueur dans l'Université française, Deleuze inscrit donc sa réflexion sur le cinéma sous le double patronage de la phénoménologie, plus particulièrement celle d'Henri Bergson (1859-1941), connu pour des ouvrages tels que *Matière et mémoire* (1896) et *L'évolution créatrice* (1907), et de la sémiotique de l'américain Charles Sanders Peirce (1839-1914), surtout connu en France pour ses *Écrits sur le signe*, publiés aux éditions du Seuil en 1978, mais aussi d'Emmanuel Kant et de sa *Critique de la faculté de juger*, dans la traduction d'Alexis Philonenko[5].

Après avoir situé dans les premiers chapitres l'image-mouvement (autrement dit le plan) entre cadrage et montage, « entre le cadrage de l'ensemble et le montage du tout » (IM, 33), notions sur lesquelles nous reviendrons, Deleuze s'intéresse plus particulièrement au montage dans le chapitre 3 :

> À travers les raccords, les coupures et faux raccords, le montage est la détermination du Tout (…) Du début à la fin d'un film, quelque chose change, quelque chose a changé. Seulement, ce tout qui change, ce temps ou cette durée, semble ne pouvoir être saisi qu'indirectement, par rapport aux images-mouvement qui l'expriment. Le montage est cette opération qui porte sur les images-mouvement pour en dégager le tout, l'idée, c'est-à-dire l'image *du* temps. C'est une image nécessairement indirecte, puisqu'elle est conclue des images-mouvement et de leurs rapports (IM, 46).

Je reviendrai plus tard sur la notion d'image directe du temps, c'est le propre de l'image-temps que Deleuze abordera au terme de *L'Image-mouvement.* Mais retenons l'idée principale selon laquelle entre le début et la fin du film, quelque chose a changé (une banque a été dérobée, un crime a été

5 Kant, Emmanuel, *Critique de la faculté de juger*, traduit et introduit par Alexis Philonenko, Paris, Vrin, 1993.

commis, une révolution est en marche...) et qu'à travers cet assemblage d'images-mouvements, le Tout change, il est l'Ouvert[6]. Le montage, précise-t-il à la page 47, « c'est la composition, l'agencement des images-mouvement comme constituant une image indirecte du temps[7] ».

Plus fondamentalement, Deleuze distinguera quatre grandes écoles de montage du cinéma dit « classique » : « la tendance organique de l'école américaine, la dialectique de l'école soviétique, la quantitative de l'école française d'avant-guerre, l'intensive de l'école expressionniste allemande » (IM, 47). Sans revenir en détail sur ses analyses de Griffith, selon lui le chantre du montage organico-actif[8], d'Eisenstein maître du montage dialectique, de Gance ou d'Epstein pour l'école impressionniste, de Murnau ou de Lang pour l'école expressionniste, retenons l'importance qu'il donne, à la fin de la partie consacrée à Griffith, aux notions de Tout et d'intervalle :

> Chaque fois qu'on a considéré le temps par rapport au mouvement, chaque fois qu'on l'a défini comme la mesure du mouvement, on a découvert deux aspects du temps qui sont des chronosignes : d'une part le temps comme tout, comme grand cercle ou spirale, qui recueille l'ensemble du mouvement dans l'univers ; d'autre part le temps comme intervalle, qui marque la plus petite unité de mouvement ou d'action. (...) Le temps comme intervalle est le présent variable accéléré, et le temps comme tout est la spirale ouverte aux deux bouts, l'immensité du passé et du futur (IM, 49-50).

6 Deleuze reprend la notion de Tout à Bergson auquel il donne un poids considérable dans ses analyses. *Cf.* IM, p. 17-18, 20 : « la conclusion de Bergson : si le tout n'est pas donnable, c'est parce qu'il est l'Ouvert, et qu'il lui appartient de changer sans cesse ou de faire surgir quelque chose de nouveau, bref, de durer. "La durée de l'univers ne doit faire qu'un avec la latitude de création qui y peut trouver place." Si bien que, chaque fois qu'on se trouvera devant une durée ou dans une durée, on pourra conclure à l'existence d'un tout qui change, et qui est ouvert quelque part. » En un mot, le Tout, c'est l'ensemble des relations qui changent, et le plan, ou l'image-mouvement, une coupe mobile du mouvement.

7 Le montage des images-mouvement permet, selon Gilles Deleuze, d'avoir une image indirecte du temps, comme dans l'exemple fameux du western qui met ensemble des images-perceptions (les Indiens sur la plaine), des images-actions (la réaction des cow-boys) et des images affections (la flèche reçue dans l'œil du cow-boy). Dans le cas des images-temps, images directes du temps, le montage se met au service de ces images afin de rendre compte du passage de temps. Cela est vrai pour un Antonioni ou Tarkovski, hier, mais encore pour un Béla Tarr ou Lav Diaz aujourd'hui...

8 Organique, parce que chaque partie découle l'une de l'autre, comme dans un corps où toutes les parties interagissent les unes avec les autres ; actif, car c'est l'action qui fait passer de l'une à l'autre.

La conception dialectique du montage d'Eisenstein ne changera pas fondamentalement cette conception organique du montage, mais lui donnera sa loi de genèse déduite de l'exploitation sociale. « Au montage en parallèle de Griffith, Eisenstein substitue un montage d'opposition ; au montage convergent ou concourant, il substitue un montage de sauts qualitatifs ("montage bondissant") » note Deleuze. Le gros plan lui-même prend une autre signification, et non seulement celui d'un point de vue subjectif, c'est le lieu d'une prise de conscience, d'un bond pathétique :

> ... c'est bien l'essentiel de la révolution d'Eisenstein : il donne à la dialectique un sens proprement cinématographique, il arrache le rythme à son évaluation seulement empirique ou esthétique, comme chez Griffith, il se fait de l'organisme une conception essentiellement dialectique. Le temps reste une image indirecte qui naît de la composition organique des images-mouvement, *mais l'intervalle aussi bien que le tout prennent un nouveau sens.* L'intervalle, le présent variable, est devenu le saut qualitatif qui atteint à la puissance élevée de l'instant. Quant au tout comme immensité, (...) c'est une totalité devenue concrète ou existante, où les parties se produisent l'une par l'autre dans leur ensemble, et l'ensemble se reproduit dans les parties, si bien que cette causalité réciproque renvoie au tout comme cause de l'ensemble *et* de ses parties suivant une finalité intérieure (IM, 56-57).

De fait, la mutinerie du Potemkine se prolonge bien au-delà des journées de 1905, de même que l'élan révolutionnaire amorcé par *Octobre* ou poursuivis par *La Ligne générale.* La spirale, autrement dit le Tout, est ouverte sur l'infini des lendemains qui chantent, en passant par une série de bonds qualitatifs et de prises de conscience successives (les intervalles).

Je ne m'étendrai pas sur la conception que Deleuze se fait de l'intervalle chez Vertov, qu'il associe au ciné-œil et qui diffère de la théorie vertovienne des intervalles :

> Chez Vertov, note-t-il, l'intervalle de mouvement, c'est la perception, le coup d'œil, l'œil. Seulement, l'œil n'est pas celui trop immobile de l'homme, c'est l'œil de la caméra, c'est-à-dire un œil dans la matière (...) La corrélation d'une matière non-humaine et d'un œil surhumain, c'est la dialectique elle-même (...). Et le montage lui-même ne cessera d'adapter les transformations de mouvements dans l'univers matériel et l'intervalle de mouvement dans l'œil de la caméra : le rythme (IM, 60).

Et de conclure cette partie consacrée au cinéma soviétique en notant que Vertov « faisait en sorte que le tout se confonde avec l'ensemble infini de la matière, et que l'intervalle se confonde avec un œil dans la matière, Caméra. » (IM, 61) Soit une relecture toute bergsonienne de l'œil à la caméra. Dans sa terminologie, nous ne faisons plus face à un montage organique comme chez Eisenstein mais à un montage dialectique *et* matérialiste.

C'est aussi selon ces deux axes temporels, le Tout et l'intervalle, que Deleuze approchera le cinéma français des avant-gardes avec son « toujours plus de mouvement » qu'il associe au sublime mathématique kantien, où l'imagination se trouve comme dépassée, particulièrement chez Gance ou chez Epstein, que cela soit par le montage accéléré de *La Roue*, la polyvision de *Napoléon*, ou les ralentis de *La Chute de la maison Usher*. La pensée, elle, atteindra un Tout immense, gigantesque, démesuré, sans borne. Quant au cinéma expressionniste allemand, c'est la lutte entre l'ombre et la lumière que le montage met en évidence. Deleuze va assimiler cette lutte au sublime dynamique kantien qui nous fait entrevoir notre finalité spirituelle (Lang, Murnau).

En conclusion de ce chapitre, Deleuze résume ces catégories fondamentales du montage, à la page 81 de *L'Image-mouvement* :

> Nous avons (...) vu quatre types de montage (...) le montage organique-actif, empirique ou plutôt empiriste, du cinéma américain ; le montage dialectique du cinéma soviétique, organique ou matériel ; le montage quantitatif-psychique de l'école française, dans sa rupture avec l'organique ; le montage intensif-spirituel de l'expressionnisme allemand, qui noue une vie non-organique à une vie non-psychologique (IM, 81).

LE MONTAGE SELON GILLES DELEUZE DANS *L'IMAGE-TEMPS*

Notons que toutes ces cartes vont être rebattues avec l'avènement du cinéma dit moderne. Avec la modernité et l'apparition de ce que Deleuze appelle les *images-temps*, nous avons enfin affaire à des images directes du temps, et le montage, de fait, se mettra au service de ces images-temps. Deleuze verra cette (r)évolution se préciser tout particulièrement dans la réflexion de Tarkovski sur le montage. Mais c'est dans les films néo-réalistes, ceux de la nouvelle vague et des nouveaux cinémas (américain, allemand…) que cette révolution s'incarne, même s'il en trouve déjà les prémices chez Ozu ou Epstein.

Que se passe-t-il du côté du Tout et de l'intervalle ? Quels sont les nouveaux rapports induits avec la pensée par l'avènement de l'image-temps ? Sans revenir sur les divers types d'images-temps que Deleuze décline dans son second volume consacré au cinéma, il est bon de revenir sur le chapitre 7 de *L'Image-temps* pour comprendre ce qu'opère ce changement de perspective pour Deleuze.

Si pour Eisenstein le montage doit produire un choc qui mène à penser le Tout comme élan révolutionnaire indéfini, avec la modernité, les paramètres se trouvent radicalement changés. En faisant un détour par Artaud, Blanchot, et enfin Foucault, Deleuze pose que le cinéma moderne révèle « l'impossibilité de penser qu'est la pensée », autrement dit « l'impouvoir de la pensée ». Il n'y a donc plus de Tout pensable par le montage, comme c'était le cas avec Griffith ou Eisenstein.

> Il s'agit bien, comme dit Artaud, de « rejoindre le cinéma avec la réalité intime du cerveau », mais cette réalité intime n'est pas le Tout, c'est au contraire une fissure, une fêlure. Tant qu'il croit au cinéma, il le crédite, non pas du pouvoir de faire penser le tout, mais au contraire d'une « force dissociatrice » qui introduirait une « figure de néant », un « trou dans les apparences » (IT, 218).

Plus fondamentalement, il ne s'agit plus dans la modernité de l'unité entre l'homme et le monde, comme le rêvait encore Eisenstein avec « la non-indifférente nature », mais d'une rupture radicale entre l'homme et le monde. C'est ce que Deleuze nomme la rupture du schème sensori-moteur. Face à une situation donnée, l'homme ne peut plus agir, réagir, se montrer à la hauteur de la situation, comme c'était encore le cas dans le cinéma classique. Il est confronté à quelque chose d'intolérable dans le monde qui le dépasse et fait face à quelque chose d'intolérable dans la pensée[9].

9 Pour Pascal Bonitzer et Jean Narboni, venus l'interroger pour les *Cahiers du cinéma* en 1983, lors de la sortie de *L'Image-mouvement*, Deleuze résume : « Le cinéma d'action expose des situations sensori-motrices : il y a des personnages qui sont dans une certaine situation, et qui agissent, au besoin très violemment, d'après ce qu'ils en perçoivent. Les actions s'enchaînent avec des perceptions, les perceptions se prolongent en actions. Maintenant, supposez qu'un personnage se trouve dans une situation, quotidienne ou extraordinaire, qui déborde toute action possible ou le laisse sans réaction. C'est trop fort,

Bref, la question de l'Ouvert, c'est-à-dire la possibilité du nouveau, d'un changement du Tout, va laisser la place à la question du « dehors », notion que Deleuze reprend à Foucault, et qu'entrevoient pour lui des cinéastes comme Pasolini avec *Théorème*, Dreyer avec *Gertrud*, mais aussi Bresson ou Rohmer. Apparaît la notion d'automate spirituel[10], chère à Deleuze, qu'il reprend à Artaud et qu'il retrouve autant chez Dreyer, Bresson que Rohmer. Si « L'automate est coupé du monde extérieur (…) il y a un dehors plus profond qui vient l'animer », note Deleuze qui en tire les conséquences pour le Tout et pour l'*interstice*, ce dernier prenant désormais la place de l'intervalle dans sa réflexion :

> La première conséquence est un nouveau statut du Tout dans le cinéma moderne. Pourtant, il ne semble pas qu'il y ait grande différence entre ce que nous disons maintenant, *le tout c'est le dehors*, et ce que nous disions du cinéma classique, *le tout c'était l'ouvert*. Mais l'ouvert se confondait avec la représentation indirecte du temps : partout où il y avait mouvement, il y avait, ouvert quelque part, dans le temps, un tout qui changeait. (…) Quand on dit « le tout, c'est le dehors », il en va tout autrement. Car, d'abord, la question n'est plus celle de l'association ou de l'attraction des images. Ce qui compte, c'est au contraire l'*interstice* entre images, entre deux images : un espacement qui fait que chaque image s'arrache au vide et y retombe (IM, 233).

C'est à ce point de sa démonstration que Deleuze va consacrer des pages célèbres mais éminemment problématiques à Godard, pages que l'intéressé lui-même viendra contester dans les *Morceaux de conversations avec Jean-Luc Godard* filmés par Alain Fleischer (2007). Avant d'analyser des séquences d'*Ici et d'ailleurs* sur lesquelles portent le litige, voyons d'abord ce que Deleuze en dit.

---

ou trop douloureux, trop beau. Le lien sensori-moteur est brisé. Il n'est plus dans une situation sensori-motrice, mais dans une situation optique et sonore pure. C'est un autre type d'image. » Deleuze, Gilles, *Pourparlers (1972-1990)*, Paris, Minuit, 2005, p. 73-74.

10 Suite au choc qu'il produit en nous, le cinéma « classique » fait lever un « automate spirituel » note Deleuze dans le sillage d'Elie Faure et de Jean Epstein, au risque de devenir le pantin de la propagande (IT, 203-204). Il en va tout autrement avec la modernité et Antonin Artaud : « L'automate spirituel est devenu la Momie, cette instance démontée, paralysée, pétrifiée, gelée, qui témoigne pour "l'impossibilité de penser qu'est la pensée". » (IT, 215-217).

ICI ET AILLEURS (1976) : LA PROBLÉMATIQUE

C'est dans ces pages consacrées aux liens entre pensée et cinéma que la notion d'intervalle va céder sa place à celle d'interstice, qui prend dès lors toute son importance. L'intervalle de temps ou de mouvement, je le rappelle, était pour Deleuze l'intervalle entre deux mouvements ou la plus petite unité de mouvement (*cf.* l'analyse du berceau d'*Intolérance*[11]). Il était le « présent variable accéléré » chez Griffith, le « saut qualitatif » chez Eisenstein, l'œil mécanique de la caméra plongé dans la matière chez Vertov, l'« unité numérique variable et successive » dans l'école française… L'interstice est ce qui sépare, ce qui divise, ce qui ouvre une brèche sur le Dehors. Et Deleuze de prendre *Ici et ailleurs* comme exemple :

> *Ici et ailleurs* marque un premier sommet de cette réflexion, qui se transporte ensuite à la télévision dans *Six fois deux*[12]. On peut toujours objecter, en effet, qu'il n'y a d'interstice qu'entre images associées. De ce point de vue, des images comme celles qui rapprochent Golda Meir d'Hitler dans *Ici et ailleurs* ne seraient pas supportables. Mais c'est peut-être la preuve que nous ne sommes pas encore mûrs pour une véritable « lecture » de l'image visuelle. Car, dans la méthode de Godard, il ne s'agit pas d'association. Une image étant donnée, il s'agit de choisir une autre image qui induira un interstice *entre* les deux (IT, 234).

11 IM, p. 50.

12 Dans le numéro 271 de novembre 1976 des *Cahiers du cinéma*, repris dans *Pourparlers* p. 64-66, Deleuze aborde déjà cette question dans un entretien sur *Six fois deux* : « Godard n'est pas un dialecticien. Ce qui compte chez lui, ce n'est pas 2 ou 3 ou n'importe combien, c'est ET, la conjonction ET. L'usage du ET chez Godard, c'est l'essentiel. C'est important car toute notre pensée est plutôt modelée sur le verbe être, EST. (…) Ni élément, ni ensemble, qu'est-ce que c'est le ET ? Je crois que c'est la force de Godard, de vivre et de penser, et de montrer le ET d'une manière très nouvelle, et de le faire opérer activement. Le ET, ce n'est ni l'un ni l'autre, c'est toujours entre les deux, c'est les frontières, il y a toujours une frontière, une ligne de fuite ou de flux, seulement on ne la voit pas, parce qu'elle est le moins perceptible. Et c'est pourtant sur cette ligne de fuite que les choses se passent, les devenirs se font, les révolutions s'esquissent. "Les gens forts, ce n'est pas ceux qui occupent un camp ou l'autre, c'est la frontière qui est puissante". (…) Le but de Godard : "voir les frontières", c'est-à-dire faire voir l'imperceptible. Le condamné *et* sa femme. La mère *et* l'enfant. Mais aussi les images *et* les sons. » Nous voyons ici que la pensée sur le ET et l'interstice émergent, mais c'est dans *L'Image-temps* qu'elle trouvera son accomplissement, avec celle de l'*incommensurable*.

Il faudrait remettre en contexte la production d'*Ici et ailleurs*. Parti avec les membres du groupe Dziga Vertov en 1970 pour filmer les camps d'entraînement palestiniens, Godard mettra cinq ans pour achever le film avec Anne-Marie Miéville, qui en cosigne la réalisation. En 1970, il devait s'appeler *Jusqu'à la victoire.* Mais les événements tragiques du « Septembre noir » sont passé par là : la plupart des protagonistes du film ont été victimes de l'armée jordanienne. Le choc est immense pour Godard, qui va appliquer à ses propres images le même traitement critique qu'il fera subir, dans *Letter to Jane*, à la photo de Jane Fonda publiée dans L'Express.

Mais revenons pour l'instant au texte de Deleuze qui tente d'exonérer Godard pour son rapprochement des images d'Adolf Hitler et de Golda Meir. De fait, l'association a de quoi choquer, même s'il était courant de dire dans les milieux de gauche pro-palestiniens des années 60-70 que ce qu'Israël faisait aux Palestiniens était du même ordre que ce que les Nazis avaient infligé aux Juifs[13]. C'est ce que semble faire Godard dans ce montage vidéo. Et Deleuze de poursuivre :

> C'est l'interstice qui est premier par rapport à l'association, ou c'est la différence irréductible qui permet d'échelonner les ressemblances. La fissure est devenue première, et s'élargit à ce titre. Il ne s'agit plus de suivre une chaîne d'images, même par-dessus des vides, mais de sortir de la chaîne ou de l'association. Le film cesse d'être « des images à la chaîne… une chaîne ininterrompue d'images, esclaves les unes des autres », et dont nous sommes l'esclave (*Ici et ailleurs*). C'est la méthode du entre, « entre deux images », qui conjure tout cinéma de l'Un. C'est la méthode du et, « ceci et puis cela », qui conjure tout cinéma de l'Être = est. Entre deux actions, entre deux affections, entre deux perceptions, entre deux images visuelles, entre deux images sonores, entre le sonore et le visuel : faire voir l'indiscernable, c'est-à-dire la frontière (…). Le tout se confond alors avec ce que Blanchot appelle la force de « dispersion du Dehors » ou « le vertige de l'espacement »… (IT, 234-235)

De fait, bien que cette réflexion sur le « et, "ceci et puis cela" », qui semble marquer une différence irréductible entre deux pôles distincts, soit suscitée par le dispositif même d'*Ici et ailleurs*, Jean-Luc Godard va contester la lecture deleuzienne lors d'une rencontre avec Jean Narboni. Ce dernier confronte Godard à la séquence en question qu'il trouve « rugueuse » et à l'interprétation qu'en fait Deleuze. Godard rétorquera

13 JLG y reviendra plus tard dans *JLG/JLG* (1994) ou dans *Notre Musique* (2004).

à l'ancien rédacteur en chef des *Cahiers*, « qu'il n'y a rien à changer » (50'30") et à propos de Deleuze « ce n'était pas ce défenseur qu'il fallait prendre. Moi je n'ai rien à changer, mais je dois changer d'avocat ! » ajoutera-t-il en souriant (55'18").

S'il l'on regarde de plus près la séquence incriminée, elle est précédée d'une première séquence (vers 17'00") où sont rapprochées et confrontées successivement les images de Lénine (associé à la révolution d'Octobre), de Maurice Thorez (au Front populaire de 1936) et d'Adolf Hitler – on voit ici la logique faite de rebonds et de confrontations. S'il l'on ne s'en tient pas seulement aux images mais qu'on écoute attentivement la bande-son, on comprend que Godard lui-même questionne ce type d'oppositions : « Trop simple et trop facile de simplement diviser le monde en deux » (14'24"), et de poursuivre : « Trop simple et trop facile de dire simplement que les riches ont tort et que les pauvres ont raison » (14'25"), et de répéter plusieurs fois en pratiquant la réversion à laquelle il est familier : « Trop facile et trop simple », « Trop simple et trop facile », avant d'achever sur : « Trop facile et trop simple de simplement diviser en deux le monde » (14'-55"). Pendant ce temps défilent les images de Nixon et de Brejnev, d'abord séparées par un et gigantesque, puis enfin rassemblées, du Vietnam et de Prague, de la Palestine et du Chili. En somme, Godard semble nous dire que Brejnev = Nixon. Ce qui l'intéresse ce n'est pas tant ce qui oppose Nixon et Brejnev que ce qui les relie, comme il le démontrait déjà dans *La Chinoise* (1967) avec d'autres moyens. Il s'agit donc d'identification et non de différenciation, contrairement à ce que suggère Gilles Deleuze. C'est de conjonction et d'association (de malfaiteurs) qu'il s'agit donc bien ici, ou du mouvement de l'un vers l'autre, comme il le dira dans son *Introduction à une véritable histoire du cinéma*[14].

Il conclura la séquence problématique qui associe et oppose Hitler à Lénine, puis Golda Meir à Hitler – le mot « Israël » s'inscrivant dans l'image d'Hitler, puis le mot « Palestine » dans celle de Golda Meir –, en s'achevant sur le corps d'un Palestinien calciné, par un commentaire laconique : « Dans le système capitaliste (soviétique ou américain), c'est ce système-là d'images qui marche. C'est comme ça que ça marche... » (18'28"). Les médias opposent là où Godard associe, sinon identifie, dans un rapport analogique : a est à b ce que c est à d. On pourrait aussi dire

14 Godard, Jean-Luc, *Introduction à une véritable histoire du cinéma*, Paris, Albatros, 1980.

qu'il s'agit du signe ⇒, au sens éminemment problématique où Hitler implique Meir, autrement dit où Meir découle d'Hitler[15].

En 1978, Godard dira à propos d'*Ici et ailleurs*, dans la série de conférences québécoises qui aboutira à la publication de l'*Introduction à une véritable histoire du cinéma*, premier pas vers ses *Histoire(s) du cinéma* (1988-1998) :

> Ce qui ne va pas, c'est de dire : révolution d'un côté, fascisme de l'autre. En fait, quand on voit les choses un peu autrement, on ne peut pas dire ça, il faut mieux savoir ce qu'il s'est passé et puis après, on verra si c'est ça qu'il faut dire. Mais il vaut mieux savoir ce qui s'est passé. C'est pour ça que j'ai mis tellement de temps finalement à faire *Ici et ailleurs* qui a pris cinq ans à se faire ; et on a pris ce titre *Ici et ailleurs* en insistant sur le mot et : le vrai titre du film c'est et, ce n'est ni ici ni ailleurs, c'est et, c'est *Ici et ailleurs*, c'est-à-dire un certain mouvement (p. 303).

Ce n'est donc pas le temps de l'interstice au sens de Deleuze – ce qui sépare et ce qui différencie – qui compte le plus pour Godard, mais plutôt l'intervalle au sens de Vertov : ce qui sépare autant que ce qui relie, et plus encore le mouvement induit de l'un à l'autre, de Nixon à Brejnev, de Lénine à Thorez, de Thorez à Hitler et de Hitler à Meier. Au fond, Godard nous invite à ne pas nous arrêter à des oppositions trop simples et trop faciles, même si rien ne nous oblige à le suivre dans des raccourcis aussi provocateurs. Notons cependant que l'analogie, dans les rapports qu'elle construit, suppose aussi la différence. Après tout, si l'on dit que a est à b ce que c est à d, cela ne veut pas dire que a = c et que b = d. En principe, ce sont des rapports qui sont identifiés et non les termes eux-mêmes[16]. De fait, le montage godardien devrait dialectiser. Mais le fait-il vraiment ici ? On pourrait résumer cela par une formule : chez Godard la différence relie et la relation identifie, il y a donc opposition et identification. Ce que l'on est en droit de critiquer. La pensée de Godard est donc très claire en la matière. Elle procède

15 Lire à ce propos, les analyses implacables que Georges Didi-Huberman consacre à *Ici et Ailleurs* dans *Passés cités par JLG. L'œil de l'histoire*, 5, Paris, Minuit, 2015, p. 89-119. Plus généralement, il parlera à propos de Godard d'une *politique du contrechamp*, auquel il manque un véritable *hors-champ* (*cf.* p. 103-114).

16 Si l'on reprend l'exemple canonique : Dieu est à l'Univers ce que l'architecte et à la maison, on ne peut pas logiquement identifier Dieu et l'architecte, l'Univers et la maison. Comme le rappelle Emmanuel Kant dans ses *Prolégomènes*, l'analogie signifie non pas « comme on l'entend communément, une ressemblance imparfaite entre deux choses, mais bien la ressemblance parfaite de deux rapports entre des choses tout à fait dissemblables. » *Prolégomènes à toute métaphysique future*, Paris, Vrin, 1986, p. 137.

par raccourci, et seul le mouvement d'un terme à l'autre l'intéresse, à des années-lumière de ce que Deleuze envisage pour sauver la position intenable de Jean-Luc Godard – qui ne la renie en rien.

Avant de passer à l'analyse que Jacques Rancière fait de l'épisode 4b des *Histoire(s) du cinéma*, revenons sur la conclusion de Gilles Deleuze à ce long développement. Dans un court passage, mais fondamental au regard de sa pensée de la modernité cinématographique, il écrit :

> … ce sens que, déjà chez Welles, puis chez Resnais, chez Godard aussi, le montage prend un nouveau sens, déterminant les rapports dans l'image-temps directe, et conciliant le haché avec le plan-séquence. (…) mais : comment le cinéma nous redonne-t-il la croyance au monde ? Ce point irrationnel, c'est l'*inévocable* de Welles, l'*inexplicable* de Robbe-Grillet, l'*indécidable* de Resnais, l'*impossible* de Marguerite Duras, ou encore ce qu'on pourrait appeler l'*incommensurable* de Godard (entre deux choses) (IT, 236-237).

La notion d'*incommensurable* ici associée à Godard est fondamentale. Elle sera reprise mainte fois par la critique dans le champ de l'art, au point de devenir un topos de la théorie de l'art contemporain. Nous y reviendrons avec Rancière, puisqu'il s'agit du point de départ de sa réflexion sur les *Histoire(s) du cinéma* dans « La phrase, l'image, l'histoire » texte publié dans *Le destin des images* en 2003. Rapporté à Godard, il y aurait pour Deleuze quelque chose d'*incommensurable*, c'est-à-dire « sans commune mesure », entre les images associées, telles celles d'Hitler et de Golda Meir, et non une commune mesure, ou plutôt un mouvement comme l'affirme Godard dans son *Introduction à une véritable histoire du cinéma.*

JACQUES RANCIÈRE ET LES *HISTOIRE(S) DU CINÉMA* (1988-1998) DANS *LA FABLE CINÉMATOGRAPHIQUE* ET *LE DESTIN DES IMAGES*

On connaît Jacques Rancière pour sa réflexion politique qui invite à une relecture du marxisme et les implications qu'elle suppose dans le champ esthétique. À partir des années 90, Jacques Rancière écrit régulièrement pour les *Cahiers du Cinéma.* Dans un entretien intitulé

Le Partage du sensible[17], il synthétise sa pensée de l'esthétique. Elle n'est pas complétement étrangère à la pensée de Deleuze, même s'il tient à garder ses distances avec lui, tout en assumant cette filiation intellectuelle. Dans un texte intitulé « D'une image à l'autre ? Deleuze et les âges du cinéma » publié dans *La Fable cinématographique*[18], il dit ce qu'il retient du philosophe de l'image-mouvement et de l'image-temps, et ce qui l'en distingue. Mais ce n'est pas ici le sujet.

Dans *Le Partage du sensible*, Rancière distingue trois grands régimes esthétiques : le « régime éthique » qu'il associe à *La République* de Platon, le « régime poétique » (ou représentatif) qu'il associe à *La Poétique* d'Aristote, et le « régime esthétique » que l'on peut associer à la démocratie et à la modernité. Car si révolution esthétique il y a, c'est d'abord dans la littérature du XIXe siècle qu'on peut la trouver et Balzac, Zola ou Flaubert en sont les hérauts ! Les hiérarchies des genres s'écroulent (tragédie vs comédie), il n'y a plus de rapport de nécessité entre une forme et un contenu donnés et la loi de l'enchaînement causal est contestée. En simplifiant à l'extrême, la description l'emporte sur la narration, la vision sur le récit, l'*opsis* sur le *muthos*. Le cinéma, art mécanique par excellence, sera celui qui portera le plus haut les couleurs de cette modernité, avant que le triomphe d'Hollywood ne redonne le primat au récit et restaure le « régime poétique ». D'où le terme de « fable contrariée » qu'il utilise à propos du cinéma dans son introduction à *La Fable cinématographique.* Heureusement pour lui (et pour nous), des cinéastes résistent, parmi lesquels Epstein, Eisenstein, Vertov, Rossellini, Bresson, Marker, Godard, Tarr, et aujourd'hui Costa ou Teguia.

Jacques Rancière s'intéresse une première fois aux *Histoire(s) du cinéma* à l'occasion d'une série d'interventions et de la publication d'un article dans les *Cahiers du Cinéma* en 1999[19]. Jean-Luc Godard, pour sa part, entreprend cette ample lecture de l'histoire du cinéma près de quinze ans après *Ici et ailleurs*, mais elle prend aussi le relai de la série de conférences canadiennes qui ont mené à la publication de l'*Introduction à une véritable histoire du cinéma* en 1980. Dans le texte « Une fable sans morale : Godard, le cinéma, les histoires » publié dans *La Fable cinématographique*, Rancière

17 Rancière, Jacques, *Le Partage du sensible*, Paris, La Fabrique, 2000.

18 *Op. cit.*

19 Rancière, Jacques, « La sainte et l'héritière. À propos des *Histoire(s) du cinéma* », *Cahiers du cinéma*, n° 537, juillet-août 1999, p. 58-61.

met en valeur la quadruple opération qu'accomplit l'anti-montage de ces *Histoire(s).* Il s'agit d'abord de désenchaîner les images des récits qui les enserrent puis de les réenchaîner pour qu'elles portent un sens nouveau :

> Tout d'abord les images sont séparées par des noirs, isolées donc les unes des autres, mais surtout isolées dans *leur* monde, un *arrière-monde* des images dont chacune semble sortir à son tour pour en porter témoignage. Vient ensuite le décalage de la parole et de l'image qui, lui aussi, fonctionne à l'inverse de l'ordinaire. Le texte parle d'un film en montrant les images d'un autre. Cet écart, habituellement générateur de disjonction critique, fait ici le contraire : ils confirment leur coappartenance globale à un même monde des images. La voix, à son tour, donne à ce monde son homogénéité, sa profondeur. Enfin le montage vidéo, avec ses surimpressions, ces images qui apparaissent, clignotent, s'évanouissent, se superposent ou se fondent les unes dans les autres parachève la représentation d'un sensorium originaire, d'un monde des images d'où celles-ci sortent, à l'appel du cinéaste, comme les morts des Enfers chez Homère à l'appel d'Ulysse et du sang (FC, 221).

Le « montage » de Godard dans les *Histoire(s)* fait donc apparaître, selon Rancière, de pures présences iconiques en arrachant les images à leur contexte narratif, mais les réenchaîne pour faire apparaître de nouvelles significations souvent métaphoriques et faire voir enfin ce que le cinéma n'a pas su voir : l'horreur qui se profilait à l'horizon, les camps de concentration, les fours crématoires, la solution finale… Notons, à la suite de Rancière, le rôle essentiel de la voix *over* qui homogénéise le divers, qui fait du lien là où le montage oppose et dialectise.

Dans « La Phrase, l'image, l'histoire », publié en 2003, dans *Le destin des images*, Rancière approfondit sa pensée dans l'analyse d'une scène de l'épisode 4b des *Histoire(s)* intitulé « Les signes parmi nous ». Le contexte de cette publication est important, puisqu'elle fait suite à deux conférences données dans le cadre de l'exposition « Sans commune mesure » au Centre National de la Photographie en 2001 et en 2002. Elle prolonge donc la réflexion de Rancière sur le montage des *Histoire(s) du cinéma*, en partant de la notion d'incommensurabilité, mais cela sans jamais citer Deleuze. Il y rappelle d'abord le double principe des *Histoire(s)* fondées à la fois sur l'autonomie des images et l'infinité des recombinaisons possibles qui implique sons, musiques et textes (écrits et lus). Puis, il revient longuement sur la notion très en vogue de « sans commune mesure », autrement dit de « l'écart entre les présences sensibles et leur représentation ». Il convoque alors autant Lautréamont et

« la rencontre impossible du parapluie et de la machine à coudre » que, pour les critiquer, Benjamin, Adorno ou Lyotard. Et insiste, bien au contraire, sur la communauté entre les signes et nous, les signes et les mots, sur la possibilité d'une commune mesure.

Pour ce faire, Rancière analyse les quelques photogrammes qui s'enchaînent ou se superposent au début de l'épisode 4b des *Histoire(s)* : une image de *The Spiral Staircase* de Robert Siodmak (1'54") où l'on voit une femme descendre un escalier en spirale avec une bougie à la main dans un clair-obscur très contrasté, l'image très célèbre de l'enfant juif du ghetto de Varsovie (2'09"), une image de Siegfried dans les *Nibelungen* de Fritz Lang, puis de Fassbinder de profil (2'23") et d'Antonioni de face (2'33"), du *Judex* de Franju (2'40"), enfin de *La Foule* de King Vidor et du *Nosferatu* de Murnau (2'55"). En alternance ou superposés, reviennent les mots seul, l'ennemi (3'05"), l'ennemi public (3'08") ou le public (3'-12"). En *over*, la voix caverneuse de Godard dit un étrange texte, celui du discours d'intronisation de Foucault au Collège de France. Le tout ne dure qu'une minute et quelque.

C'est à partir de cette courte séquence que Rancière va développer sa pensée la plus profonde sur le montage des *Histoire(s) du cinéma*. Des concepts clés comme la « phrase-image » et « la grande parataxe » vont être envisagés. De fait, c'est pour lui une manière de ménager montage dialectique et montage symbolique[20]. En passant par la littérature, et particulièrement par Flaubert, Balzac et Zola, il développe la notion de phrase-image, qui donne une commune mesure à des éléments hétérogènes. Il ne s'agit pas cependant de la simple union d'une « séquence verbale et d'une forme visuelle ». D'un côté, la phrase enchaîne et donne chair ; de l'autre, l'image devient une puissance active et disruptive. La phrase-image combine ces deux fonctions : enchaînement et rupture. C'est ce que Rancière appelle la « grande parataxe », par opposition à la « grande syntagmatique » de Christian Metz. Cette puissance de la phrase-image, cette « syntaxe parataxique », Rancière la trouve déjà à l'œuvre aussi bien dans les Comices de *Madame Bovary* que dans *Le Ventre de Paris* de Zola. Il la retrouve dans la séquence des *Histoire(s) du cinéma* déjà citée.

C'est ainsi qu'il va expliciter les liens cachés entre l'image *Des mains, la nuit* de Robert Siodmak et celle de l'enfant du ghetto, ou ceux plus

20 Voir infra la distinction qu'effectue Jacques Rancière entre le « montage dialectique » et le « montage symbolique »…

évidents entre celles de *La Foule* de Vidor et de *Nosferatu* de Murnau. Je ne vais pas reprendre l'entièreté de son analyse, soulignons juste que la jeune femme de l'escalier à spirale est la victime d'un homme de science qui veut supprimer les êtres que la nature a fait infirmes, incapables selon lui d'une vie normale. Le lien avec l'image du ghetto est désormais évident. C'est à nouveau d'un rapport analogique qu'il s'agit. Les nazis ont fait subir aux Juifs, considérés comme des « sous-hommes » ce que l'homme de science veut faire subir aux « handicapés ». Par ailleurs, l'image de *Nosferatu* associée à celle de *La Foule* suggère la captation des spectateurs par la puissance hollywoodienne. Et le montage d'établir un rapport entre la captation des foules allemandes par l'idéologie nazie et des foules cinématographiques par Hollywood.

De fait, Godard combine dans le montage de ses *Histoire(s)* la manière dialectique et la manière symbolique. Pour Rancière, la manière dialectique « investit la puissance chaotique dans la création de petites machineries de l'hétérogène. En fragmentant des continus et en éloignant des termes qui s'appellent, ou, à l'inverse, en rapprochant des hétérogènes et en associant des incompatibles, elle crée des chocs. » (DI, 66) Avant de poursuivre :

> La manière symbolique aussi met en rapport des hétérogènes et construit des petites machines par montage d'éléments sans rapport les uns avec les autres. Mais elle les assemble selon une logique inverse. Entre les éléments étrangers, elle s'emploie en effet à établir une familiarité, une analogie occasionnelle, témoignant d'une relation plus fondamentale de co-appartenance, d'un monde commun où les hétérogènes sont pris dans un même tissu essentiel, toujours susceptibles donc de s'assembler selon la fraternité d'une métaphore nouvelle (DI, 67).

Et Rancière de conclure sur la phrase-image :

> L'histoire du cinéma est celle d'une puissance de faire histoire. Son temps, nous dit Godard, est celui où des phrases-images ont eu le pouvoir, en congédiant *les histoires*, d'écrire *l'histoire*, en enchaînant directement sur leur « dehors ». Cette puissance d'enchaînement (…) est celle de l'hétérogène, du choc immédiat entre trois solitudes : la solitude du plan, celle de la photo et celle des mots qui parlent de tout autre chose dans un tout autre contexte. C'est le choc des hétérogènes qui donne la mesure commune (DI, 65).

C'est ainsi que le commun donne, selon Rancière, la mesure de ce qui a été trop vite jugé incommensurable. La phrase-image est tendue entre ces deux pôles, dialectique et symbolique. Cela renvoie directement à ce que Godard dit dans *JLG/JLG, autoportrait de décembre*, réalisé en 1994, qui reprend un texte de Pierre Reverdy originellement publié dans le numéro 13 de la revue Nord-Sud :

> l'image est une création
> pure
> de l'esprit
> elle ne peut
> naître d'une comparaison
>
> c'est vrai
>
> mais du rapprochement
> de deux réalités
> plus ou moins
> éloignées
>
> t'es au courant
> ça
> je peux plus éviter
>
> plus les rapports
> des deux réalités
> rapprochées seront lointains et justes
> plus l'image sera forte
> deux réalités qui n'ont aucun rapport
> ne peuvent se rapprocher
> utilement
> il n'y a pas
> de création
> d'image
>
> et deux réalités
> contraires
> ne se rapprochent pas
> elles s'opposent
> une image
> n'est pas forte
> parce qu'elle est brutale ou fantastique
> mais parce que l'association
> des idées est lointaine
> lointaine, et juste[21]

21 Godard, Jean-Luc, *JLG/JLG autoportrait de décembre, phrases*, Paris, P.O.L., 1996.

À son tour, la phrase-image établit entre deux éléments hétérogènes et distants un rapport qui se veut juste. C'est ainsi que s'ordonne le chaos des *Histoire(s)*, dans de petites machineries qui naviguent entre chocs et analogies cachées. Rancière insiste sur l'entrecroisement permanent de ces deux logiques chez Godard, qui participent du collage des hétérogènes. Et c'est à un courant néo-symboliste et néo-humaniste de l'art contemporain que Rancière rattache *in fine* ces *Histoire(s) du cinéma*.

Pour conclure, nous sommes partis chez Deleuze des notions corrélatives de Tout et d'intervalle, puis passés par celles de l'Ouvert et du Dehors, pour en arriver à celle d'incommensurable, créée par l'interstice entre deux images, entre les sons et les images. Nous avons envisagé ensuite la notion de phrase-image qui pour Jacques Rancière donne la commune mesure à l'incommensurable, c'est-à-dire à ce qui paraît infiniment lointain, par le biais d'un montage aussi bien dialectique que symbolique, c'est-à-dire par l'articulation de l'opposition et du rapprochement. De fait, comme le note Rancière en une phrase synthétique : « C'est le choc des hétérogènes qui donne la commune mesure ». Nous sommes aussi passés des grandes catégories deleuziennes qui procèdent par larges touches et des raccourcis qui peuvent parfois étonner (*cf.* le parallèle entre Welles, Robbe-Grillet, Renais, Duras et Godard), à une analyse plus fine, de détail, telle celle que pratique Jacques Rancière.

À travers les effets du montage chez Godard, les deux philosophes nous proposent ainsi des outils conceptuels opérants, non seulement pour comprendre et analyser les processus à l'œuvre dans le cinéma (montage organico-actif ; montage dialectique ; montage quantitatif-psychique ; montage intensif-spirituel ; association vs différentiation ; montage dialectique vs montage symbolique), mais aussi dans l'art contemporain, qu'il soit celui de l'art vidéo, de la « vidéo essai » voire des installations, qui relaient et prolongent les pratiques du cinéma par d'autres moyens. Mais cette comparaison sera le sujet d'une autre étude…

Bertrand BACQUÉ
Haute école d'art et de design,
Genève

BIBLIOGRAPHIE

BERGSON, Henri, *Matière et mémoire*, Paris, PUF, 2012.

BERGSON, Henri, *L'Évolution créatrice*, Paris, PUF, 2013.

DELEUZE, Gilles, *L'Image-mouvement*, *Cinéma 1*, Paris, Minuit, 1983.

DELEUZE, Gilles, *L'Image-temps*, *Cinéma 2*, Paris, Minuit, 1985.

DELEUZE, Gilles, *Pourparlers (1972-1990)*, Paris, Minuit, 2005.

DIDI-HUBERMAN, Georges, *Images malgré tout*, Paris, Minuit, 2003.

DIDI-HUBERMAN, Georges, *Passés cités par JLG. L'œil de l'histoire, 5*, Paris, Minuit, 2015.

DOSSE, François et FRODON, Jean-Michel (dir.), *Gilles Deleuze et les images*, Paris, Cahiers du cinéma, 2008.

FOUCAULT, Michel, *Les Mots et les choses*, Paris, *Gallimard*, 1966.

FOUCAULT, Michel, *La Pensée du dehors*, Saint-Clément-de-Rivière, Fata Morgana, 1986.

GODARD, Jean-Luc, *Introduction à une véritable histoire du cinéma*, Paris, Albatros, 1980.

GODARD, Jean-Luc, *JLG/JLG autoportrait de décembre, phrases*, Paris, P.O.L., 1996.

KANT, Emmanuel, *Prolégomènes à toute métaphysique future*, Paris, Vrin, 1986.

KANT, Emmanuel, *Critique de la faculté de juger*, Paris, Vrin, 1993.

PIERCE, Charles, S., *Écrits sur le signe*, Paris, Seuil, 2017.

RANCIÈRE, Jacques, *Le Partage du sensible*, Paris, La Fabrique, 2000.

RANCIÈRE, Jacques, *La Fable cinématographique*, Paris, Seuil, 2001.

RANCIÈRE, Jacques, *Le Destin des images*, Paris, La Fabrique, 2003.

WHAT DID VERTOV MEAN BY "INTERVAL"?

Some More Guesses

Alongside his idiosyncratic breakdown of the editing process into "stages" – editing during observation, after observation, during filming, after filming, and so on[1] – the notion of "interval" is perhaps Dziga Vertov's best known contribution to theories of montage, exerting an influence upon, among many others, philosopher Gilles Deleuze in his two books on cinema. Yet it is still difficult to get straight in one's mind (despite an abundance of good theoretical work on the concept) exactly what Vertov meant by "interval," why he made recourse to it, and to figure out how the Soviet filmmaker concretely employed intervals in his own editing. If one of the meanings of interval is "gap," Vertov's notion of interval as "the material of the art of movement" introduces a certain gap into thinking about cinematic montage, a hiatus between image and sound, art and technology, and stillness and motion that is not easy to bridge.

In what follows, I revisit the "interval" question and reassert the importance of musical analogies as key to Vertov's conception, especially but not only in the early 1920s. Making reference to the Bergson-influenced music theory of Vertov's contemporary Boleslav Iavorskij, I suggest that Vertov's idea was centrally about actively constructing non-narrative perceptual itineraries (for the eye and, later, the ear) that might be useful when navigating the chaotic flux of "life as it is." I go on to indicate how the interval notion, particularly in its late-1920s formulation, could be considered an answer to those like (above all) Formalist critic and screenwriter Viktor Shklovskij who regarded a non-narrative cinema of "pure movement" to be a chimerical or simply

1 Vertov, Dziga, "Kino-Eye" [1926], in *Kino-Eye: The Writings of Dziga Vertov*, ed. Annette Michelson, trans. Kevin O'Brien (Berkeley, Los Angeles and London: University of California Press, 1984), 60-79; here 72. References to this book will henceforth be indicated with the abbreviation *KE*.

bad idea. Finally, I offer two concrete examples from different periods of Vertov's filmmaking to show how interval-based film construction worked in practice, and how his carving-out of perceptual itineraries answered to the ideological imperatives of the time.

MUSIC VERSUS MATH

"Interval" turns up in Vertov's very first published statement on film ("We: Variant of a Manifesto," in *Kino-Fot* in August 1922) immediately following a brief, polemical reflection upon another term important in music, namely *rhythm*. He famously contrasts the supposedly disorganized movements of the bodies of contemporary humans with the orderly and precise motions of machinery, and asserts (without any real proof) that observing the latter provokes a far stronger and more positive affective response (in humans) than does watching the former[2]. The philosopher Bernard Vandewalle has usefully pointed to the traditional divide between those who conceive of rhythm in terms of "scheme," "order" and "political method" on one side, and those who think of it above all as "play" (and the emotional delight associated with play) on the other[3]. Setting aside Vertov's questionable social vision here – surely, few political desiderata could be more mystified than a yearning to make workers, peasants and engineers "love" the machines with which they labor – it is notable that he is clearly intent on seizing and retaining, or even blurring the difference between, the two poles of Vandewalle's

2 As has been noted, Vertov's hymning of machinery is very much part of the early Soviet chorus of what Mark D. Steinberg has called "economic and psychocultural 'machinism'" – in no way the ideological dominant of the period, as Steinberg also indicates – whose most famous representative was the worker-poet Aleksej Gastev (Steinberg, *Proletarian Imagination: Self, Modernity and the Sacred in Russia, 1910-1925* (Ithaca and London: Cornell University Press, 2002), 195-196). See also Vaingurt, Julia, "Poetry of Labor and Labor of Poetry: The Universal Language of Alexei Gastev's Biomechanics", *Russian Review* 67 (April 2008): 209-229.

3 Vandewalle, Bernard, « Le rythme comme schème politique, » in *Rythmes et Philosophie*, ed. Pierre Sauvanet and Jean-Jacques Wunenburger (Paris: Éditions Kimé, 1996), 41-52; here 41-42 and 48. Here and elsewhere, unless otherwise indicated, all translations from languages other than English are my own.

dichotomy, for the sake of his own still largely notional cinematic practice. Because they move rhythmically, and radiate a kind of rhythmic exaltation, machines provide not only attractive subject matter for the camera – itself a rhythmical machine – but also a model for organizing film footage that differs from what Vertov calls the "psychological" approach, by which he evidently means character-driven narration. Machine rhythms provide models of formal organization that enable an escape from narrative – despite the teleological purposes to which machines are generally put.

It is at this point that the "interval" enters the picture:

> Kinóchestvo [Vertov's name at the time for his 'kino-eye' practice] is the art of organizing the necessary movements of things in space and time into a rhythmic artistic whole, in accord with the properties of the material and the inner rhythm of each thing.
> The material – the elements of the art of movement – consists of *intervals* (transitions from one movement to another) and by no means the movements themselves. It is they (the intervals) which draw the movement to a kinetic resolution.
> The organization of movement is the organization of its elements, or its intervals, into phrases.
> In each phrase there is a rise, a high point, and a falling off (expressed in varying degrees) of movement.
> A composition is made of phrases, just as a phrase is made of intervals of movement[4] [emphases in original].

One problem suggests itself immediately. If Vertov wants to use the term merely to point to various "interrelationships" that enter into decisions about editing, what is the specific advantage of calling these interrelationships "intervals"? Annette Michelson has proposed that the interval idea derives not from music but from its use in calculus, which conceives of sets of whatever kind not as groups of discrete items, but rather as *differentials* between (and extending beyond) those items. This interpretation is powerful inasmuch as it draws our attention to Vertov's science-inspired, constructivist-related ambitions, as well as to his awareness of the most recent innovations in theoretical physics, such as Einstein's theory of relativity (directly mentioned in "We: Variant of

4 *KE*, 8-9; translation altered in accord with the version in Dziga Vertov, *Iz Naslediia, tom vtoroj: Stat'i i Vystuplenie*, ed. D.V. Kruzhkova and S.M. Ishevskaia (Moscow: Ejzenshtejn-Tsentr, 2008), 16-17. References to this volume will henceforth be indicated as *SV*.

a Manifesto")[5]. Conceiving of film as an essentially temporal medium, Vertov (in Michelson's reading) used "interval" to imagine cinema as an epistemological practice rather like theoretical physics, capable of "suspending or reversing temporal order and causal relations" for the sake of "analytic revelation of material process[6]".

We ought to pause, however, before drawing a firm line between "musical" and "mathematical" (or "scientific") interpretations of Vertov's rhetoric here, or discarding the former in favor of the latter, as Michelson does. Music theory had been using math to describe the interrelationships between elements of scales at least since the Pythagoreans (VIth century BCE), and theorists had been applying psychophysical notions like the Weber-Fechner Law (1860) to musical perception since the late XIXth century, including in Russia. To take but one example: an important two-part article from 1910 on "Sound and Music," published in the popular *Herald of Knowledge* by the psychophysiologist N. N. Rubinshtejn, applied at once musical-theoretical, mathematical and physiological knowledge to the analysis of intervals (that is, the ratios between pitch frequencies), which were described by the author as the real "kernel" – as opposed to individual sounds themselves – of "musical expressivity[7]".

Moreover, as Daniel Schwartz has noted, "the Russian word for resolution (*razreshenie* [in Vertov's phrase 'kinetic resolution']) may be used in [two] senses: as either the resolution to the dominant tone or

5 Michelson, Annette, "On the Wings of Hypothesis: Montage and the Theory of the Interval," in *On the Wings of Hypothesis: Collected Writings on Soviet Cinema*, ed. Rachel Churner (Cambridge, MA and London: MIT Press, 2020), 1-24; here 13-21. "We: Variant of a Manifesto" is to be found in *KE*, 5-9. For more on Vertov's early exposure to science and scientific film, see my *Dziga Vertov: Life and Work, Volume 1: 1896-1921* (Brighton, MA: Academic Studies Press, 2018), 98-106.

6 "On the Wings of Hypothesis," 21. In one of the most sophisticated readings of *Man with a Movie Camera* (1929), Jonathan Beller develops Michelson's insight in a more historical and Marxist direction, arguing that "interval" means something like "stage" or "phase" of production, insofar as Vertov's film demonstrates how "the image is constituted like an object – it is assembled piece by piece like a commodity moving through the intervals of production – and it is a (technological and economic) development of the relations of production capable of materializing consciousness" (in *The Cinematic Mode of Production: Attention Economy and the Society of the Spectacle* (Lebanon, NH: University Press of New England, 2006), 47).

7 Rubinshtejn, N.N., "Zvuk i muzyka," *Vestnik Znaniia* 9 (September 1910): 981-987; and 10 (October 1910): 1061-1070; here 1062. The second part of the article includes two rather technical charts diagramming various intervallic arrangements (1065, 1068).

the solution to a technical problem[8]". Indeed, whereas the related word *reshenie* is far more often employed to denote the solution or resolution of a (scientific, mathematical) problem, *razreshenie* (and never *reshenie*) is always used to describe harmonic resolution in Russian-language music theory. It is also worth noting that Vertov in "We" criticizes not the standard musical notation of compositions by Aleksandr Skriabin (his favorite composer), but "literary accounts" of them. Thus, he proposes replacing the "literary" form of the film script with "graphic symbols of movement," and ultimately a "film scale": in other words, developing a form of filmic notation as relatively adequate to what he takes to be the fundamental elements of cinema (at this point, intervals between movements) as musical notation is to the elements of music (pitch, meter, duration, volume, phrasing and so on)[9].

These motifs, together with other notes resonating through Vertov's diction in "We" – "rhythmic artistic whole," "phrases" that rise and fall, "dynamic etude," and not least the clear if only temporary embrace of the category of "art" – suggest that we ought not to understate the musical parallels drawn here in 1922. It remains challenging, nonetheless, to pin down the function of this musical analogy, given there does not seem to be more than a figurative relationship between intervals among pitches – particularly as much-studied objects of *aural perception* – and the visual intervals among movements described by Vertov. Since Vertov commences with a discussion of rhythm, and places such stress upon movement, why does he reach for "interval" rather than "pulse" or "beat" or "meter" (even if pitch also centrally involves movement, specifically the vibration of air and the actions of our organs of audition)?

8 Schwartz, Daniel, "Sounding the Inaudible: Rethinking the Musical Analogy in the City Symphonies of Walter Ruttmann and Dziga Vertov," *Music, Sound and the Moving Image* 12:1 (Spring 2018): 1-31; here 25.

9 *KE*, 9. Vertov was not alone, of course, in linking visual-graphic to musical practice. For an influential example, see Wassily Kandinsky's "Little Articles on Big Questions" [1919]: "For there can and do exist cheerful lines, gloomy and serious lines, tragic and mischievous, stubborn lines, weak lines, forceful lines, etc., etc. In the same way, musical lines, according to their character, are denoted as *allegro, grave, serioso, scherzando*... Words have lost their power. Only an adjacent art form, e.g., music, can create something resembling the spirit of graphics through its own means of expression" (in *Kandinsky: Complete Writings on Art*, ed. Kenneth C. Lindsay and Peter Vargo (New York: Da Capo Press, 1994), 421-427; here 427). See also, in the same volume, "Program for the Institute of Artistic Culture" [1920], 455-472; and "Point and Line to Plane" [1914/1926], esp. 558-561 and 586-587.

INTERVAL AS ACTION

Fully fleshing out the analogy is probably not possible, alas, and even a partial, tentative clarification will force us into speculation. Fortunately, we do know that Vertov was a well-schooled musician who took keen interest in the music of his day, and was acquainted with a number of professional performers and composers[10]. Thus, I think it useful to consider which contemporary musical reflections on "interval" might provocatively resonate with Vertov's film-theoretical sketches. One in particular, of singular importance in Russia both before and after the Revolution, leaps to mind immediately, and proves suggestive for thinking about both "intervals" and other aspects of Vertov's ideas on cinema.

The music-theoretical work of Boleslav Iavorskij (1877-1942) is poorly known outside of Russian musical circles, and much of it remains unpublished to this day[11]. He taught for many years in both Kyiv and (mainly) Moscow, was perhaps (as sponsored by Anatolij Lunacharskij) the main reformer of the Moscow Conservatory's curriculum following the Revolution, and exerted an enormous if not uncontroversial influence upon Soviet music theory through both his writings and the work of his many students. Best known for his ideas about "modal rhythm," arguably his central topic starting in the first decade of the XXth century (and which I will not attempt to explain here), Iavorskij was also deeply interested, as a theorist and pedagogue, in the psychology of listening, about which he expressed unorthodox ideas even in his earliest writings:

> The study [of sound] is [conventionally] restricted to the make-up of a single sound produced by a non-living body (a string, a tuning-fork and so on), and to the structure of a series of sounds on the basis of mathematically abstract

10 For more on Vertov's musical background, see *Dziga Vertov: Life and Work*, 38, 125-139, and 239-240.

11 For detailed and useful recent articles on Iavorskij (two of the very few in English), see Ewell, Philip A., "Rethinking Octatonicism: Views from Stravinsky's Homeland," *Music Theory Online* 18:4 (December 2012); and Ewell, "On the Russian Concept of Lād, 1830-1945," *Music Theory Online* 25:4 (December 2019). Iavorskij was also a composer of opera, ballet, and orchestral and chamber works.

> calculations, and not on the basis of the correlations and interaction of living sounds, produced by *living* things[12].

Iavorskij's ideas about "the hearing of music" (*slushanie muzyki*) borrowed from both kinetics and psychophysiology, and were likely influenced (as musicologist Grigorij Lyzhov has suggested) by the then much-discussed philosophy of Henri Bergson as well[13].

In what might be called his metaphysics, Iavorskij put great emphasis on "gravitational pull" (*tiagotenie*, which could also be translated as "attraction"), a notion he applied not only to the tendency of more dissonant, "unstable" intervals to be "pulled" toward more stable ones, but to human perception as such, which needed to secure points of resistance to gravity in order to exist as distinct "perception" at all[14]. He defined rhythm in 1920 not as "pattern in time" or "order in movement," but rather (in a distinctly Bergsonian register) as "the *capacity* to perceive the universal [force of] gravity in a disaggregated way, and to use that disaggregation to produce creative forms[15]". Indeed, the difference

---

12 Iavorskij, *Stroenie muzykal'noj rechi* [*The structure of musical discourse*]: *materialy i zametki* (Moscow: P. Iurgenson, 1908), 2. Quoted from Grigorij Lyzhov, "'Osnovnye elementy muzyki' B. Iavorskogo: kliuchi k ladovoj teorii," in M.I. Kaptunian, ed., *Sto let russkogo avangarda* (Moscow: Nauchno-izdatel'skij tsentr "Moskovskaia konservatoriia," 2013), 113-126; here 118. I rely heavily here upon Lyzhov's lucid and imaginative interpretation of Iavorskij.

13 Lyzhov, "'Osnovnye element muzyki,'" 123. Bergson's extensive influence upon early XXth-century Russian thought and artistic practice has been demonstrated by Hilary Fink in an important study (Fink, Hilary L., *Bergson and Russian Modernism, 1900-1930*, Evanston, IL: Northwestern University Press, 1999). The French philosopher's collected works had been translated into Russian by 1914, and he would certainly have been discussed by Russia's major philosophers, including Nikolaj Losskij and Semyon Frank, who taught at the Psychoneurological Institute where Vertov studied (Fink, 29-41, 118).

14 One could identify numerous moments in Bergson's philosophy echoed by Iavorskij's thinking here and elsewhere. To take but one example: "The greater the power of acting bestowed upon an animal species, the more numerous, probably, are the elementary changes that its faculty of perceiving concentrates into one of its instants. And the progress must be continuous, in nature, from the beings that vibrate almost in unison with the oscillations of the ether, up to those that embrace trillions of these oscillations in the shortest of their simple perceptions. The first feel hardly anything but movements; the others perceive quality. The first are almost caught up in the running-gear of things; the others react, and the tension of their faculty of acting is probably proportional to the concentration of their faculty of perceiving" (Bergson, Henri, *Creative Evolution*, trans. Arthur Mitchell (Mineola, NY: Dover, 1998), 301-302). See also Lyzhov, 123.

15 Iavorskij, B., letter to N. Ia. Briusova (October 4, 1920), in *Izbrannoe: Pis'ma, Vospominaniia* (Moscow: Kompozitor, 2008), 21-22; here 22. My emphasis. See also Iavorskij, "Osnovnye

between "rhythm" and "interval" blurs to a considerable extent within Iavorskij's developed theory, insofar as both rhythm and interval are centrally capacities – which can fail, as we will see in a moment – for discovering anchoring points within and between the impulses universally exerted by gravity.

The following long quotation from the beginning of Iavorskij's key 1923 text "The Basic Elements of Music" will help to clarify just what he meant by "hearing":

> The organ of hearing, by means of which the human being *orients herself* in the realm of *sound*, is tightly connected *with the semicircular canals* [in the inner ear], by means of which the human orients herself in the *spatial* world, the world of *gravity* [*tiagotenie*]. *By opposing* the power of gravity, which acts upon him from all directions, with his own insignificant supply of the same power, the human *moves and conquers space.*
> At the moment when the human being loses the power to oppose the force of gravity with his own *supportive strength* – a strength enabling her to *single out* that upon which she would focus her attention, and to *coordinate* her strength with other [external] forces she requires then and there – when [in other words] she loses *consciousness*, she begins to hear a peculiar noise.
> [....]
> Out of this whirlwind [of noise] can be differentiated not a single sound, but a sonic correlation, a specific sonic *interval*, which slides (as it were) simultaneously across the entire region of hearing. It is as though the region of hearing were divided into an incalculable quantity of identical intervals, manifestly producing an impression of *instability*, inasmuch as the human cannot gain control over these forces by opposing to them her own strength, thereby neutralizing them and creating the conditions for a state of stability. The human being's hearing vibrates under the influence of a liberated, all-conquering, all-consuming sensation of gravity: she has lost the capacity to oppose it with her own will[16].

Again, I am speculating: Iavorskij and Vertov certainly shared a keen interest in the work of Skriabin, among other composers and topics, but we have no knowledge of which specific texts on music theory Vertov read, or which lectures he might have attended. Yet Iavorskij's thinking

elementy muzyki," *Iskusstvo: zhurnal Rossijskoj akademii khudozhestvennykh nauk* 1 (1923): 185-194; here 189.

16 Iavorskij, B., "Osnovnye elementy muzyki," 185-186. All emphases in the original published text. Iavorskij goes on from here to gradually elaborate his complex theory of "modal rhythm" as the basis of aural perception in Western music, and briefly postulates the existence of analogous structures in vision as well (187).

was, as I have said, influential at the time and later; and his ideas about rhythm and interval as forces of orientation and disorientation might cast some light upon the reasons for Vertov's adoption of the "interval" idea, especially when we consider other passages in his writing about the function of the "kino-eye."

I am thinking in particular about this well-known section from "Kinocs: A Revolution" (1923):

> The mechanical eye, the camera, rejecting the human eye as crib sheet, gropes its way through the chaos of visual events, letting itself be drawn or repelled by movement, probing, as it goes, the path of its own movement. It experiments, distending time, dissecting movement, or, in contrary fashion, absorbing time within itself, swallowing years, thus schematizing processes of long duration inaccessible to the normal eye.
>
> ....
>
> Not the newsreels from Pathé or Gaumont (newspaper chronicle), not even *Kino-Pravda* (political newsreel), but a real kinoc newsreel – *an impetuous survey of VISUAL events deciphered by the camera, bits of REAL energy* (as opposed to theatrical energy) *joined through intervals into a charged [akkumuliatornoe] whole by the great craft of montage.*
>
> ......
>
> It is entirely a question of the particular juxtaposition of visual details, of intervals[17].

The Vertovian interval – considered through the prism of Iavorskij – is not only the tool that makes possible a non-narrative form of notation for films, but a principle that links what we would now call *documentary* explorations of the world to basic anthropological needs for orientation and stabilization-within-flux. The stakes, in other words, of the "interval" concept might have as much to do with Vertov's sense of the function and even possibility of visual perception as it does with any quasi-scientific vocation he wished to ascribe to cinema. To create an "*impetuous survey of VISUAL events*" [Vertov's emphasis] is possible only if the filmmaker can avoid being absorbed into that chaos of undifferentiated intervals described (in aural terms) by Iavorskij: disaggregated and perceptible relations, or a "film scale," must be created.

17 *KE*, 18-21; translation altered and emphases added in line with *SV*, 41-43. It is worth noting that in the original drafts of the first two paragraphs cited, Vertov wrote not of "the eye" but rather of "I" (*SV*, 490).

A DEFENSE OF MOVEMENT

The non-narrative implications of "interval" need to be filled out as well, however, as it is not enough to simply indicate the term's affinities to the non-verbal art of music (or to mathematics, for that matter) and leave it at that. In the early 1920s, Vertov expressly used the notion of interval in his battle against film intertitles, which he took to be unnecessary dead spots, clumps of narrative dross that impeded the free passage of the onscreen movements that the "film-engineer" was to organize[18]. This prohibition extended even to the verbal identification of important protagonists in a given sequence. At a meeting of the kinocs in 1923, Vertov declared that "in order not to destroy the feeling of interval between two adjacent shots," a word or title required to designate some crucial element of the shot – in Vertov's example, that element was "People's Commissar of the Army Trotsky" – should be printed directly on the shot. In those cases where some slogan or other was needed for a given film, but in a form whose "construction is unsatisfactory to us," Vertov announced that the kinocs would "temporarily" – that is, until the complete abolition of intertitles –

> ... reserve for themselves the right to construct the slogan they need, a slogan in movement, that would offer the correct interval between the previous and succeeding shots.

(Good examples of those "slogans in movement" would be the famous Rodchenko-designed mobile intertitles in *Kino-Pravda* 14 (1923).) In short, any verbal material, if not contained within the shot already as part of the thing photographed, would have to be "in movement," "efficacious[19]".

The validity of Vertov's position on titling is, needless to say, far from self-evident, even from the standpoint of an "experimental" cinema

18 Jacques Rancière captures (but also problematizes) this anti-narrative implication of "interval" in his *The Intervals of Cinema*, trans. John Howe (London and New York: Verso, 2019), 31-32.

19 RGALI f. 2091, op. 1, d. 390, ll. 6-8. The name of Trotsky is obscured by thick pencil markings in the typescript – added later, of course – but context makes it clear who is being referred to (another "interval" of sorts). In the same transcript, Vertov refers to his *Kino-Pravdas* 7 and 12 as well as 14 as successful experiments in intertitle construction.

practice. Indeed, Viktor Shklovskij, Vertov's main theoretical opponent on this issue, argued that intertitles were to cinematic narration what camera angle was to photography: another way of making the images "new[20]". Shklovskij's position was grounded in a fundamental antagonism to the very idea of a cinema of "pure movement," an antagonism explicitly influenced by Bergson's famous comparison in *Creative Evolution* between the "cinematographic mechanism" and the ordinary, generalizing, anti-intuitive habits of human intellect. As is well known, Bergson developed an analogy between a basic feature of the film medium and what he took to be a fundamental characteristic of traditional philosophical thought, but Shklovskij in 1923 set aside the analogy to argue directly that analog film, through its projection of a rapid succession of still images, presents us with a mere *sign* of continuous motion rather than continuous motion itself.

> Beyond the threshold of consciousness [while watching a film] remains the sensation of a series of immobile objects, rapidly succeeding one another.
> A film does not move; it only appears to move. Pure motion, as such, will never be reproduced in cinematography. Cinematography can only deal with the motion-sign, the semantic motion. It is not just any motion, but motion-action that constitutes the sphere of a motion picture.
> The semantic motion-sign triggers our recognition; we complete it; it does not demand our attention.
> Hence – the conventional mimicry, the raised eyebrows, the large tear, movements, gestures.
> ...
> [A] century will go by, and human thought will overflow the limit erected in front of it by the theory of limits; humankind will learn to think in processes, and we will again behold the world as continuity. Then there will be no motion pictures.
> We see that the basis of cinematography, providing material for the creation of form, should be action [*dvizhenie-postupok*, meaning something like "movement as dramatic action"].
> There will never be a film of pure motion, to say nothing of a film of abstractions, as some German artists used to dream... The poetics of the motion picture is a poetics of pure plot[21].

20 Shklovskij, Viktor, *Motalka: O kino remesle (knizhka ne dlia kinematografistov)* (Moscow and Leningrad: Kinopechat', 1927), 32. See also Michel Chion on the power of the "distancing" or ironic intertitle in *Film: A Sound Art*, trans. Claudia Gorbman (New York: Columbia University Press, 2009), 14-16.

21 Shklovsky, Viktor, *Literature and Cinematography*, trans. Irina Masinovsky, intro. Richard Sheldon (Champaign and London: Dalkey Archive Press, 2008). 28-32. Shklovskij quotes

Assenting to Bergson's polemic against the illusory character of cinematic movement (and, I suspect, already thinking about Vertov, whose early articles quickly gained notoriety), Shklovskij insists that even onscreen motion can only ever be a conventional token of movement that does not provoke perceptual engagement but is rather immediately *read*, like information *about* motion. Every practice built upon this medium – which at root consists of still images that merely signify the continuity of motion – is similarly and necessarily grounded in pure convention, rather than any non-conventional or "real" materiality of the type encountered in art forms that unfold in a truly continuous manner, like live music or theater. Thus, film is destined to traffic in the purely conventional on all levels, and most importantly by embracing and exploring the conventions of narrative storytelling: a "film of pure motion" is a complete impossibility.

Setting aside the consensus among contemporary psychologists that all visual perception (whether of movies or otherwise) involves some kind of psychophysical processing or synthesis of *discrete* stimuli – not least because of the discrete character of the photosensitive cells in our eyes[22] – Shklovskij's argument, taken on its own (dubious) terms, is a challenging one if we describe intervals (as Vertov did in 1922) not as transitions between shots or frames, but as between *movements*. It would be a stretch to claim that Vertov altered his thinking in response to his long-time theoretical irritant Shklovskij, but we do notice a significant shift, as well as a nuancing, of the interval idea between 1922 and 1929:

> The school of kino-eye calls for construction of the film-object upon "intervals," that is, upon the movement between shots [*mezhdukadrovoe dvizhenie*], upon the visual correlation [*sootnoshenie*][23] of shots with one another, upon transitions from one visual stimulus to another.
>
> The shift [*sdvig*] between shots = the visual interval = the visual correlation of shots, which is, according to kino-eye, a complex quantity. It consists of the sum of various correlations, of which the chief ones are –
>
> 1. the correlation of camera distances (close-up, long shot, etc.);
> 2. the correlation of angles;

Bergson earlier in the same section.

22 See Goldstein, E. Bruce, "Vision," in E. Bruce Goldstein, ed., *Encyclopedia of Perception* (Los Angeles, London, New Delhi, Singapore, Washington DC: Sage, 2010), 1044-1048.

23 The word translated in *KE* as "correlation," *sootnoshenie*, can also mean "ratio" or simply "relationship," but the diction in the rest of the passage would seem to justify the more mathematical-sounding "correlation."

> 3. the correlation of movements within the frame;
> 4. the correlation of light and shadow;
> 5. the correlation of recording speeds.
>
> Proceeding from one or another combination of these correlations, the author determines: (1) the sequence of changes, the sequence of pieces one after another, (2) the length of each change (in feet, in frames), that is, the projection time, the time devoted to showing each individual image. Moreover, besides the inter-shot movement [*mezhdukadrovoe dvizhenie*] (or interval) between two adjacent shots, one takes into account the visual relationship of each individual shot to all the others – the participants in the "montage battle" that is beginning.
> To find amid all these mutual reactions, these mutual attractions and repulsions of shots, the most expedient itinerary for the eye of the viewer, to bring this multitude of intervals (movements between shots) to a simple visual equation, a visual formula expressing the basic theme of the film-thing in the best way: such is the most important and difficult task of the author-editor[24].

This 1929 text feels more practical, more materialist, perhaps more Constructivist, than does "We," and nearly any trace of the musical metaphor has been eliminated. (Whether musical analogies disappeared from Vertov's filmmaking *practice* is a very different question to which we will return at the end of this paper.) It could be argued, too, that Vertov finds a response here to Shklovskij's critique simply by re-conceptualizing intervals as highly fluid *differentials* simultaneously in play between an array of different cinematic elements, from frames and shots to camera angles, monochrome tonalities and projection/recording speeds. Filmic movement, and indeed film's constructive principle, reside in those complex and ever-shifting differences, not in some mechanical succession of static frames that we read (erroneously) as motion. At the same time, Vertov's stress on the sheer multitude of intervallic relations, on their web of "mutual reactions… attractions… repulsions," and on the need to resolve them into "a simple formula," no doubt prolongs that concern with orientation-within-chaos that we identified in articulations of the interval idea from the early 1920s.

24 "From Kino-Eye to Radio-Eye [1929]," *KE*, 90-91; translation altered based on the text "Chto takoe Kino-Glaz," *SV*, 160.

INTERVALS IN PRACTICE

It remains briefly to give all of these speculations on "interval" some concrete shape by suggesting how they might relate to Vertov's work as a filmmaker. Perhaps the easiest way to do this is to show how intervals operate in relation to the specific *ideological* transition dominant within Vertov's filmic rhetoric, namely the great revolutionary passage from the Old to the New. Vertov conceives of this passage not in psychological-narrative terms, but rather as sheer movement and sense of movement, as the making-visible of (as Deleuze put it in his discussion of Vertov in *Cinema I*) "all the (communist) transitions from an order [that] is being undone to an order [that] is being constructed… between two systems or two orders, between two movements[25]". Transition in Vertov's cinema, in other words, is usually something to be *sensed* rather than articulated or explained, particularly in the non-narrative montage practice he attempted to develop. He tries to generate the required perceptual jolts or shifts by making transition (or interval) as visually tangible as possible, and one of the best examples comes right at the beginning of his first major feature, *Kino-Eye: Life Caught Unawares* (1924).

This film is mainly about members of the Young Pioneers (or Soviet Boy and Girl Scouts) organization from both the village of Pavlovskaia and from the proletarian Krasnopresnenskaia area of Moscow, and shows the youngsters engaged in philanthropic and leisure activities in various urban and rural settings. *Kino-Eye* commences, as so often in Vertov, with a sequence representative of the Old: in this case, the jubilant, besotted dancing of (mainly) women who have had a bit too much to drink during a church holiday. Visually, a dominant *circular* motif is established gradually but very assertively: circularity links the spinning movements of the women, the circle of the round dance itself, and objects like a pot, a tambourine, and even the faces of the women themselves (figure 1). The ecstatic twirling is both exhilarating and enervating, and, after a while, it starts to suggest that the women are trapped within what Russians would call a "*zamknutyi krug*" (closed

25 Deleuze, Gilles, *Cinema 1: The Movement-Image*, trans. Hugh Tomlinson and Barbara Habberjam (Minneapolis: University of Minnesota Press, 1986), p. 39.

circle), although Vertov would resist such aggressive translation of his visual formulae into words. Clearly enough, however, the enormous energy of the women is compelled to inscribe one circle after another, repetition within repetition, creating an image of encompassed and squandered vitality.

The transition to the New – though we are still very much in the village – occurs precisely as a great intervallic leap, with only an intertitle ("with the village Pioneers") signaling any change. The material sense of transition, however, is stressed by a sudden preponderance of *rectilinear* shapes and movements: beginning with the siding on a building, followed by a rectangular poster pasted on by the Pioneers, a picket fence, a waterfall – falling, rolling streaks of water is one of Vertov's favorite images of revolution – and the straightforward movement of the marching pioneers. The "itinerary" culminates with a nearly abstract sequence linking striking overlaps of surging water with the orderly, forward-directed advance of the children, concluding with a demonstration on the main street of the village (figure 2). Translating again, the message would seem to be: force previously wasted on the inscription of drunken circles is re-channeled (cinematically) into a progressive and architectural rectilinearity; and Vertov hopes to make this ideological point by provoking the spectator's perceptual entry into these two differently patterned spaces, by making the interval between Old and New as *audible* as possible.

Variations on this basic intervallic pattern (and ideological motif) can be found throughout Vertov's work, most strikingly perhaps in the beginning sections of *Enthusiasm* (1930) and *Three Songs of Lenin* (1931). For all the formal imagination he lavished on these sequences, however, they remain essentially grounded in "adjacent" intervals, contrasts or correlations along a single axis. What of those more complex intervals he writes of in 1929: "the visual relationship of each individual shot to all the others"? I think it best to read this phrase quite literally, as suggesting that Vertov conceptualized intervals as differentials between any two (or three, or more) elements of the film. But how did he put this rather daunting notion to practical use in filmmaking? One document, from the period of the editing of *Man with a Movie Camera*, is particularly telling in this respect and will compel us finally to return to the musical analogy we discussed at the outset.

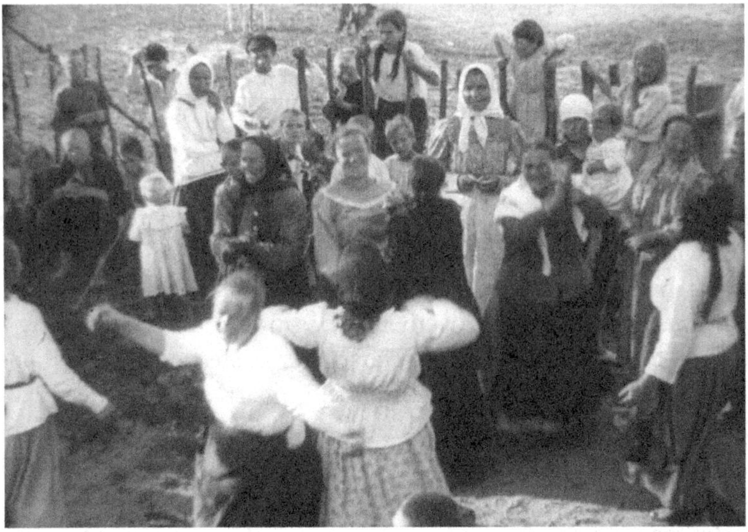

FIG. 1 – From Dziga Vertov, *Kino-Eye: Life Caught Unawares* (USSR, 1924). Public domain.

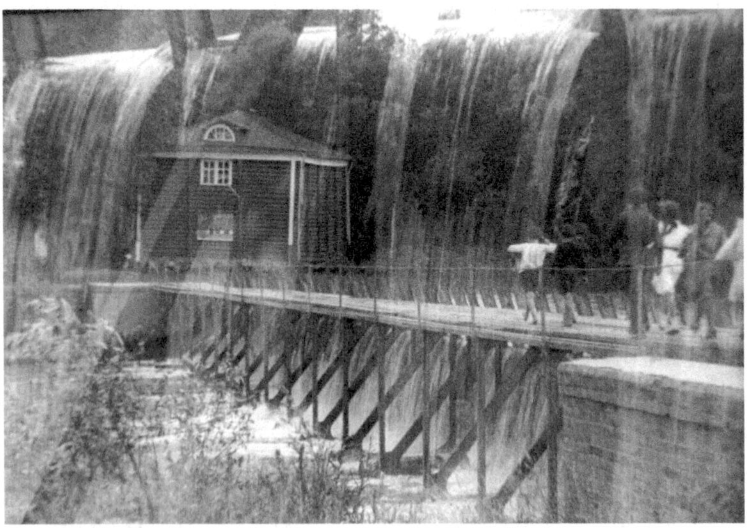

FIG. 2 – From Dziga Vertov, *Kino-Eye: Life Caught Unawares* (USSR, 1924). Public domain.

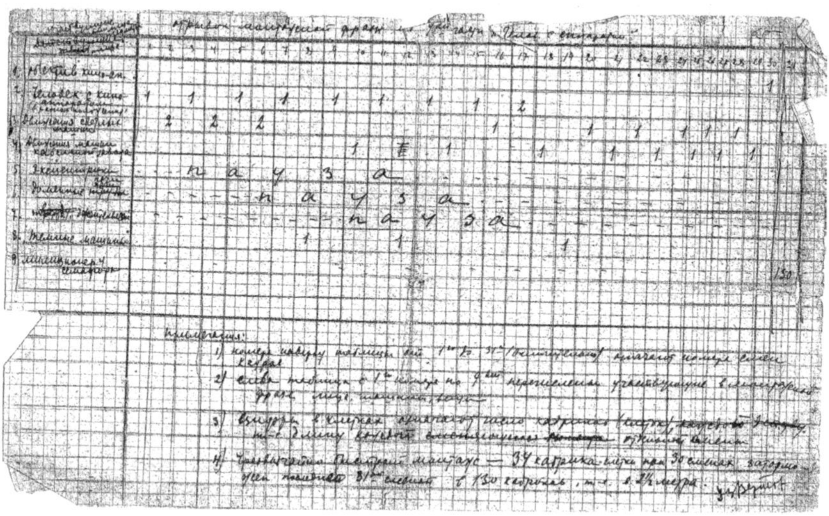

FIG. 3 – Vertov's handwritten diagram of the structure of a "fragment of a montage phrase from the fourth part of *Man with a Movie Camera*." Source: RGALI f. 2091, op. 2, d. 407, l. 65.

The evidence in question is Vertov's 1929 diagram of a fragment of a montage phrase from *Man with a Movie Camera* (figure 3), which provides a chart or schema of a brief (thirty-one shot) passage of extremely rapid montage from near the end of the film's fourth reel. Along the chart's vertical axis, on the left-hand side, are the main categories of represented objects in the sequence: the lens of the movie camera, the man with the movie camera, "light machines," "dark machines," and so on (there are nine categories in all). Along the horizontal axis at the top of the chart stretches a sequential numbering of all the shots, from one to thirty-one.

On the chart proper, Vertov has inscribed the number of frames (*not* seconds) devoted to each shot: one frame of "the man with the movie camera" alternating with two frames of "the movement of light machines" from shots 1 to 7; a single one-frame alternation of "dark machines" and "man with a movie camera" in shots 8 and 9; one single-frame alternation of "machines in the cable factory" with "man with the movie camera" in shots 10 and 11; back to the one-frame alternations of "dark machines" and the "man" in shots 12 and 13; a complex series of one frame of the "cable factory machines" (shot 14), one frame of the "man" (15), one frame of "light machines" (16), two frames of the "man" (17), another single frame of the "cable factory machines" (18), and one frame of the "dark" machines (19); then a rapid one-frame alternation from shots 20 to 29 between "light" and "cable factory" machines, where the "man" has dropped out entirely; a single frame of the camera lens in shot 30; and, finally, 130 frames (a virtual eternity...) of a policeman directing traffic, one of the film's central motifs and self-reflexive indices.

Clearly enough, Vertov's organization of his miniscule shots here accords with the various intervallic "correlations" he wrote about just after finishing the film: contrasts of shot length, to be sure, but also of "light and shadow" ("light machines" versus "dark machines"), and of implied movement – and we could add the contrast between "human" and "machine" to the list as well. For our purposes, however, the most remarkable parts of the schema are at lines 5, 6, and 7 on the left-hand side of the graph. For the categories "cogwheels" and "blast furnaces," no indications of numbers of frames are given. Instead, the simple word *pausa* (pause) is written across the page. This is peculiar at first sight, for why would an element *not* in the sequence find any place in the notation whatsoever? A moment's comparative reflection, however, makes clear the actual structural model for the notation, and the sequence. That model is plainly musical, with the frames standing in for tones, and the *absence of frames* representing rests (*pausa* also means "[musical] rest" in Russian), inserted within the overall orchestration of the material. Just as a composer or arranger does not simply let the string portion of an orchestration vanish from the page when the strings are not participating in the piece, so too the elements of Vertov's "orchestra," like the blast furnace and cogwheels, inhabit the sequence even in their absence. Here we see clearly how the interval notion tends toward a formal principle of expanding *totality*, where (at the limit) all the shots in the film – or even those that *could have been* in the film – become points of intervallic differentiation, no matter how distant.

We might again interpret Vertov's procedures here as efforts to find visual points of anchorage, or (better) to *prepare* the eye for the discovery of those points of anchorage. In the sequence to which he devotes this chart, he uses familiar, musical ways of organizing artistic material heuristically, as a kind of ladder to vastly intensified powers of (in this case) visual perception. After all, we can grasp musical (sonic) material of this density and even at comparable speeds: think of the overwhelming complexity of Skriabin's *Prometheus* (1910), for but one example. Why not try to do something similar with images?

In his intervallic compositions, Vertov seeks to bring the spectator "up to speed" with and even to transcend, on the level of perception, what he takes to be an ideal perceiver. This perceiver is, of course, the optical machine itself, whose units of vision are single frames and whose power and mobility (according to Vertov) is always increasing. Thus, the interval idea allowed Vertov to imagine a filmmaking practice that involved, as he said in 1923, continual and simultaneous "experimenting" and "schematizing."

It also allowed him, as an artist, to insert himself – not without ambivalence – into the projects of social and economic transformation then underway, inasmuch as the interval is an attempt to find a bridge between artistic strategy and industrial process. That is to say: is the elite film maker using art (music in this case) to expand and free up the perceptual capacities of the proletariat – who, at that very moment in the USSR, were being recruited for the great industrial leap forward – or is the film artist trying to find ways to organize his materials in accord with the new rapid rhythms of industrial production? These questions point to the complexity of *Man with a Movie Camera*'s historical situation, at the cusp of the move from the avant-garde 1920s to the total mobilizations and authoritarian populism of the 1930s, and to its central paradox: in its emphasis upon experimental construction across innumerable intervals, it is at once a completely "autonomous" avant-garde work, and completely participatory in the dominant production-oriented discourse of the First Five Year Plan.

John MacKay
Yale University

BIBLIOGRAPHY

BELLER, Jonathan. *The Cinematic Mode of Production: Attention Economy and the Society of the Spectacle.* Lebanon, NH: University Press of New England, 2006.

BERGSON, Henri. *Creative Evolution.* Translated by Arthur Mitchell. Mineola, NY: Dover, 1998.

CHION, Michel. *Film: A Sound Art.* Translated by Claudia Gorbman. New York: Columbia University Press, 2009.

DELEUZE, Gilles. *Cinema 1: The Movement-Image.* Translated by Hugh Tomlinson and Barbara Habberjam. Minneapolis: University of Minnesota Press, 1986.

EWELL, Philip A. "On the Russian Concept of Lād, 1830-1945." *Music Theory Online* 25:4 (December 2019).

EWELL, Philip A. "Rethinking Octatonicism: Views from Stravinsky's Homeland," *Music Theory Online* 18:4 (December 2012).

FINK, Hilary L. *Bergson and Russian Modernism, 1900-1930.* Evanston, IL: Northwestern University Press, 1999.

GOLDSTEIN, E. Bruce. "Vision." In *Encyclopedia of Perception*, 1044-1048. Edited by E. Bruce Goldstein. Los Angeles, London, New Delhi, Singapore, Washington DC: Sage, 2010.

IAVORSKIJ, B. *Izbrannoe: Pis'ma, Vospominaniia.* Moscow: Kompozitor, 2008.

IAVORSKIJ, B. "Osnovnye elementy muzyki." *Iskusstvo: zhurnal Rossijskoj akademii khudozhestvennykh nauk* 1 (1923): 185-194.

IAVORSKIJ, B. *Stroenie muzykal'noj rechi: materialy i zametki.* Moscow: P. Iurgenson, 1908.

KANDINSKY. Wassily. *Kandinsky: Complete Writings on Art.* Edited by Kenneth C. Lindsay and Peter Vargo. New York: Da Capo Press, 1994.

LYZHOV, Grigorij. "'Osnovnye elementy muzyki' B. Iavorskogo: kliuchi k ladovoj teorii." In *Sto let russkogo avangarda*, 113-126. Edited by M.I. Kaptunian. Moscow: Nauchno-izdatel'skij tsentr "Moskovskaia konservatoriia," 2013.

MACKAY, John. *Dziga Vertov: Life and Work, Volume 1: 1896-1921.* Brighton, MA: Academic Studies Press, 2018.

MICHELSON, Annette. "On the Wings of Hypothesis: Montage and the Theory of the Interval." In Michelson, *On the Wings of Hypothesis: Collected Writings on Soviet Cinema*, 1-24. Edited by Rachel Churner. Cambridge, MA and London: MIT Press, 2020.

RANCIÈRE, Jacques. *The Intervals of Cinema.* Translated by John Howe. London and New York: Verso, 2019.

RUBINSHTEJN, N.N. "Zvuk i muzyka." *Vestnik Znaniia* 9 (September 1910): 981-987; and *Vestnik Znaniia* 10 (October 1910): 1061-1070.

SCHWARTZ, Daniel. "Sounding the Inaudible: Rethinking the Musical Analogy in the City Symphonies of Walter Ruttmann and Dziga Vertov." *Music, Sound and the Moving Image* 12:1 (Spring 2018): 1-31.

SHKLOVSKIJ [SHKLOVSKY], Viktor. *Literature and Cinematography*. Translated by Irina Masinovsky. Introduction by Richard Sheldon. Champaign and London: Dalkey Archive Press, 2008.

SHKLOVSKIJ [SHKLOVSKY], Viktor. *Motalka: O kino remesle (knizhka ne dlia kinematografistov)*. Moscow and Leningrad: Kinopechat', 1927.

STEINBERG, Mark D. *Proletarian Imagination: Self, Modernity and the Sacred in Russia, 1910-1925*. Ithaca and London: Cornell University Press, 2002.

VAINGURT, Julia. "Poetry of Labor and Labor of Poetry: The Universal Language of Alexei Gastev's Biomechanics." *Russian Review* 67 (April 2008): 209-229.

VANDEWALLE, Bernard. « Le rythme comme schème politique. » In *Rythmes et Philosophie*, 41-52. Edited by Pierre Sauvanet and Jean-Jacques Wunenburger. Paris: Éditions Kimé, 1996.

VERTOV, Dziga. *Iz Naslediia, tom vtoroj: Stat'i i Vystuplenie*. Edited by D.V. Kruzhkova and S.M. Ishevskaia. Moscow: Ejzenshtejn-Tsentr, 2008.

VERTOV, Dziga. *Kino-Eye: The Writings of Dziga Vertov*. Edited by Annette Michelson. Translated by Kevin O'Brien. Berkeley, Los Angeles and London: University of California Press, 1984.

ARCHIVES CONSULTED

Russian State Archive of Literature and Art (RGALI) fond 2091 (Dziga Vertov).

NOTE SUR LA NON-ÉMERGENCE DU CONCEPT DE MONTAGE DOCUMENTAIRE EN FRANCE VERS 1920

De façon un peu paradoxale, s'il existe évidemment une pratique du montage qui participe à la reconnaissance que le spectateur a d'un film comme documentaire, sa spécificité n'est généralement pas reconnue et elle doit trouver son concept en dehors d'elle-même et en dehors du domaine documentaire. À cet égard, le sort réservé aux deux « pères fondateurs » du genre, Dziga Vertov et Robert Flaherty, est symptomatique de cette extériorité – et que cette paternité soit toute symbolique ne fait d'ailleurs qu'augmenter l'exemplarité de l'attention jamais démentie pour les formes du montage dans leurs films. Cela n'a bien sûr rien que de très naturel à propos de Vertov qui plaçait lui-même l'organisation des images au centre de ses préoccupations théoriques, mais on peut s'étonner de ce que ces théories à visée programmatique n'aient pas servi de point de départ à une réflexion générique et aient au contraire été le plus souvent ramenées à une position singulière. Vertov n'aurait ainsi théorisé que son propre travail qui devrait être envisagé comme un dépassement de toute stylistique documentaire et un passage à l'art[1]. De façon peut-être plus inattendue, le montage a également été un thème très récurrent des études flahertiennes malgré le désintérêt apparent du réalisateur à cet égard ; mais, là où Vertov est réputé sortir du documentaire du côté de l'art, Flaherty aurait opéré sa sortie du côté

1 Dans une littérature extrêmement abondante, on peut citer Aumont, Jacques, « Vertov et la vue », *Travaux* n° 41, *Cinémas et réalités*, Saint-Étienne, CIEREC / Université de Saint-Étienne, 1984, p. 23-44 ; Château, Dominique, *Contribution à l'histoire du concept de montage. Kouléchov, Poudovkine, Vertov et Eisenstein*, Paris, L'Harmattan, coll. « Champs visuels », 2019, p. 107-128 ; Devaux, Frédérique, L'Homme à la caméra *de Dziga Vertov*, Crisnée, Yellow Now, coll. « Long Métrage », 1990, *passim*. Pour une remise de Vertov dans une perspective documentaire par élucidation de son sujet, voir MacKay, John, « Film Energy : Process and Metanarrative in Dziga Vertov's *The Eleventh Year* (1928) », *October* vol. 121, 1er juillet 2007, p. 41-78.

du cinéma dominant, de la « fiction », redoublant ses manquements bien connus à la réalité factuelle par un agencement dramatisant des images[2]. Les formes du montage, chez le cinéaste états-unien comme chez le Soviétique, resteraient idiosyncrasiques et sans valeur de généralisation – contrairement à leurs éthiques respectives qui sont supposées baliser les deux extrêmes de l'éthique documentaire, de la reconstitution humaniste à la prise sur le vif machinique.

Ce qui est supposé vrai pour les fondateurs mythiques, vaut bien entendu plus encore pour leurs successeurs : le montage dans les films documentaires exprimerait toujours la singularité du réalisateur (ou son absence de singularité) dans une référence esthétique extérieure au genre documentaire même, que ce soit du côté de l'art ou du côté de la fiction. Cette dernière option reste la plus courante du point de vue théorique (en attendant peut-être que le renouveau du documentaire depuis une vingtaine d'années trouve une expression théorique adéquate) et elle tend à réduire le documentaire à une « non-fiction », selon une expression devenu populaire[3], une négativité qui ne facilite pas l'enquête historique. Que le documentaire soit envisagé par l'absence des « traits définitoires de la fiction[4] », sur un versant sémiotique, ou comme « un refus [...] de la fiction[5] » sur un versant sémio-pragmatique, il demeure pour l'historiographie un non-objet, impossible à problématiser et tout

2 Voir, de façon là encore non exhaustive : Bettetini, Gianfranco, « *Nanook of the North* (R. Flaherty) : analyse de deux séquences », trad. de J. C. Monneret, *Travaux* n° 41, *Cinémas et réalités*, *op. cit.*, p. 125-152 ; Comolli, Jean-Louis, « L'homme essentiel, *Man of Aran* de Robert Flaherty » in *Voir et pouvoir*, Lagrasse, Verdier éditeur, 2004 [1995], p. 222-228 ; Lampe, Gerhard, « A New Look at Robert J. Flaherty's Documentary Art », *CLCWeb : Comparative Litertature and Culture*, vol. 7 n° 4, Lafayette, Purdue University Press, 2005, URL : https://doi.org/10.7771/1481-4374.1282 (dernière consultation le 14 juillet 2022) ; Pichelin, Stéphane, *Robert Flaherty, une mythologie documentaire. Cinéma et anthropologie*, Rennes, Presses Universitaires de Rennes, coll. « PUR Cinéma », 2020, particulièrement les pages 46-105 ; ainsi que le film de Pierre Baudry et Gilles Delavaud, *Filmer pour voir – Flaherty et la mise en scène documentaire*, Totem Production, 1994.

3 Sur la « déchéance du mot "documentaire" », voir Zéau, Caroline, *Le cinéma-direct, un art de la mise en scène*, Lausanne L'Âge d'Homme, 2020, p. 23-24.

4 Boillat, Alain, *La fiction au cinéma*, Paris, L'harmattan, coll. « Champs visuels », 2001, p. 18.

5 Gaudreault, André et Marion, Philippe, « Dieu est l'auteur des documentaires », *Cinémas. Revue d'études cinématographiques*, vol. 4, n° 2, *Le documentaire*, hiver 1994, p. 14. Voir aussi Hanot, Muriel, *Télévision. Réalité ou réalisme ? Introduction à l'analyse sémio-pragmatique des discours télévisuels*, De Boeck & Larcier et INA, coll. « Médias Recherches. Méthodes », 2002.

juste redevable d'une approche sous forme de chronique[6]. La forclusion de l'essence positive du documentaire, essence évidemment historique, empêche qu'on puisse en faire l'histoire – *a fortiori*, qu'on puisse faire l'histoire de son montage. Une alternative s'offre alors, celle de faire l'histoire de cette forclusion, précisément pour voir ce qui a été forclos.

Pour s'en tenir, par prudence méthodologique, à un seul cas national[7], celui de la France, l'existence d'une catégorie « documentaire », dans son sens contemporain mêlant valeurs esthétique, didactique et testimoniale, a été construite dans les discours sur le cinéma entre 1917 et 1923 environ. À cette époque, l'appellation de « ciné-théâtre » qui avait servi à unifier les films à intrigues dans la période pré-institutionnelle[8], tombait progressivement en désuétude dans un processus d'institutionnalisation qui se faisait notamment contre la théâtralité cinématographique ; surtout, ce syntagme ne connaissait pas de relève dans une catégorie que l'on pourrait apparenter, par approximation, avec la fiction. Ainsi, « l'art du cinéma » que recherchaient les cinéphiles, ne devait pas s'établir contre le documentaire, ni même en opposition avec lui, mais en en assimilant les qualités. Or, comme nous allons le montrer à travers l'étude de ces discours, la question était ardemment discutée de ce que ces qualités conservaient de la pure fonction d'enregistrement du cinématographe, de ce qu'on pouvait leur attribuer de valeur cognitive, ou encore de ce qu'elles avaient, ou non, un caractère artistique. Ces débats aboutirent finalement à une naturalisation du montage des images documentaires comme « montage interdit[9] ».

---

6 Sur la résistance du documentaire à l'enquête historique, voir Zéau, Caroline, *Le cinéma-direct, un art de la mise en scène*, *op. cit.*

7 Selon la mise en garde faite par Roland Cosandey (Cosandey, Roland, « Some thoughts on "early documentary" », *in* Hertog, Daan et De Klerk, Nico (dir.), *Uncharted Territory. Essays on early nonfiction film*, Amsterdam, Stichting Nederlands Filmmuseum, 1997, p. 47).

8 Par exemple dans Coustet, Ernest, *Le cinéma*, Paris, Hachette, coll. « Bibliothèque des Merveilles », 1921 ; voir aussi Le Forestier, Laurent, « De l'histoire de "l'histoire technique du cinéma" à une histoire des conceptions du cinéma comme technique », inédit, communication personnelle de l'auteur (qu'il en soit remercié).

9 Selon le titre fameux de l'article d'André Bazin, « Montage interdit » in *Qu'est-ce que le cinéma ?*, Éditions du Cerf, coll. « 7e Art », 1985, p. 48-61.

BERGSONISME ET CINÉMA

Pour comprendre le destin contrarié du concept de montage appliqué au documentaire, il faut remonter à 1917, au moment où était opérée, selon les termes de Tom Gunning, une différenciation stylistique entre un régime d'« actuality » propre à la période pré-institutionnelle et un régime de « documentary » relevant du cinéma institutionnalisé[10]. C'était aussi le moment d'émergence de discussions sur les conditions selon lesquelles le cinéma pouvait ou ne pouvait pas être considéré comme un art à part entière, en fonction des propriétés que l'on attribuait aux images cinématographiques – propriétés qui engageaient également quelques hypothèses sur la fonction du montage.

Émile Vuillermoz abordait explicitement la question de la nature artistique du cinéma dans une de ses chroniques pour *Le Temps*, en octobre 1917. Répondant à un article où Laurent Tailhade exprimait son dégoût pour le « naturalisme [...] abject » de l'écran, Vuillermoz en appelait aux travaux d'Henri Bergson, plus particulièrement aux affirmations de *Matière et mémoire* niant la différence entre réalisme et idéalisme en art et posant comme objet même de l'art le dévoilement sensible de l'Idée incarnée dans la réalité et à laquelle l'humanité ne peut avoir d'accès conceptuel ; le rôle du cinéma était alors, pour Vuillermoz, de réaliser dans un proche avenir le devenir bergsonien de l'art et de « désincarner l'âme des choses » pour la donner à voir au public[11]. Cet appel à Bergson n'était pas incongru dans le contexte de l'époque. Maria Tortajada a déjà signalé que le philosophe atteignait alors au sommet de sa gloire et que ses « "philosophèmes" [étaient] repris dans divers champs du savoir[12]. » Ils étaient notamment repris dans le champ des discours sur le cinéma, où se révélait une connaissance vive, voire intime du philosophe et de ses travaux. Ainsi pouvait-on lire ici qu'un projet de collaboration entre Bergson et Léon Poirier était remis *sine die*,

10 Gunning, Tom, « Before documentary. Early nonfiction film and the "view aesthetic" », *in* Hertog, Daan et De Klerk, Nico (dir.), *Uncharted Territory. Essays on early nonfiction film*, *op. cit.*, p. 9-24.

11 Vuillermoz, Émile, « Devant l'écran », *Le Temps*, 10 octobre 1917, p. 3.

12 Tortajada, Maria, « "Être dans la machine", une posture moderne. Dispositifs cinématographiques de Bergson à L'herbier », *1895*, n°82, 2017, p. 27.

« l'éminent académicien étant entièrement absorbé, à l'heure actuelle, par des travaux sur les théories d'Einstein[13] » ; et là, que les passages sur la caricature dans *le Rire* pouvait être lus comme des leçons sur l'art de l'acteur à l'écran[14] ; ou encore, de façon plus implicite, le bergsonisme pouvait imprégner les premiers articles du jeune Louis Delluc pour qui, à l'instar de Vuillermoz, l'art cinématographique devait être le moyen de donner à tous accès à des beautés naturelles condamnées sans lui à rester invisibles au plus grand nombre :

> Je sais depuis peu que le cinéma est destiné à nous donner des impressions de beauté fugace et éternelle, comme seul nous en donne le spectacle de la nature ou, parfois, de l'activité des hommes. Ces impressions, vous savez, de grandeur [...] qui brusquement vous font trouver l'art inutile. Tout à fait inutile, évidemment, l'art le serait si chacun était capable de goûter consciemment la beauté profonde de la minute qui passe[15].

Les tout premiers théoriciens du cinéma en tant qu'art se saisissaient ainsi de fragments des travaux de Bergson pour clarifier leurs propres idées, faisant fond sur une ressemblance entre la vision philosophique et les visions offertes par les images animées : « Dans bien des points du reste, le cinéma a retrouvé intuitivement les définitions théoriques du philosophe[16]. »

D'autres penseurs du nouveau média, pourtant, partageant les mêmes références mais moins convaincus du potentiel artistique du cinéma, brandissaient à leur tour Bergson. C'était notamment le cas de Paul Souday répondant à Vuillermoz et opposant à ses arguments inspirés par *Matière et mémoire*, le dernier chapitre de *L'évolution créatrice*, dans lequel le philosophe « compare le "mécanisme de la pensée conceptuelle" à celui du cinématographe[17]. » On sait que, pour Bergson, intelligence conceptuelle

---

13 Le Fondu-Enchaîné, « Sous toute réserve », *Cinéa* n° 26, 4 novembre 1921, p. 16.

14 A. R., « Bergson et le cinéma », *le Film* n° 114, 20 mai 1918, p. 10.

15 Delluc, Louis, « La Beauté du cinéma », *le Film* n° 73, 6 août 1917, p. 4.

16 A. R., « Bergson et le cinéma », *op. cit.* Il est intriguant de constater qu'une aventure similaire – une utilisation fragmentaire – est advenue à la lecture cinématographique de Bergson par Deleuze (Deleuze, Gilles, *L'image-mouvement. Cinéma 1*, Paris, Minuit, 1983 ; *L'image-temps. Cinéma 2*, Paris, Minuit, 1985).

17 Souday, Paul, « La vie intellectuelle. Bergsonisme et cinéma », *Paris-Midi*, 12 octobre 1917, p. 3. Sur la dispute entre Vuillermoz et Souday, voir aussi Heu, Pascal Manuel, Le Temps *du cinéma. Émile Vuillermoz, père de la critique cinématographique. 1910-1930*, Paris, L'Harmattan, 2003.

et cinéma reposaient l'une et l'autre sur une série d'instantanés immobiles tirés de la réalité et juxtaposés le long d'un temps linéaire abstrait et uniforme – un temps spatialisé et mesurable comme étendue, là où la création artistique supposait une « durée », temps non mesurable qui fusse le propre du mouvement perçu de l'intérieur[18]. Dans cette perspective, la suite des photogrammes constituant l'image cinématographique, chacun immobile pour son compte, ne pouvait atteindre à la « durée » de l'art car :

> avec ces états successifs aperçus du dehors comme des immobilités réelles et non plus virtuelles, vous ne reconstituerez jamais du mouvement [...], parce que toute tentative pour reconstituer le changement avec des états implique cette proposition absurde que le mouvement est fait d'immobilité[19].

Souday avait alors beau jeu de cantonner le cinéma, « perfectionnement de la photographie » qui « se borne à décalquer mécaniquement la réalité », à un rôle « documentaire », instructif et propagandiste, et de lui refuser tout potentiel artistique puisque l'art se devait d'être « une interprétation intelligente de cette réalité[20] ». Tout au plus admettait-il un « petit élément artistique » dans « la mise en scène des films de théâtre », de la façon d'arranger le modèle au choix de la pose et à l'ordonnancement du décor – toutes pratiques qui n'étaient pour lui que « peu de chose », « l'accessoire » du véritable théâtre[21]. Il ne faut pas sous-estimer la force que cet argumentaire pouvait revêtir à l'époque. Tout d'abord, en concédant de voir un élément artistique dans la seule manipulation du pro-filmique ramenée à la mise en scène de théâtre, Souday maintenait les rapports de l'art et du cinématographe tels qu'ils avaient été établis dans la période de la « cinématographie-attraction », où « l'activité du *metteur en scène* [pouvait] certes sembler relever d'un art mais, faute de spécificité, il s'agiss[ait] d'un art extérieur au cinéma » et dans le cadre duquel l'appareil cinématographique ne pouvait être envisagé que « comme appareil de *captation*, comme instrument devant, d'abord et avant tout, servir à une *mise en registre*[22] », à un enregistrement

18 Bergson, Henri, *L'évolution créatrice*, Paris, PUF, coll. « Quadrige », 2001 [1941, 1907], p. 272-369.

19 *Idem*, p. 307.

20 Souday, Paul, « La vie intellectuelle. Bergsonisme et cinéma », *op. cit.*

21 *Idem.*

22 Gaudreault, André, *Cinématographie et attraction. Pour une nouvelle histoire du cinématographe*, Paris, CNRS Éditions, coll. « Cinéma & audiovisuel », 2008, p. 140 et 148 (souligné par

sans ajout. Or, c'étaient ces rapports que les tenants d'un art du cinéma à venir remettaient en cause notamment en dévaluant l'importance de la « mise en scène » au profit de la « mise en film[23] ». Souday reprenait à son compte la première partie de cette critique, celle concernant la mise en scène, et il s'appuyait en outre sur le « phénomène national[24] » que représentait Bergson, référence majeure pour ceux qu'il prenait comme adversaires, pour dresser l'une contre l'autre l'ancienne et la nouvelle conceptions du cinéma, mais aussi pour les conjuguer l'une avec l'autre contre toute idée d'un art cinématographique possible.

Les qualités rhétoriques de son auteur n'expliquent pas seules l'efficacité de son argumentation qui était régulièrement reprise en tout ou en partie par ceux que l'on appelait parfois « cinéphobes » ou « cinéclastes[25] », comme ce Laloy se déclarant à la rédaction de *Film-Export* un « chaleureux partisan du cinéma tant qu'il se limite à être l'image de la nature[26] », et admettant son usage pour la propagande, mais lui refusant tout caractère artistique « parce qu'il est une succession de photographies et que la photographie » n'autorisant aucune forme d'interprétation de la nature, « n'est pas un art » :

> Lorsqu'un artiste trouve une correspondance parfaite entre la nature et son âme, lorsqu'il peut reproduire ensemble ce que la nature a fait et ses sensations personnelles, on peut obtenir une œuvre d'art. Mais, au cinéma, il n'est pas possible de recueillir à la fois et la nature et la pensée[27].

Ainsi que L'Herbier devait le remarquer, ces « cinéphobes » étaient moins des ennemis du cinéma *per se* que des « sceptiques » sur sa capacité à être plus qu'une forme brute d'enregistrement et à devenir un art au sens traditionnel – un Art majuscule[28]. Ils en reconnaissaient par contre l'usage documentaire, non seulement selon des considérations relevant de la morale (argumentaire alors récurrent[29]) mais aussi selon

l'auteur).

23 *Idem*, p. 139-140.

24 Tortajada, Maria, « “Être dans la machine”, une posture moderne », art. cité, p. 27.

25 L'Herbier, Marcel, « Cinéclastes », *Cinéa* n° 73-74, 6 octobre 1922, p. 6-8.

26 Entretien repris dans « Lectures », *Cinéa* n° 55, 26 mai 1922, p. 13. Il s'agissait probablement du compositeur et publiciste Louis Laloy.

27 *Idem*, p. 14.

28 L'Herbier, Marcel, « Cinéclastes », *op. cit.*

29 Gauthier, Christophe, *À l'école de la mémoire. La constitution d'un réseau de cinémathèque en milieu scolaire (1899-1928)*, rapport de thèse pour l'obtention du Diplôme de conservateur

une croyance pour laquelle chaque photogramme ne pouvait être qu'une étape dans le développement d'une pensée conceptuelle avec laquelle l'art n'avait rien à faire.

FILMS SCOLAIRES, ÉDUCATIFS ET DOCUMENTAIRES

Cette conception photographique « cinéphobe » de l'image animée induisait évidemment une attente particulière quant à la fonction que le montage pouvait remplir dans les films documentaires au point de vue pédagogique. Sans doute les auteurs du temps pouvaient-ils établir des différences formelles entre les « films scolaires », conçus spécialement pour un usage en classe au cours de la leçon, les films « éducatifs » prévus pour des séances spéciales, commerciales ou non, et les « documentaires » proprement dit qui appartenaient au cinéma d'exploitation[30]. Ainsi le « directeur du cinéma scolaire toulousain » Dardignac soulignait-il que les films scolaires devaient être soigneusement agencés pour « illustrer et animer [les] leçons » : le « véritable film d'enseignement » devait être « *composé à la fois par un professeur pour la partie pédagogique, et par un metteur en scène pour l'application technique de ce nouveau genre de scénario*[31]. » Le passage de la leçon au cinématographe n'était donc pas une affaire esthétique mais un problème purement technique d'adaptation des images au canevas de la leçon. Ces images pouvaient d'ailleurs être extraites de simples « documentaires » à condition que les films qui en étaient tirés, fussent

> composés de vues placées dans un ordre logique, de titres très courts [...] mett[ant] bien en relief les parties essentielles du sujet et se termin[ant] [...] par une idée succinctement exprimée pouvant servir de résumé[32].

---

de bibliothèque, sous la direction de Pascal Ory, 1998, p. 18 *et seq.*

30 Pour un aperçu de ces problèmes terminologiques, voir Dagneaux, Leslie, *Les techniques Freinet ou le cinéma scolaire autrement : l'émancipation comme maître-mot. Retour sur quarante ans d'expérimentations (1927-1968)*, thèse de doctorat sous la direction de Roxane Hamery, soutenue le 8 décembre 2017, université Rennes 2, p. 37 et *seq.*

31 Dardignac, Fernand cité dans « Des méthodes d'enseignement par le cinéma », *Cinéopse* n° 26, octobre 1921, p. 693 (souligné par l'auteur).

32 Collette, Adrien, « Les films d'enseignement », *Cinéopse*, n° 27, novembre 1921, p. 779.

L'important était finalement que la suite des « vues » (notion pré-institutionnelle s'il en est) opérât par ruptures, par bonds d'une information à une autre et dans la stricte observance du programme scolaire. Comme le soulignait le « directeur des Services de l'enseignement » Gondinet :

> Dès lors, chaque film doit correspondre à une leçon bien déterminée ; grâce à l'arrêt sur image, le Professeur, après un tableau d'ensemble servant d'introduction, est en mesure de comparer chaque vue aux précédentes en dégageant successivement les caractères propres à chacune d'elles, et de terminer par une véritable synthèse du sujet traité[33].

C'est « vue » à « vue » que la comparaison devait se faire, selon une perspective déjà présente dans l'usage de la lanterne magique pour l'enseignement[34] mais avec cette différence que, au contraire des vues fixes dont l'ordre de passage était décidé par le maître d'école ou le conférencier, le film devait d'emblée organiser une progression par succession adéquate au mouvement supposé discontinu de l'intelligence conceptuelle, et à la synthèse finale qu'elle permet : « Puisque le film est l'illustration vivante de la pensée, il faut qu'il se meuve avec elle et dans le même rythme[35] », un rythme qui n'était pas déterminé esthétiquement et par la sensibilité, mais par l'abstraction de la logique. Et ce qui était une exigence éminente du film « scolaire », était aussi une nécessité du « film éducatif » qui devait « être minutieux et logiquement ordonné » et « conduire méthodiquement du simple au composé en n'omettant aucune phase de la démonstration[36]. » Ce qui était alors monté, ce n'était pas tant les images – à propos desquelles il serait peut-être pertinent d'utiliser le terme d'« aboutage » en référence à la période pré-institutionnelle[37] – que les informations et les enseignements dont elles étaient porteuses.

Enfin, concernant le film « documentaire » proprement dit, qui était lui aussi « par excellence un film éducateur », la question devait être un

33 Gondinet, P. cité in Coissac, G.-Michel, « Une présentation de films d'enseignement », *Cinéopse*, n° 44, avril 1923, p. 327.
34 Merci à Robin Cauche de m'avoir suggéré cette précision.
35 Gondinet, P., *op. cit.*
36 Vuillermoz, Émile, « Devant l'écran. Le film d'enseignement », *Le Temps*, 11 avril 1923, p. 3.
37 Gaudreault, André, « Fragmentation and assemblage in the Lumière animated pictures », *Film History*, vol. 13, n° 1, *Nordic cinema*, 2001, p. 83.

peu différente car son « but » était « d'instruire le grand public, et de l'instruire en le captivant[38]. » Ainsi, en plus de « la manière de prendre et d'ordonner[39] » de tels films pour en assurer la correction scientifique, il fallait également réussir à intéresser le public, ce qui donnait lieu à deux types de préconisations. Il fallait tout d'abord ne pas négliger « la part [...] des photographies rendant le sujet et lui laissant tout son intérêt[40]. » Le « rôle essentiel », en effet, était celui du « photographe » :

> D'autres l'ont dit ici à maintes reprises, l'opérateur de prises de vues doit être un artiste capable de composer ses tableaux et, par eux, de dégager les caractères du sujet. D'irréprochables photographies très nettes, avec des oppositions, du relief, une harmonie de lignes et de plans, enthousiasment et captivent[41].

Ce n'était donc pas par la mise en relation des images que la captation du public devait se réaliser, mais, pour une part, à l'intérieur de chaque image et par la photographie. Mais ceci n'était pas suffisant pour autant pour esthétiser l'abstraction rythmique de la présentation et la « monotonie » qui découlait de ces films où l'on « se contente de faire défiler, comme une série de cartes postales, les plus beaux sites ou les plus beaux monuments de l'endroit que l'on a entrepris de montrer, et c'est tout[42]. » Pour remédier à cette sensation régulièrement signalée, il était proposé de « compos[er] une petite intrigue reliant tous ces magnifiques plein air[43] », d'y « introduire du comique ou du sentiment[44] ». La Natura-Film passait d'ailleurs à l'acte avec *La journée du rôdeur des quais*, mis en scène par Maurice Chaillot et dans lequel Lucien Boisyvon incarnait un clochard au gré des évolutions duquel les spectateurs étaient promenés à travers Paris[45]. Là encore, le montage était étranger aux images documentaires en tant qu'elles étaient documentaires puisque c'était par

---

38 Roux-Parassac, Émile, « Pour le cinéma éducateur. Les documentaires », *Cinéopse*, n° 41, janvier, 1923, p. 57.

39 *Idem*, p. 60.

40 *Ibid.*

41 Souillac, Paul, « Les films documentaires », *Cinéopse*, n° 56, avril 1924, p. 311.

42 « Nos échos. L'art de présenter les documentaires », *Mon ciné*, n° 88, 25 octobre 1923, p. 20.

43 Floury, Edmond, « Production hebdomadaire », *La cinématographie française*, n° 160, 26 novembre 1921, p. 65.

44 Lénier, Roger, « Le film documentaire. Ce qu'il devrait être », *La cinématographie française*, n° 266, 8 décembre 1923, p. 25.

45 Patati et Patata, « Propos cinématographiques », *La cinématographie française*, n° 160, 26 novembre 1921, p. 79.

l'intrigue qu'était obtenu le rythme captivant, le rythme sensible non mesurable opposé à l'abstraction rythmique de la logique. Et il n'est pas inutile de préciser que ce film fut édité un an avant la sortie française de *Nanouk l'Esquimau* en 1922 : la « formule » miraculeuse soutenant l'intérêt des « documentaires » par des éléments de fiction n'était donc pas découverte avec le film de Robert Flaherty, même si, comme on va le voir, ce film nourrit grandement les discussions sur ce sujet.

DOCUMENTAIRE ET PHOTOGÉNIE

Ainsi, les cinéphiles étaient eux-mêmes fort imprégnés de bergsonisme et, en conséquence, ne pouvaient pas balayer univoquement les conceptions « cinéphobes » de l'image cinématographique tant qu'elles s'appuyaient sur la lettre de Bergson. On peut considérer comme un symptôme des difficultés d'un Delluc à contrer les arguments de Souday le fait qu'il en fasse reproduire l'article dans *le Film*, précédé d'une introduction où il se cantonnait à une critique moqueuse du personnage mondain de Souday et s'abstenait de toute réflexion sur le fond[46]. Dans le même ordre d'idées, Marcel L'Herbier, dans la réponse qu'il donnait à ce texte quelques mois plus tard, s'en sortait en affirmant que, si le cinéma était bien un « art », c'était dans le sens d'une « ingéniosité personnelle ou professionnelle qu'on nomme l'art », un art minuscule en somme, qui n'appartenait pas aux « grands Arts », les « Arts » majuscules seuls visés par les considérations de Bergson[47]. La critique « cinéphobe » ne pouvait donc être contrée qu'en en prenant les attendus pour présupposés, c'est-à-dire en articulant le caractère *a priori* non-artistique des images cinématographiques en tant qu'enregistrements documentaires et leur pressentiment d'une artisticité du cinéma.

Laura Vichi a bien montré que, pour les membres de ce qu'on a coutume d'appeler « l'avant-garde » cinématographique, le documentaire avait une grande importance comme « source de photogénie », et

46 L. D., « Les derniers prophètes. Bergsonisme et cinéma », *Le film*, n° 83, 15 octobre 1917, p. 9.

47 L'Herbier, Marcel, « Hermès et le silence », *Le film*, n° 110-111, 29 avril 1918, p. 9.

que « dans la non-fiction on retrouv[ait] des qualités que le cinéma de l'époque sembl[ait] avoir perdues ou ne jamais avoir eues[48]. » Delluc en donnait un bon exemple, qui vantait la beauté du détail vrai, de l'accessoire juste, fût-il aussi banal que « le seau où boit Rio Jim, les dés qu'il jette sur le comptoir, les cartes significatives des buveurs », ou encore des décors naturel ; mais le statut de ces qualités au regard de l'art était loin d'être assuré : certes, ces visions documentaires donnaient aux opérateurs, qui en étaient responsables, l'occasion d'apprendre aux « artistes du cinéma » à être « peintres », et Delluc déclarait en conséquence que « si tout ce labeur documentaire n'avait pas été fait, le film dramatique ou psychologique serait encore bien loin de réaliser ses destinées[49]. » Le « documentaire » pouvait ainsi donner un « plaisir d'art », mais il n'en était pourtant que l'enfance, « ouvr[ant] le chemin de l'art » historiquement comme le firent les « sculpteurs anonymes » des temps anciens[50], mais aussi comme propédeutique, façon pour « l'apprenti metteur en scène [d'] apprendre à voir[51] ». L'art véritable du cinéma, à quoi le « labeur documentaire » devait servir, trouvait bien son aboutissement et sa pleine mesure dans le « film dramatique et psychologique ».

De la même façon, pour Lionel Landry, c'était en dehors du film documentaire proprement dit, et par son entrée dans le drame, que la qualité documentaire acquérait sa force artistique, et cette entrée se réalisait justement par le montage. Si telle bande de la *Pathé-Revue* présentant « une machine à fabriquer des boîtes en carton dont les mouvements sont analysés au ralenti » lui semblait coller au plus près à la définition académique du mot « documentaire » dérivée de « *docere*, instruire », sa réflexion portait sur des films plus composés, dans lesquels l'« histoire est présentée dans son ordre logique et dramatique, exposition, péripéties, dénouement, tout comme une tragédie classique[52] ». Et il en prenait *Nanouk l'Esquimau* pour parangon : « Oui, il y a dans *Nanouk* un cadre

48 Vichi, Laura, « Le documentaire, libérateur du cinéma et source de photogénie », *Studies in French Cinema*, 2014, *passim*, p. 3. URL : http://dx.doi.org/10.1080/14715880.2014.949458 (dernière consultation le 14 juillet 2022).

49 Delluc, Louis, « Le cinéma, art populaire » in *Écrits cinématographiques II/2. Le cinéma au quotidien*, éd. P. Lherminier, Paris, Cinémathèque Française et Éditions de l'Étoile/Cahiers du Cinéma, 1990, p. 284-285.

50 *Idem*, p. 281-282.

51 *Ibid.*, p. 284.

52 Landry, Lionel, « Documentaires », *Cinémagazine*, n° 4, 3e année, 26 janvier 1923, p. 154.

documentaire de premier ordre ; mais le film est surtout beau comme un drame très simple et très net », même s'il s'agissait d'« un drame réalisable presque tout entier, avec des scènes de la vie réelle, prises sur le vif[53] ». Du point de vue de l'art, il n'y avait donc pas de différence à faire entre ce film de Flaherty et un film de D. W. Griffith :

> On prend un *miroir*, dans *Nanouk* quand on demande aux Esquimaux de reproduire, devant une paroi de neige éclairée par le soleil, les mouvements qu'ils font pour se coucher dans l'iglou obscur ; on prend un miroir quand, au lieu d'aller photographier sur le vif une femme qui aime ou qui pleure, on demande à Lilian Gish de faire passer sur son visage les expressions de la joie, de la timidité, de la terreur, du désespoir. Dans l'un et l'autre cas, il y a mensonge, c'est-à-dire œuvre d'art[54].

Ce n'était bien sûr pas un hasard si Landry basait son introduction du documentaire dans la fiction sur ce film qui passait pour « le modèle du bon film » : « *Nanouk l'esquimau* qui, documentaire au premier chef, atteint à la forte intensité dramatique[55] », comme l'écrivait Jules-Louis Breton tandis que, pour Ricciotto Canudo, « le "reportage" et le "documentaire" » se dépassaient eux-même dans « une véritable tragédie » et un « drame[56] ». Or, très tôt ce passage du documentaire au drame a été envisagé comme un effet de montage, notamment par Delluc : « L'intérêt de *Nanouk* n'était pas seulement dans le photographié, le paysage, les individus et les bêtes rares, mais dans l'ordonnance de tout cela. Celui qui a "monté" *Nanouk* en a fait une "œuvre[57]". » Et j'ai montré ailleurs comment l'intensification affective du film était liée à la place de plus en plus grande qui y était ménagée aux figures de montage institutionnelles habituellement réservées aux drames[58]. Aussi du point de vue de leur esthétique, ce n'est pas en opposition avec la fiction que les images documentaires ont été reconnues, mais par co-dépendance. Même pour

53 *Idem.*

54 *Ibid.* (souligné par l'auteur).

55 Breton, J. L., « Préface » in Coissac, Georges-Michel, *Histoire du cinématographe des origines à nos jours*, Paris, éditions Cinéopse et Gauthier-Villars & C°, 1925, p. X.

56 Canudo, Ricciotto, « Le tragique quotidien et le cinéma. *Nanouk, l'homme des temps primitifs* », in *L'usine aux images*, éd. J.-P. Morel, Paris, Nouvelles Éditions Séguier et Arte Éditions, 1995 [4 novembre 1922], p. 152-153.

57 Delluc, Louis, *Écrits cinématographiques II. Cinéma et C°*, éd. P. Lherminier, Paris, Cinémathèque Française et Éditions de l'Étoile / Cahiers du Cinéma, 1986 [29 mai 1923], p. 371.

58 Pichelin, Stéphane, *Robert Flaherty, une mythologie documentaire. Cinéma et anthropologie*, *op. cit.*, p. 46-56.

un défenseur acharné de l'importance de la photogénie comme Jean Epstein, « l'argument » restait, « même dans le film idéal, nécessaire pour enduire l'image de sentiment » ; or :

> Le sentiment ne peut jaillir, vulgairement, que d'une situation, donc d'une anecdote [...] ; mais, comme l'objectif bégaye dès qu'il y touche, elle doit être invisible, sous-entendue, exprimée ni par un texte, ni par une image : *entre*. De fait, qu'on passe de l'œil d'un homme à la ceinture d'une femme, cela dit, mais à l'endroit seul de la jonction, carrément un désir[59].

« Documentaires » (encore que le mot ne fasse pas partie du vocabulaire epsteinien), les images du réel qui font la matière du cinéma ; mais ce qui permettait leur montage, relevait de l'anecdote, du drame, de l'intrigue – non du documentaire. Encore à la fin des années 1920, Léon Moussinac reprochait à Vertov de n'utiliser que des prises sur le vif affirmant que, de cette manière, il « substitue la réalité même au sentiment de réalité, indispensable à l'émotion en cinématographie[60] », tout ouvrage sur ces éléments enregistrés sans art ne pouvant aboutir, pour lui, qu'à des productions elles-mêmes non-artistiques :

> Comment conçoit-on qu'on puisse appliquer un procédé « artistique » de construction à un film dont les éléments retenus ne sont pas eux-mêmes « artistique » ? Le système de montage de Vertoff [sic] est, en effet, caractéristique : il n'use d'aucune appréciation hasardeuse, d'aucune mesure sentimentale, il recourt à des moyens scientifiques, exclusivement. Le métrage de chaque suite d'images est fixé de façon absolue dans son rapport avec le métrage de l'ensemble du film[61].

Pas plus qu'on ne pouvait, chez Bergson, créer le mouvement, dépendance de la « durée » non mesurable de l'art, par la juxtaposition d'immobilités photographiques, Vertov ne pouvait, selon Moussinac, éviter de traiter par la mesure métrique et scientifique les éléments non artistiques qui lui servaient de matériau. Ce à quoi Moussinac pouvait opposer l'« impression de "documentaire" » procurée par les compositions dramatiques d'Eisenstein elles-mêmes inspirées de la méthode vertovienne[62].

---

59 Epstein, Jean, « Réalisation de détails », *Cinéa*, n° 45, 17 mars 1922, p. 12 (souligné par l'auteur).

60 Moussinac, Léon, *Le cinéma soviétique*, Paris, Gallimard, 1928, p. 176.

61 *Idem*, p. 178-179.

62 *Ibid.*, p. 173-174.

CANONS ET MICROBES : DU FILM AU THÉÂTRE

Ces deux discours se croisaient rarement et ne s'articulaient jamais l'un à l'autre : chacun d'eux avait ses revues de prédilection et ils recrutaient leurs partisans dans des groupes sociaux différents, plutôt traditionalistes pour les défenseurs d'un montage des idées et non plus des images, plutôt modernisateurs du côté des cinéphiles. Ces deux groupes n'étaient pourtant pas étanches et les deux discours pouvaient se retrouver sous la plume d'un seul auteur. C'était justement le cas de Vuillermoz dont on a évoqué le rôle dans les discussions sur les rapports du bergsonisme et du cinéma. Or, avant même son texte d'octobre 1917, Vuillermoz publiait dans *le Temps* un article où il se montrait attentif aux formes d'organisation des films documentaires, notamment en ce qui concernait les films de guerre. En avril, soulignant l'« ubiquité » et la « rétine grossissante » qui faisait du cinématographe « un incomparable observateur », il regrettait que le « film "documentaire" » fût relégué à la place de lever de rideau « bon, tout au plus, à "essuyer l'écran" » et il en demandait, pour une meilleure « présentation », qu'on ne se contentât pas de « jeter pêle-mêle sur l'écran, comme on le fait dédaigneusement aujourd'hui, quelques photos caractéristiques, sans lien logique et sans coordination préétablie[63]. » En particulier à propos des films de guerre, arguant des risques pris par les opérateurs du Service cinématographique de l'armée (SCA), il flétrissait le peu de soin mis à l'agencement de ces images acquises au prix du danger mais qui, écrivait-il, n'« apportent pas toujours l'émotion attendue » :

> Juxtaposées sans adresse, les visions fragmentaires des routes, des convois, des cantonnements et des tranchées se succèdent au hasard et dispersent l'attention au lieu de la retenir. Des scènes absolument dépourvues d'intérêt, des images d'une banalité décourageante viennent s'insérer entre deux tableaux qui imposent le respect et l'émotion[64].

Vuillermoz stigmatisait ainsi le manque d'organisation des bandes ramenées du front et l'inconsistance de leur mise en film qui empêchait,

63 Vuillermoz, Émile, « Devant l'écran », *Le Temps*, 25 avril 1917, p. 3.
64 *Idem.*

d'après lui, le développement de l'émotion chez le spectateur. Et c'est cette force émotionnelle qu'il disait trouver quelques mois plus tard, en septembre 1917, dans *la Puissance militaire de la France*, film montrant une rencontre entre les généraux alliés Joffre et Pershing entrecoupée de visions d'artilleries prises par le SCA et démontrant l'implication de l'industrie française dans la guerre. Vuillermoz exprimait un grand enthousiasme pour la façon dont l'enchaînement de ces visions provoquait un effet sensible maximal et il célébrait dans la suite des plans faisant voler les spectateurs « d'une batterie à l'autre [...] le torrent des images qui, par association de sensations, font vibrer tous nos nerfs comme si nous étions témoins du cataclysme[65]. » La perception d'une magie du cinéma déplaçant son spectateur sur les lieux filmés sans qu'il ait à quitter sa place, était un lieu commun, déjà présent chez Jules Claretie en 1908[66] et qui se retrouvait encore fréquemment au début des années 1920[67]. Mais, dans un élan de lyrisme patriotique et guerrier, Vuillermoz poussait cette perception jusqu'à une exaltation belliciste qui n'était pas sans rappeler la ferveur d'un Marinetti rendant compte quelques années plus tôt de son expérience directe de la guerre en Libye : « Images fougueuses, impressions par centaines, le tout en trois secondes [...]. Que c'est beau[68] ! ». Mais le critique Vuillermoz, confronté au réel plutôt qu'à sa représentation, ne se contentait pas de s'exalter et il ne manquait pas de tirer du film quelques conclusions théoriques sur la capacité du cinéma à rapprocher les lointains :

> Ici, la technique du cinéma triomphe. Grâce à son pouvoir d'ubiquité obtenu par la juxtaposition d'images lointaines et le rapprochement d'horizons éloignés, grâce à ce don merveilleux qui lui permet de s'affranchir des servitudes du temps et de l'espace, l'objectif cinématographique peut seul donner une impression exacte des phénomènes volcaniques terrifiants qui prennent le nom de tirs de destruction ou de barrage. Son œil est partout à la fois[69].

65 Vuillermoz, Émile, « Devant l'écran », *Le Temps*, 26 septembre 1917, p. 3.

66 Claretie, Jules, « M. Claretie et la cinématographie », *Ciné-Journal*, nº 15, 26 novembre 1908, p. 6.

67 Par exemple dans Durand, Yves, « Films documentaires. Dans nos Alpes », *Cinéopse*, nº 30, février 1922, p. 155 ; ou Vuillermoz lui-même dans « Devant l'écran. Quelques films », *Le Temps*, 22 novembre 1922, p. 3.

68 Marinetti, F. T., *La Bataille de Tripoli (26 octobre 1911)*, Milan, Edizioni futuriste de « Poesia », 1912, p. 18 ; voir aussi les pages 35-39. Ce texte avait connu une première parution dans les éditions de *L'Intransigeant* du 25 au 31 décembre 1911.

69 Vuillermoz, Émile, « Devant l'écran », *Le Temps*, 26 septembre 1917, art. cité.

Il est très tentant de prendre ce texte pour les premières lignes d'une esthétique du montage documentaire déduite de la rencontre d'une conception déjà établie du cinéma comme voyage dans un fauteuil, de la fascination futuriste pour le mouvement, et d'un film associant une multitude de bandes prises indépendamment les unes des autres. Sans doute, ces bandes du SCA à partir desquelles le film était composé, avaient-elles été pensées avec les « documentaires » dans l'article du mois d'avril, mais le problème de Vuillermoz était cette fois très différent. *La Puissance militaire de la France* n'était pas envisagée comme « documentaire » – le terme n'apparaissait pas – mais comme « une épopée sublime, un poème prodigieux [...], une histoire des temps à venir[70] ». Et la pratique du montage à partir de la « riche collection de visions de guerre réunie par le Service cinématographique de l'armée » n'était pas réfléchie comme une propriété du cinéma documentaire mais « d'après une tradition chère à un grand metteur en scène américain qui ne soumet pas sa prise de vues à un scénario préétabli [...] mais [...] fait une ample moisson d'images, et, des plus belles, tire un drame inattendu[71]. » La perspective envisagée n'était donc pas celle du documentaire, c'était celle du « drame », fondement d'un cinéma potentiellement artistique – Vuillermoz faisait partie des annonciateurs d'un cinéma qui serait pleinement un art mais qu'il ne voyait pas encore advenu – dont la matière première serait, au moins potentiellement et partiellement, documentaire.

Aussi concentrait-il ses réflexions des années suivantes moins sur l'esthétique du documentaire que sur son caractère d'utilité. Et, dans les rares occasions où il en cherchait la beauté, il ne la trouvait pas dans l'agencement des plans les uns avec les autres mais à l'intérieur même des plans, ceux-ci restant clos à l'instar des Vues des premiers temps. Ainsi ne pouvait-il exprimer l'intérêt esthétique des films de Jean Comandon sur les « infiniment petits » que par référence à des formes cinématographiques pré-insitutionnelles : « qualité théâtrale », « féerie », « danse » ; et il décrivait le microscope de l'ultra-cinéma sous la figure d'une « lorgnette miraculeuse » grâce à laquelle il devenait possible de « suivre commodément le merveilleux spectacle que nous offre le théâtre de la nature » et de voir des leucocytes « accourir des quatre

70 *Idem.*
71 *Ibid.*

coins de l'image[72] » comme des acteurs ou des danseurs évoluant dans les limites de la cage d'un théâtre. Tout se passait donc à l'intérieur de l'image qui restait toujours prise dans sa clôture. Dans cette perspective, nulle hypothèse sur le montage n'avait lieu d'être du point de vue de l'esthétique : fermées sur elles-mêmes, les images documentaires envisagées en tant que telles ne communiquaient pas à un niveau sensible et n'étaient pas montables.

En définitive, le concept de montage des images documentaires émergeait sous deux formes différentes selon l'usage du cinéma envisagé, mais l'une et l'autre faisaient fond sur la même acception de la caméra comme appareil d'enregistrement, c'est-à-dire sur une notion pré-institutionnelle. Pour ce qui était des partisans de l'usage didactique du cinéma, ils naturalisaient l'agencement du film comme équivalent du mouvement naturel de la pensée qui, selon l'inspiration bergsonienne, était tout entier fait de ruptures et d'éléments ne raccordant pas les uns aux autres. Mais cette naturalisation ne trouvait évidemment pas sa seule source dans l'œuvre de Bergson qui rendait elle-même compte de l'importance prise par l'analyse et la mesure dans les sciences tout au long du XIXe siècle[73]. Le principe d'aboutage, plutôt que de montage proprement dit, des images documentaires était d'autant plus naturalisable qu'il apparaissait déjà comme la forme naturelle des discours de savoir sur le réel. Quant aux cinéphiles, leur volonté réformatrice ne les empêchait pas de reprendre une conception de la prise de vue comme technique supérieure et comme propédeutique en tous points compatible avec l'affirmation de Méliès selon laquelle les « vues de plein air » et les « vues scientifiques » ne représentaient que « l'enfance de l'art » cinématographique, pour laquelle il suffisait d'« avoir un bon instrument », d'« être un bon opérateur photographe » et de « savoir choisir ses points de vue[74] ». Pour les uns comme pour les autres, en tant que les images étaient documentaires, leur montage était interdit – ce qui pouvait se monter devant relever du drame ou de l'idée dont les images étaient les

72 Vuillermoz, Émile, « Devant l'écran. La cinématographie des microbes », *Le Temps*, 9 novembre 1922, p. 3.

73 Voir Pestre, Dominique, Raj, Kapil et Sibum, H. Otto (dir.), *Histoire des sciences et des savoirs, 2. Modernité et globalisation*, Paris, Seuil, 2015, p. 33-53 et 115-141.

74 Méliès, Georges, « Les Vues cinématographiques (1907) » in Gaudreault, André, *Cinématographie et attraction. Pour une nouvelle histoire du cinématographe*, p. 199-201.

supports[75]. Il va de soi qu'une pareille interdiction frappant la pensée du documentaire ne concernait pas nécessairement sa pratique. Bien au contraire, les formes de montage pouvaient être très réfléchies chez certains documentaristes dès les années 1920 : Vertov et Flaherty, comme on l'a dit, mais aussi Esther Choub, Jean Vigo, Jean Painlevé, Walter Ruttman ou Joris Ivens. Mais le concept d'une caméra enregistreuse, commun à ces différentes pratiques, devait être enfoui en même temps que la période du cinéma à laquelle il appartenait.

Stéphane PICHELIN
Université Rennes 2

75 C'est notamment contre cette obligation que les cinéastes expérimentaux développèrent ce qu'Éric Thouvenel propose d'appeler un « montage intensif » (voir dans ce volume Thouvenel, Éric, « Composer, compresser. Formes intensives du montage dans le cinéma d'avant-garde et expérimental »).

EXTENSION DU DOMAINE DU MONTAGE

L'étude de la forme problématique des films

INTRODUCTION : LA NÉCESSITÉ DE LA DOUBLE ÉMERGENCE DU MONTAGE

Un essai paru en Italie il y a quelques années propose un panorama du montage au cinéma[1] : en passant en revue la littérature existante, il souligne combien le montage a été traité en grande partie dans des manuels techniques et seulement de manière très occasionnelle au sein de quelques études :

> Ce n'est pas un hasard si les histoires du montage dignes de ce nom se comptent sur les doigts d'une main : nous pouvons retenir celle de Vincent Pinel, *Le montage. L'espace et le temps du film* (2001) [...] et celle de Don Fairservice, *Film Editing. History, Theory and Practice* (2001). Toutes les deux biaisées, si ce n'est par une bibliographie exiguë, par un penchant fort typique envers la première moitié du XXe siècle. Comme la plupart des histoires du montage qui les ont précédées, les histoires de Pinel et de Fairservice aussi se bornent à tracer un parcours téléologique qui, de la naissance du cinéma, aboutit directement à l'écriture hollywoodienne (classique) et à sa grammaire standardisée[2].

Tout se passe comme si nous manquions d'études sur le montage comme sujet qui a traversé l'histoire du cinéma tout entière, de manière à la fois fondamentale et multiple, insistante et disséminée.

Par ailleurs, comme le rappelle aussi le même livre, « des métiers du cinéma, celui de monteur est certainement parmi les plus anonymes, obscurs et négligés même par la presse spécialisée. Sans doute le plus

1 Vitella, Federico, *Il montaggio nella storia del cinema. Tecniche, forme, funzioni*, Venise, Marsilio, 2009.

2 *Ibid.*, p. 13 (je traduis).

négligé[3] ». On retient beaucoup plus le nom des chef-opérateurs, des scénaristes, des producteurs que celui des monteurs. L'histoire du cinéma est emplie de noms célèbres, mais peu de noms sont associés au montage ; cette histoire ne s'intéresse au montage qu'en deux ou trois périodes, surtout celle du cinéma soviétique après la Révolution et du cinéma né avec les *Cahiers du cinéma*. Pour le reste, le montage semble se disperser tout naturellement à travers les films au point de ne plus sembler une question-clé. Il a beau être une phase essentielle, ultime de la réalisation de tout film, il apparaît comme un phénomène à la fois trop diffus et anonyme, trop évident et souterrain[4].

Qu'une poignée de textes académiques aient étudié très sérieusement le montage, cela ne devrait pas nous empêcher de nous étonner de combien leur nombre est incomparablement plus petit que celui des études de pratiquement n'importe quel autre sujet. Voici donc la question qui nous occupera : comment étendre la place du montage ? Quand bien même *a priori* personne ne nierait son importance capitale, ne constons-nous pas que *dans les faits* il occupe une place terriblement réduite ? C'est pourquoi nous avancerons une tactique qui consiste en une double extension du domaine du montage. D'une part, elle affirme explicitement que le montage n'est pas l'affaire isolée de quelques moments spectaculaires de l'histoire esthétique du cinéma, là où il a été nommé et célébré : il est l'affaire de tout film, même ceux qui semblent ne pas s'en soucier ; il est bien là aussi où l'on préconise son rejet au nom d'une conception autre du film. Tout film se résout à un certain montage, des plus triviaux aux plus novateurs, des plus sobres aux plus spectaculaires. C'est dire, d'autre part, que le montage doit être posé en amont comme une question déterminante pour la forme du film. Aussi ne sera-t-il jamais conçu isolément, mais associé, de manière variable selon les films, avec un ensemble d'autres dimensions, notamment le cadrage. En somme, nous devons opérer une extension du domaine du montage – une extension en étendue, en amont : au sein de la problématique de la forme du film ;

3 *Ibid.*, p. 9 (je traduis). *Cf.* aussi *Ibid.*, p. 89.

4 Un tel paradoxe apparaît encore davantage dans autre dimension cruciale du film : l'acteur. Sans doute est-ce son évidence, ou peut-être la banalité des discours tenus sur le sujet, et aussi – à l'inverse de ce qui se passe dans le montage – un excès de personnalisation, qui ont empêché jusqu'à une période très récente de poser l'acteur comme *une question systématique de la forme du film*. Voir Nacache, Jacqueline, *L'acteur de cinéma*, Paris, Nathan, 2003.

une extension en intensité, en aval : dans la multiplicité des manières dont les films traitent cette dimension de leur forme[5].

L'ÉMERGENCE PREMIÈRE DU MONTAGE COMME UNE QUESTION POUR LA FORME DU FILM

Quand bien même le terme montage évoquerait les plus grandes inventions de quelques films remarquables, il n'est jamais à l'abri d'un réductionnisme fatal : être le nom de *l'opération technique de coller un plan au suivant.* C'est pourquoi nous devons souligner que le montage est, avant tout, une dimension de *la problématique de la forme du film* – de tout film. C'est la dimension du rapport des parties au tout : les modes d'un tel rapport formel ainsi que le sens des parties et de la totalité qu'elles forment. Or, toute l'histoire des arts, de la musique comme de l'architecture, de la peinture comme de la littérature, est traversée par *la question de savoir comment donner forme* à une œuvre : comment rassembler des éléments divers, comment inventer, composer, réaliser. Sans doute, pour donner la plus grande place au montage, faut-il concevoir de manière explicite le film aussi – tout film – dans ces termes, qu'il importe de préciser.

LE MONTAGE DANS LE PROJET D'UNE HISTOIRE DES FORMES

Nous esquisserons d'abord la problématique de la forme du film pour ensuite nous attacher à la place du montage. Dans l'histoire du cinéma, lorsqu'on ne s'intéresse pas aux pays et aux époques des différents films,

5 Nous verrons aussi combien le rejet proclamé du montage doit être considéré aussi comme un passage essentiel de son émergence conceptuelle. C'est ce que Foucault nous a appris avec la sexualité : aussi en la bannissant ou l'endiguant sans cesse, on lui a permis d'émerger lui donnant une certaine forme. Ainsi, d'une part, Foucault assume que la sexualité est *une dimension incontournable de la problématique de la forme de l'existence* ; d'autre part, toute existence et tout discours sur l'existence ne pourront alors qu'articuler cet aspect : Foucault, Michel, *Histoire de la sexualité I. La volonté de savoir*, Paris, Gallimard, 1976. De même, nous assumerons que le montage est une dimension incontournable de la problématique de la forme du film, et que tout film et tout discours sur le film ne pourront qu'y contribuer, y compris par le rejet.

aux économies et aux politiques cinématographiques, aux discours et aux vicissitudes qui accompagnent les films, on s'attache de préférence aux questions stylistiques et poétiques, « créatives », lorsqu'elles ont été thématisées par les acteurs historiques eux-mêmes. C'est parce que les Soviétiques ont poussé plus loin que personne auparavant la spéculation et la pratique de montage, en forgeant de nouvelles appellations, dont celle qui passera aussi en anglais sous le nom de *montage*, que ce dernier y est reconnu[6] ; c'est parce que les critiques et réalisateurs du *Cahiers* ont parlé, les premiers, de « plans-séquences » ou de « montage interdit » et qu'ils ont fait du montage leur « beau souci » et ont institué la pratique provocante du *jump-cut* que le montage y est reconnu comme aussi important. En revanche, il ne semble y avoir rien à relever sur la manière dont on montait les films en d'autres périodes ou dans d'autres pays, comme si la question du montage ne s'y posait guère. Mais si l'on suppose qu'elle articule une dimension déterminante de la forme du film, une telle question doit bien toujours se poser. Elle sera tantôt plus discrète, voire muette, tantôt tranchée et bavarde ; tantôt elle se résoudra de manière routinière, tantôt fort singulière ; tantôt elle sera claire, tantôt ambiguë, voire trompeuse… Dans tous les cas, chaque film, chaque moment de l'histoire du cinéma doit être conçu comme une relance d'une telle question. Nous devons concevoir l'histoire du cinéma et des films comme *une histoire de reprises et répliques, de positions et solutions concernant la forme du film.*

S'il faut admettre qu'une telle histoire est loin d'avoir été écrite pour le cinéma (nous y reviendrons), elle est à la base même de l'étude de l'art. L'histoire des arts plastiques est volontiers conceptuelle et formaliste depuis son essor à la seconde moitié du XIXe siècle, avec Fiedler ou Wölfflin, en passant ensuite par Warburg et Focillon, et arrivant jusqu'à Baxandall ou à Damisch. Consistant notamment en une histoire « sans noms », elle vise à une explication concernant les problèmes transversaux des formes, une étude articulée en *paradigmes* et *cas*, en *problèmes* et familles de *solutions*. C'est le projet d'une généalogie et cartographie des formes : un « atlas » de la « survivance des motifs » selon les mots de Warburg, une étude qu'Henri Focillon, véritable jalon de l'histoire de l'art en

6 Pour la consécration du *montage*, terme français conceptualisé dans le cinéma soviétique, voir Château, Dominique, *Contribution à l'histoire du concept de montage. Kouléchov, Poudovkine, Vertov et Eisenstein*, Paris, L'Harmattan, 2019, p. 29 *sq.*

France, appellera « la vie des formes[7] ». Dans les études filmiques, ce n'est pas un hasard si les historiens les plus proches d'une telle sensibilité sont ceux qui se sont penchés sur le cinéma pré-institutionnel, puisque c'est que là que la forme du film semble être un problème total, et son explication la tâche incontournable de toute recherche[8]. Ainsi, l'une des études les plus éclairantes à cet égard, y compris pour le montage, est *La lucarne de l'infini* de Burch[9]. Et il est peu étonnant d'observer combien cette étude est proche du livre épistémologique de Baxandall, dont le titre parfaitement programmatique est *Formes de l'intention – Sur l'explication historique des tableaux*. Mais comme Baxandall applique son approche pour toute l'histoire des arts, c'est toute l'histoire du cinéma qui devrait être développée dans une approche comme celle de Burch[10].

7 Deux introductions possibles parmi d'autres : Mazzocut-Mis, Maddalena (éd.), *I percorsi delle forme. I testi e le teorie*, Milan, B. Mondadori, 1997 et Pinotti, Andrea & Somaini, Antonio, *Cultura visuale. Immagini sguardi media dispositivi*, Turin, Einaudi, 2016, chap. « Genealogie ». Un choix d'ouvrages : Wölfflin, Heinrich, *Principes fondamentaux de l'histoire de l'art*, Marseille, Parenthèses, 2017 (éd. orig. 1915) ; Focillon, Henri, *La vie des formes*, Paris, PUF, 1934 ; Baxandall, Michael, *Formes de l'intention. Sur l'explication historique des tableaux*, Nîmes, J. Chambon, 1991 (éd. orig. 1985) ; Damisch, Hubert, *L'origine de la perspective*, Paris, Flammarion, 1993 (1987).

8 La leçon de Warburg a inspiré aussi les analyses filmiques de Vancheri, Luc, mais guère dans le sens discuté dans cet article : *Psycho. La leçon d'iconologie d'Alfred Hitchcock*, Paris, Vrin, 2013 et *La Grande Illusion. Le musée imaginaire de Jean Renoir*, Lille, Presses Universitaires du Septentrion, 2015.

9 Burch, Noël, *La lucarne de l'infini. Naissance du langage cinématographique*, Paris, Nathan, 1991. Pour les projets morphologiques issus de chercheurs en histoire du cinéma du début du XXe siècle, voir Gaudreault, André, *Cinéma et attraction. Pour une nouvelle histoire du cinématographe*, Paris, CNRS, 2008 ou Quaresima, Leonardo, « Pour une histoire du cinéma sans noms », *1895*, 2016, n° 80, p. 8-31. Ce dernier texte, vibrante défense de l'actualité de l'approche structurale délaissée aujourd'hui, se termine par ces mots : « Oui, ne fût-ce qu'une théorie (et une histoire) des "formes" cinématographiques nous manque… ».

10 Burch avait, en effet, ouvert cette voie totale dans *Praxis du cinéma*, Paris, Gallimard, 1969. On pourrait lui rapprocher des études plus esthétiques mais moins systématiques, telles celle de Aumont, Jacques, *L'œil interminable*, Paris, La Différence, 2007 (1989) ou de Amiel, Vincent & Moure, José, *Histoire vagabonde du cinéma*, Paris, Vendémiaire, 2020. Il est toutefois utile, en études cinématographiques, de rappeler l'ambition d'un Arasse, Daniel, *Le détail. Pour une histoire rapprochée de la peinture*, Paris, Flammarion, 1992 : à partir d'un travail conceptuel sur la forme du détail, toute l'histoire de la peinture est réécrite. Il est aussi utile de rappeler, avec Quaresima (« Pour une histoire… », *op. cit.*), combien les études stylistiques font florès dans les autres arts et que c'est de là que des cartographies des formes deviennent possibles. Pour le cinéma, on peut citer, d'une part, la prolongation de la théorie de l'art de Vancheri, Luc, *Film, forme, théorie*, Paris, L'Harmattan, 2002 – plus liée à l'herméneutique des films qu'à une cartographie structurale des formes ; d'autre

Dans une telle approche, toutes les œuvres, tous les films sont pertinents. Certes, ce n'est pas dire qu'ils sont tous également exemplaires ; mais on n'est exemplaire, ou banal, que de manière comparative et contrastive. En toute rigueur, étude exemplaire et étude synoptique s'impliquent réciproquement. Il s'agit de considérer le film *et* les films. D'un côté, l'étude singulière, analytique, qui conçoit le film comme *une question sous forme de réponse;* de l'autre, l'étude plurielle, synthétique, qui doit être *l'explication de la question, telle qu'elle se répète et à la fois diffère dans l'histoire.* Ce n'est qu'ainsi qu'on y verra une forme connue, reconnue, ou méconnue, inconnue, et à ce titre exemplaire ou banale…

Ainsi, dans une approche fortement inspirée de la sémiotique structurale, Damisch étudie la solution formelle, *le paradigme* écrit-il, de la perspective, qui se décline *de cas en cas*, de reprise en reprise, à travers cinq-cents ans d'histoire de la peinture et de la pensée. C'est aussi, au fond, le projet dont Focillon s'est fait porteur : traquer et cartographier *la vie des formes ;* pointer la manière dont les formes *traversent* les œuvres, et éventuellement s'y *affrontent*, s'y *stratifient.* Focillon montre que les formes sont précisément ce qui traverse les matériaux (et nous dirions aujourd'hui : les supports) ; elles sont ce qui oriente les techniques (nous ajouterions : les médias). L'histoire des formes est ainsi une histoire qui n'est ni unidimensionnelle ni linéaire, car les formes *survivent* : certaines en subsistant par une tradition passive, d'autres en ne cessant pas de se renouveler activement, d'autres encore en réapparaissant comme renouvelées après un long oubli. Les formes sont ce à quoi les œuvres parviennent, ce qu'elles deviennent, les accidents qui en elles surviennent[11]. C'est pourquoi, loin de constituer de pauvres généralisations des œuvres (c'est l'accusation adressée à la sémiotique autrefois et à l'esthétique aujourd'hui par les approches plus culturalistes), *les formes permettent de caractériser précisément* les œuvres mêmes.

---

part, à l'extrême opposé, les cartographies monumentales de Bordwell et Thompson (*cf.* au moins Bordwell, David, *Narration in the Fiction Film*, Madison, Wisconsin University Press, 1985 et Bordwell, David & Thompson, Kristin, *Film History. An Introduction*, New York, McGraw-Hill, 2018 (1994)) – formalistes, certes, mais anti-sémiotiques, et ainsi singulièrement descriptives et peu sensibles au sens des formes pour les films.

11 Voir la synthèse ultime de la théorie des formes de Focillon : *Moyen Âge. Survivances et réveils – Études d'art et d'histoire*, Montréal, Valiquette, 1945, chap. « Préhistoire et Moyen Âge » (1941). Voir aussi l'épistémologie gestaltiste et poststructuraliste des formes de Cadiot, Pierre & Visetti, Yves-Marie, *Pour une théorie des formes sémantiques. Motifs, profils, thèmes*, Paris, PUF, 2001.

LA CONCEPTION DU MONTAGE DANS LA FORME DU FILM

La question se pose d'établir en quoi le montage est une dimension de la forme que prend un film. Si une telle question n'est pas évidente, c'est qu'elle dépend de ce qu'on verra dans « le montage », et renvoie au fait que ce dernier n'est jamais conçu isolément mais défini avec d'autres dimensions de la forme du film.

Pour commencer, le montage est régulièrement associé au plan : en complément, ou en subordination. Nous devons illustrer combien, même dans les discours où il est subordonné au plan, le montage est l'objet de toute une conception. Même pointé pour être rabaissé, le montage est bien traité et articulé : loin d'être négligé, il joue toujours un rôle déterminant pour la forme du film. Évoquons deux cas parmi les plus célèbres, et donc décisifs, de discours de cinéastes sur la forme du film où l'on semble réduire énormément la place du montage : Rossellini dans ses interviews aux *Cahiers du Cinéma*, Tarkovski dans sa théorisation du *Temps scellé*. Initions-nous au montage par ce dernier, pour qui « L'image cinématographique naît pendant le tournage et elle n'existe qu'à l'intérieur du plan[12] » et « Le maître tout puissant de l'image cinématographique est le rythme, qui exprime le flux du temps à l'intérieur du plan [...][13] ».

> Les raccords de plans organisent la structure du film mais ne créent pas, contrairement à ce qu'on croit d'habitude, le rythme du film. Le rythme du film est fonction du caractère du temps qui passe à l'intérieur des plans. Autrement dit, le rythme du film n'est pas déterminé par la longueur des morceaux montés, mais par le degré d'intensité du temps qui s'écoule en eux. Un raccord ne peut déterminer un rythme (ou alors le montage n'est qu'un effet de style) [...] Mais comment percevoir le temps dans un plan ? [...] Lorsque nous réalisons que ce que nous voyons dans un plan n'est pas complet, qu'il renvoie à quelque chose qui s'étend au-delà, à l'infini. [...] Je réfute le soi-disant « cinéma de montage » et ses principes, car il empêche le film de dépasser les limites de l'écran en ne permettant pas au spectateur d'apporter, comme en surimpression, sa propre expérience à ce qu'il voit. Le cinéma de montage propose au spectateur des rébus et des devinettes, lui fait déchiffrer des symboles, s'étonner devant des allégories [...][14].

12 Tarkovski, Andrei, *Le temps scellé. De* L'Enfance d'Ivan *au* Sacrifice, Paris, Cahiers du Cinéma, 2004 (éd. orig. 1985), p. 135-136.

13 *Ibid.*, p. 134.

14 *Ibid.*, p. 138-140.

Premièrement, on voit bien comment chez Tarkovski la conception du « montage » est indissociable de celle du « plan », mais aussi celle du « rythme », au sein de la conception du film en général – et de la manière dont ce dernier construit son « spectateur ». Deuxièmement, si « le montage » y est rejeté, c'est parce qu'il est entendu comme suffocation abusive à la fois d'un rythme propre au plan et d'un dehors (« quelque chose qui s'étend au-delà, à l'infini ») que le plan doit alimenter. En ce qui concerne ce dernier aspect, « le montage » est entendu précisément comme une prolongation et une explication de ce qu'un plan ne contient pas. Il apparaît alors que Tarkovski vise clairement *une certaine conception du montage ;* seulement, dans ses mots, elle devient « le montage ». Que d'autres conceptions du montage existent, c'est par ailleurs le cinéma même de Tarkovski qui l'a montré splendidement. D'habitude, puisque le cinéma de Tarkovski réserve une place exceptionnelle au plan-séquence, on estime qu'il s'agit de refuser le montage, et on se conforte de déclarations telles celles que nous venons de citer. Mais Tarkovski refuse *une certaine pratique du montage*, qui va avec une certaine conception, que nous venons d'évoquer. Car, d'une part, ses plans-séquences sont bien montés avec d'autres : le montage est mis en acte. D'autre part, Tarkovski est même allé très loin dans le travail même de montage, d'une manière tout aussi exceptionnelle qu'il l'a fait avec les plans-séquences : que l'on songe au film même qu'accompagne une bonne partie du discours du *Temps scellé*, *Le Miroir* (*Zerkalo*, Andrei Tarkovski, URSS, 1975).

Passons maintenant à un autre discours célèbre pour sa critique du montage : celui tenu par Rossellini dans les années 50, repère pour les critiques et cinéastes des *Cahiers*. Rossellini affirme pour commencer : « Un film doit bien être mis en scène, c'est le moins qu'on puisse attendre d'un homme de cinéma, mais un plan seul n'a pas à être beau[15] ». Nous sommes ici à l'opposé de Tarkovski : on parle de « plan », certes, et même de « mise en scène », mais pour en atténuer fortement la valeur. Nous nous attendrions alors à ce que, si le plan ne compte pas, le montage l'emporte. Ce serait là la logique de Tarkovski, simplement adoptée dans le sens opposé. C'est plus précisément la logique de Bresson :

15 Rossellini, Roberto, *Le cinéma révélé* (recueil posthume éd. par A. Bergala), Paris, Cahiers du Cinéma, 2005 (1984), p. 46 (parution orig. 1955-1956). André Bazin avait été peut-être le premier à souligner que Rossellini s'oppose à l'attachement au plan pour pouvoir ouvrir une voie autre dans le cinéma : *cf. Qu'est-ce que le cinéma ?* (éd. définitive), Paris, Cerf, 1975 (parution orig. 1948), p. 280-283.

« Pouvoir qu'ont tes images (aplaties) d'être autres que celles qu'elles sont. La même image amenée par dix chemins différents sera dix fois une image différente[16] ». Ou encore :

> Il faut qu'une image se transforme au contact d'autres images comme une couleur au contact d'autres couleurs [...] Si une image, regardée à part, exprime nettement quelque chose, si elle comporte une interprétation, elle ne se transformera pas au contact d'autres images [...][17]

Cependant, une telle logique discursive qui pose une alternative entre la valeur du plan et la valeur du montage n'a pas cours chez Rossellini : Rossellini médit du montage aussi[18]. La citation précédente se poursuit ainsi : « La seule chose qui importe c'est le rythme[19] ». Ainsi un réalisateur tel Rossellini, très éloigné d'un autre, Tarkovski, dans le temps comme dans le rapport à la forme, dans les propos comme dans les films, peut bien suivre un raisonnement opposé et parvenir à un résultat convergent. Non seulement Rossellini comme Tarkovski, dans ces propos fameux, semble finir par opposer « le montage » au « rythme » ; quand bien même l'on croirait que les deux donnent un sens différent à ce dernier, il demeure une exigence profonde commune : que le visible soit incomplet, au sens précis – formel – qu'il ne soit pas développé par d'autres « plans » ou par une autre « scène ». La citation de Rossellini se poursuit ainsi :

> Je crois à l'importance de la scène ; elle se résout, s'achève toujours sur un point. En général, on aime à développer ce point. En ce qui me concerne, je crois que dramatiquement c'est une erreur. [...] Ce qui est important pour moi, c'est [l'] attente ; c'est elle qu'il faut développer[20].

Finalement, comme Tarkovski, Rossellini médit du montage alors même qu'il le pratique de façon non traditionnelle – ce qu'il revendique, comme dans ce passage où il est question de ne pas développer les « plans » :

> Je n'aspire pas à un montage traditionnel. Je prends les choses toujours en mouvement. Et je me fiche complètement d'arriver ou non à la fin du

16 Bresson, Robert, *Notes sur le cinématographe*, Paris, Gallimard, 1988 (1975), p. 44.
17 *Ibid.*, p. 22-23.
18 Rossellini, Roberto, *Le cinéma révélé*, *op. cit.*, p. 90 (parution orig. 1959). *Cf.* aussi *ibid.*, p. 157 (parution orig. 1958).
19 *Ibid.*, p. 46.
20 *Ibid. Cf.* aussi *ibid.*, p. 79 (parution orig. 1954).

> mouvement pour raccorder le plan suivant. Quand j'ai montré l'essentiel, je coupe : cela suffit[21].

Sans pousser plus loin l'examen de ces positions, on voit bien dans quel sens et avec quel profit la conception du montage doit être étendue. Premièrement, si dans les deux cas évoqués l'on semble rejeter le montage comme *la* solution du problème de la forme du film, en réalité nous devons y entendre le montage comme *une famille* de solutions, plurielles, ouvertes – dont certaines sont illustrées par les films mêmes de Rossellini et de Tarkovski. Deuxièmement, il apparaît que *le montage prend toujours part au problème de la forme du film avec d'autres dimensions du film*, d'autres familles de solutions qui impliquent le plan, le cadre, la scène, le rythme, etc. – invoqués aussi par nos deux réalisateurs. Sans doute est-ce cette double pluralité qui rend si difficile une étude du montage qui soit globale, et non partielle et partiale, selon le propos de Vitella que nous avons cité au tout début.

Mais il ne suffit pas de pluraliser, premièrement, les conceptions du montage et, deuxièmement, les dimensions qui déterminent la forme du film. Il faut pluraliser aussi, troisièmement, les logiques d'une telle détermination. Ainsi, avons-nous vu, plan et montage sont posés tantôt en corrélation inverse (plus de valeur pour le plan implique moins de valeur pour le montage, chez Tarkovski par exemple ; plus de valeur pour le montage implique moins de valeur pour le plan, chez Bresson), tantôt en corrélation directe (moins de valeur pour le plan implique moins de valeur pour le montage, chez Rossellini).

Pour finir, nous devons étendre la conception du montage à un autre niveau, sans doute plus fondamental : non plus le niveau des discours, mais le niveau des langues. Nous devons faire état ainsi d'une quatrième pluralité, qui concerne les manières variables de dire et penser collectivement le montage et les autres dimensions du film. Pour pointer de nouvelles pistes, prenons la langue anglaise, où se pense et pratique l'écrasante majorité des films. Il est bien vrai que le *montage* est marginal, exceptionnel ; mais c'est parce que c'est le *cutting & editing* qui est de loin la norme (*cutting :* élaguer dans les

21 *Ibid.*, p. 91-92 (parution orig. 1959). On trouvera une présentation non conventionnelle du montage chez Rossellini dans Renaut, Aurore, « *L'Inde vue par Rossellini*, un beau montage », *in* Bonamy, Robert (éd.), *Itinéraires de Roberto Rossellini*, Grenoble, UGA Éditions, 2014.

prises de vues, *editing* : composer avec finesse les prises retenues en les raccordant). En français, on ne distingue pas le *montage* du *cutting & editing*, si bien que pour chaque « montage » en français on pourrait se demander si l'on est plus proche de l'un ou de l'autre en anglais. Comment entendre la différence ? Ensemble avec les autres dimensions de la forme du film. Car, pour commencer, il existe une différence entre le *shot* en anglais et le « plan » en français. Si ce dernier désigne une surface et ses bords, le premier implique bien un travail de prise de vues, sur un plateau. Aussi existe-t-il, pour continuer, une différence entre le *director* en anglais et le « réalisateur » en français. Car le *directing* s'applique au plateau, il œuvre entre les acteurs et les caméras, mais ne s'applique guère à l'écriture, aux repérages, au casting ; surtout, il ne s'applique pas au montage. L'ensemble de toutes ces autres dimensions du film relèvent de la *production*, et pas de la *direction*. Comment ne pas voir dans de telles conceptions des cadres fort efficaces pour les pratiques cinématographiques ? Ainsi, les prix des meilleurs films sont-ils remis aux producteurs, et pas aux réalisateurs. En effet, de son côté, le français possède un terme qui, tout en étant distinct de la « production », n'est guère superposable à la « direction » : c'est la « réalisation ». « Réaliser » s'applique à l'écriture comme au casting, au tournage comme au montage. La logique en langue française nous dit que si un film est tourné, donc *directed*, mais pas monté, il n'est nullement « réalisé[22] ».

Certes, dans la *direction* anglaise, à savoir dans le travail de tournage sur le plateau, on prévoit souvent les raccords entre prises de vues : la *direction* peut être reliée au *cutting & editing*. Mais l'*editing* n'est pas forcément le travail ultime de la forme d'un film, il ne concerne que la construction de la scène. La conception de l'*editing* est ainsi celle d'un film qui ne serait qu'un enchaînement de scènes.

22 Ce que l'on entend bien en anglais, si l'on suit Kubrick : « *Film directing, I think, is a misnomer for anybody that seriously wants to make films because directing the film is only, you might say, one third of the process. You know, writing the film, directing the film, and then editing the film is, you might say, the whole job… And it was really, it's only the old major studio sort of image of how a film was made : that the producer held in his hand on the palette, you know, the various people : the artist, the cameraman, the actors, the film editor, the director and so forth. And the director was just sort of, like, a senior member of the crew.* » « Interviews » par J. Bernstein, 1966, § 15 « Directing & the Final Cut » (transcription), sur CD, in Castle, A. (éd.), *The Stanley Kubrick Archives*, Cologne, Taschen, 2005. Pour une critique de la conception de *director*, voir aussi Bresson, Robert, *Notes*, *op. cit.*, p. 16.

Ce n'est que le *montage* qui conçoit un au-delà de la scène, une forme filmique irréductible à des unités closes. C'est ce qui nous occupera dans la partie suivante[23].

L'ÉMERGENCE SECONDE DU MONTAGE COMME UNE RÉPONSE DANS LES FORMES FILMIQUES

La définition du montage comme l'opération de coller un plan au suivant fait défaut face aux conceptions différentes, par exemple, des plans et des *shots*, des séquences construites par juxtaposition, par *montage* en anglais, et des scènes produites par composition, par *editing.* Elle ne tient pas compte non plus du fait que les solutions se donnent à plusieurs niveaux dans un même film. Ainsi, chez Tarkovski : on trouve, à un niveau *local*, le refus du montage pour pouvoir produire des blocs compacts de plans-séquences ; à un autre niveau, *global* cette fois, se rencontre le montage de tels blocs pour produire un film ouvert, non-linaire, apparemment simplement assemblé. Ainsi, dans ce qu'on appelle *direction* en anglais : à un niveau, elle travaille sur le plateau pour produire la représentation filmique de scènes, grâce à des solutions locales de montage en continuité ; à un autre niveau, elle n'a pas d'emprise sur la solution globale du film, le *final cut*, qui peut monter autrement l'ensemble des scènes envisagé au tournage.

23 Dans le but de dialectiser la confrontation entre le cinéma en anglais et le cinéma en français, on rappellera aussi la *regia* et le *stacco* en italien. La *regia* est clairement plus que la *direction* anglaise, sans arriver pour autant à la *production ;* en même temps, elle semble dégager une conception moins glorieuse : elle ne souligne pas, comme la *direction*, l'importance des acteurs sur le plateau, sans pour autant viser l'achèvement et l'accouchement du film, la « réalisation » française. Elle semble signifier une conception du film moins empirique qu'en anglais, mais guère conceptuelle comme en français ; sans doute plus artisanale, peut-être plus liée à la mise en place d'un spectacle. Dans ce sens on pourrait expliquer le curieux *stacco*, pour la « coupe », le *cut.* Littéralement, *stacco* signifie « décrochage » ; pratiquement, il est employé d'une part pour « écartement, rupture de continuité », d'autre part pour « entracte » (*stacco musicale, stacco pubblicitario…*). Ce n'est donc pas la coupe du plan, voire de la pellicule qui y est signifiée (ce à quoi l'allemand semble s'attacher fortement, là où « montage » est dit *Schintt…*) ; c'est plutôt la discontinuité de ce qu'on voit, éventuellement l'interruption d'un spectacle.

C'est pourquoi le montage est loin d'être une simple opération, qui consisterait à coller un plan au suivant. Premièrement, le montage n'est guère une opération : il est une véritable *conception*, qui prend tout son sens au sein de la problématique de la forme du film, et s'articule dans différents discours et différentes langues, selon différentes logiques. Deuxièmement, le montage ne se limite nullement au plan par plan : il est une *solution* formulée par chaque film à différents niveaux, à un niveau local comme à un niveau global.

LA FORME DU MONTAGE COMME SOLUTION LOCALE DANS LE FILM

Commençons par la problématique de la forme locale du film. Nous pouvons l'aborder par une alternative paradigmatique, attestée par l'histoire du cinéma. D'une part, les films pratiquent *la composition des prises de vues*. Grâce à ce qu'on devrait appeler montage-édition, ils adoptent *la solution de la scène*. D'autre part, il existe une pratique fort variée d'*assemblages de plans*. Grâce au montage proprement dit (*montage* dans toutes les langues), qui est un montage-assemblage, on n'opère plus la composition d'une unité close, l'organisation réglée des parties, entendues comme autant d'organes fonctionnels liés à une totalité organique donnée, mais on juxtapose sans hiérarchie apparente, on met en série, on adopte la véritable *solution de la séquence*.

Peut-être devrions-nous attribuer un sens rigoureux à des termes comme composition ou organisation (ou unité organique). Assurément, nous devons distinguer deux termes qui, très banals dans le discours sur le film, sont souvent employés de manière interchangeable : scène d'une part, séquence de l'autre. Disons alors que, par la scène, le film se construit localement en des unités de temps, de lieu et d'action ; il consiste en des parties *clairement raccordées*. Par la séquence, au contraire, le film se construit en se passant de formes unitaires manifestes, son action est dispersée, l'espace-temps est troué ; il semble consister en des fragments, c'est-à-dire des éléments lacunaires et sans liens visibles entre eux, à travers lesquels *on saute*[24].

---

24 Pour une telle distinction rigoureuse entre *scène* et *séquence*, assumée comme étant fondamentale pour le montage, voir Tore, Gian Maria, « De quelques catégories dérivées de l'"œuvre" et du "montage" : Un aller-retour entre théorie des arts et pratiques des films », *Cahiers Louis-Lumière*, 2018, n° 11, p. 76-90, qui relance en partie les propositions de Metz, Christian, *Essais sur la signification au cinéma*, Paris, Klincksieck, 1968, chap. « Problèmes de dénotation dans le film de fiction ».

Une telle alternative est bien connue par l'histoire des arts : c'est le sens de l'opposition entre *classique et moderne*[25]. Il est éclairant de voir, en effet, combien la scène répond à la conception classique des arts, non seulement parce que celle-ci a toujours prêché l'unité d'espace, de temps et d'action, mais plus profondément parce que l'œuvre y est vue comme *une composition organique*, c'est-à-dire close et organisée, faite de *composantes*, déterminées par une fonction assignée. La totalité y est donnée, idéalement (l'ordre de la Nature, de la Morale, etc.) comme pratiquement (les règles préalables, les dessins à exécuter, tels un script, un *storyboard*...) : on doit la restituer, la représenter. Les parties sont fonctionnelles dans leur rapport à une telle organisation, dans la cohésion et dans la cohérence, dans la distinction entre le principal et le secondaire, le général et le particulier, le précédent et le conséquent. La séquence, elle, répond à une tout autre conception, bien théorisée par les Romantiques : l'œuvre est une *totalité ouverte*, c'est-à-dire le reflet, ou la *réflexion*, d'une totalité plus vaste, mais qui n'est pas donnée d'avance. On doit la faire surgir ; invisible, elle est toujours à venir (nous avons vu l'exigence de l'incomplétude chez Rossellini et chez Tarkovski). C'est pourquoi elle ne peut être organisée, mais seulement expérimentée dans son devenir ; c'est pourquoi importent les dynamiques inédites, la temporalité singulière et finalement le rythme (voir encore les propos, autrement si différents, de Rossellini et de Tarkovski)[26]. Pour la conception classique, l'œuvre est l'union

25 Pour être plus précis, dans son actualité comme dans son écriture, l'histoire des arts est parcourue par de nombreuses querelles, revendications et oppositions : *ancien vs moderne, classique vs baroque, classique vs romantique*... À chaque fois, le second terme de tels couples est porteur d'une polémique contre la prétention normative, universaliste, du premier. Il est ainsi lui-même le nom d'une pluralité de solutions, qui s'opposent à l'unicité conciliatrice de la solution du premier. Voir la brillante synthèse de Berlin, Isaiah, *Les racines du romantisme*, Isère, R&N, 2020 (éd. orig. 1999, posthume). Au cinéma, on sait que c'est le *moderne* qui a servi à un tel dessin contre le *classique*. Ainsi, Aumont, Jacques, *Moderne ? Comment le cinéma est devenu le plus singulier des arts*, Paris, Cahiers du Cinéma, 2007, souligne la différence des deux voies majeures de la rupture moderne, Welles et Rossellini, bien que dans cet essai il s'agisse plutôt d'opposer le cinéma tout entier, comme moderne, aux autres arts.

26 Ajoutons que l'importance capitale de la dynamique, la temporalité singulière et finalement le rythme sont précisément des dimensions apparues dans les arts avec la conception romantique de la musique – la musique, traditionnellement le dernier des arts, devenant le premier avec le Romantisme : *cf.* Fubini, Enrico, *L'estetica musicale dal Settecento a oggi*, Turin, Einaudi, 1987 (1964). Ainsi, le discours sur le cinéma moderne reprend nombre

ordonnée de *parties*, qui n'ont de sens qu'en la totalité qu'elles vont composer, en s'y cachant ; pour la conception romantique, et plus largement anti-classiciste, ou moderne, au contraire, l'œuvre n'a pas de véritables composantes, elle consiste en des *fragments*, qui sont absolus, sans liens évidents[27].

Ainsi, en ce qui concerne le film, dans le cas de la solution de la scène, à laquelle concourt le montage-édition, la totalité s'articule *à son intérieur* via ce qu'on appelle un *découpage*. On y poursuit l'idéal d'une organisation invisible. Dans le cas de la solution de la séquence, à laquelle concourt le montage-assemblage (ou *montage* dans les différentes langues), l'ensemble du film s'adresse *à son extérieur* via une dynamique qui travaille ses bords, débordés de manière visible. Ici, le découpage n'est vraiment plus pertinent et semble régner le *décadrage*. Dans la scène, le rôle du montage, comme du cadrage, de la sonorisation, etc., est de *centrer* ; dans la pure séquence, le montage, l'assemblage des plans, et des sons, etc., vise à *décentrer*[28].

LA FORME DU MONTAGE COMME SOLUTION GLOBALE DU FILM

Normalement, le film classiciste (le film classique, mais aussi une grande partie du film ou de la série *mainstream*...) suit la solution de la scène à tous les niveaux : unité *locale* de prises de vues, raccordées et bouclées dans la scène ; unité *globale* bien composée de scènes, reliées pour former la grande boucle qu'est le film (selon des schémas reconnus et restitués ainsi : cadre initial > cadre retrouvé au final, problème survenu > problème résolu, moyens > fins...). Idéalement, un tel film est parfaitement centré, articulé à son intérieur, il consiste en une vraie totalité organique. Peut-être la majorité des films reproduit-elle sa solution locale aussi au niveau global. Mais dans le but d'élargir la conception du montage, nous nous attacherons ici aux films qui proposent des solutions différentes à des niveaux différents.

---

d'arguments du discours de la modernité sur la musique : pour le début d'une esthétique qui porte au pinacle le rythme, *cf. Ibid.*, § 3.3. « Schelling e il ritmo ».

27 Voir Todorov, Tzvetan, *Théories du symbole*, Paris, Seuil, 1977.

28 Pour un développement plus articulé et documenté : Tore, Gian Maria, « De quelques catégories dérivées », *op. cit.* Sur l'analyse d'une morphologie possible du montage, voir Amiel, Vincent, *Esthétique du montage*, Paris, A. Colin, 2010 (2001). Pour une étude des montages qu'on appelle ici assemblages : Deville, Vincent, *Les formes du montage dans le cinéma d'avant-garde*, Rennes, PUR, 2014.

Pour commencer, il faudra s'intéresser aux nombreux films qui, ayant composé des scènes à une première étape, s'ouvrent à une seconde étape : ils semblent construire le film selon un montage-assemblage des scènes. Nous dirons qu'alors *les scènes sont mises en séquences, séquentialisées.* Inversement, existent aussi des films qui, une fois les plans assemblés non pas en scènes mais en séquences, organisent celles-ci en une unité compacte supérieure : ils semblent se construire grâce à un montage-édition des séquences. Nous dirons qu'alors *les séquences sont unies en scènes, scénarisées ensemble.* Dans tous les cas, il faudra comprendre le sens de telles solutions.

Prenons le cas fameux du dénouement de *Vertigo* (Alfred Hitchcock, USA, 1958). Trois plans s'enchaînent. Nous y voyons : premier plan, le protagoniste, Scottie, être surpris par le médaillon que Judy met à son cou (un zoom avant rapide souligne la surprise et effectue une brusque rupture avec le plan qui précède) ; deuxième plan, le portait de Carlotta Valdes – obsession de la femme aimée par Scottie et disparue – portant ce même médaillon ; troisième plan, cette dernière femme, Madeleine, en train de fixer immobile ce même tableau au musée (un mouvement d'appareil spectaculaire en arrière relie le tableau à Madeleine assise en face). Au sein d'une scène où Scottie et Judy se préparent pour sortir, le film agence ainsi ces trois éléments en une véritable série, en séquence. La scène est ainsi ouverte, son montage-édition, en continuité et invisible, cède la place à un montage-assemblage, aussi discontinu que visible. La composition transparente et close subit une entorse : intervient une fragmentation réflexive et ouverte (soulignée par ailleurs par des mouvements inattendus et rapides qui brusquent le rythme du film). Elle est réflexive dans la mesure où elle reprend des éléments d'autres scènes précédentes ; par ce biais, elle produit une nouvelle continuité, certes, mais elle est aussi ouverte puisqu'elle consiste alors en un remontage en acte de la scène actuelle. Le montage s'impose ici comme un sens réflexif du film : le film n'est pas clos, il doit être ouvert, re-vu. On nous dira qu'il ne s'agit là, tout simplement, que du processus mental du protagoniste, mais ce serait encore une fois adopter une perspective réductionniste : ne pas prendre au sérieux la forme du film. Tout *Vertigo* s'avance pour produire de plus en plus une expérience de re-vision pour le spectateur. Si bien qu'il devient évident que le « vertige », loin de constituer un simple ingrédient narratif, c'est le but de l'expérience qu'Hitchcock a prédisposée. *Vertigo* doit être remonté : décomposé dans ses scènes et assemblé dans la mise en séquences de celles-ci. Mais ce n'est là qu'une affaire momentanée. Tout de suite après notre séquence, le film se bouclera de la manière la plus classique (retour sur le toit, comme au début et comme au milieu symétrique du film ; avec la mort réelle de la personne qui accompagne le protagoniste, comme au début, mais en renversement de la mort trompeuse du milieu ; en renversant aussi le sens du « vertige » du protagoniste, somatique au début du film et clairement cognitif à la fin…). La mise en séquence, l'ouverture de la scène, intervient certainement sur la solution de la scène, comme une solution seconde, mais elle ne fera sortir le film que mieux centré.

Nous pouvons songer alors à des cas où l'ouverture persiste, le décentrement s'intensifie : des cas où la solution de la scène semble être non pas suspendue, mais rejetée pour de bon au niveau global du film. C'est ce qui se passe de manière exemplaire dans les films de Buñuel – qui est un contemporain exact d'Hitchcock, bien que seulement une histoire des formes du cinéma penserait à le rapprocher de ce dernier – notamment les productions françaises à partir de *Belle de jour* (France, 1967). Dans de rares films comme dans *Le fantôme de la liberté* (Luis Buñuel, France, 1974), l'on a poussé à l'extrême l'attachement à la scène au niveau local et à la séquentialisation au niveau global. D'une part, un montage-édition limpide des prises de vues ; d'autre part, un véritable montage-assemblage global des scènes produites localement. Le principe d'unité affirmé plan après plan se trouve délibérément renversé en une pluralité irréductible, une ouverture béante au niveau du film tout entier. Ce n'est pas au niveau du plan par plan, mais au niveau de la suite des scènes que le film s'avère profondément aléatoire, à l'apparence insensé ou habité par un propos secret.

C'est ce que semble viser aussi Tarkovski, bien qu'à sa manière propre, à partir notamment d'*Andrei Roublev* (URSS, 1969) : un étonnant montage-assemblage de scènes, si possible filmées en un seul plan, prises systématiquement comme autant de points de départ une fois dépourvues de toute clôture et enchaînées entre elles de manière purement sérielle, sans motivation visible, par pure juxtaposition. Tout se passe comme si les films de Tarkovski produisaient des relances constantes : comme s'ils racontaient des reprises incessantes, sans achèvement possible, sinon au moment où il apparaît que la totalité supérieure du film ne peut qu'être une tresse de fragments. (Remarquons au passage une histoire des formes qui se dessine : la filiation précise – et incompréhensible dans une histoire traditionnelle par époques et pays, ou dans une approche esthétique traditionnelle attachée aux poétiques apparentes – entre Buñuel et Tarkovski d'un côté, la complémentarité entre Buñuel et Hitchcock de l'autre[29].)

À l'opposé de la famille de solutions que nous venons de montrer, demandons-nous ce qu'il en est des films qui raccorderaient, boucleraient, à un niveau supérieur ce qui s'avère être des séries ouvertes, de simples juxtapositions, à un niveau inférieur. En somme, la macro-composition d'une scène opère à partir d'une micro-production de séquences : c'est la *scénarisation des séquences*. On en trouve un cas célèbre dans le film d'un contemporain de Hitchcock et Buñuel : *L'Atalante* de Jean Vigo (France, 1934). Il s'agit de la séquence en montage alterné des deux époux qui suivent chacun son chemin séparément, l'un sur la péniche et l'autre dans les rues de Paris. Lorsqu'ils se couchent dans deux lits distants et qu'ils commencent à se caresser seuls de manière très érotique, le montage raccorde très précisément leurs gestes, de sorte que les deux semblent coucher ensemble. C'est comme si le film entier essayait d'être le lieu amoureux d'une scène utopique, en organisant des fragments en série en une seule totalité donnée. Des pièces visiblement détachées sont réunies invisiblement.

Une telle solution formelle, la *scénarisation des séquences* de *L'Atalante*, est explicite comme l'était la solution formelle de *Vertigo*, sa *séquentialisation de la scène*. Or, une forme n'est que rarement explicite. Étudier une forme, c'est comprendre aussi ses présences plus implicites, suggestives, et non seulement ses manifestations claires et même spectaculaires. Songeons alors, pour la *scénarisation des séquences*, aux films de David Lynch depuis *Lost Highway* (USA, 1997). Ceux-ci sont construits de manière à inviter le spectateur à créer des liens qui ne sont pas visibles : à raccorder des séquences fragmentaires, à scénariser ce qui est offert

29 Certes, on pourra vouloir trouver l'attestation de tels liens dans les déclarations mêmes de ces réalisateurs : l'on sait que Buñuel et Hitchcock se sont rencontrés et ont exprimé leur respect mutuel (Voir Buñuel, Luis, *Mon dernier soupir*, Paris, Laffont, 1982, p. 240-241) ; l'on connaît l'admiration de Tarkovski pour Buñuel (Tarkovski, Andrei, *Le temps scellé*, *op. cit.*, p 60 et 90). Mais ce ne seraient là que des anecdotes, incapables d'expliquer le lien formel entre des films minimalistes et ironiques tels ceux de Buñuel et des films esthétisants et chargés de pathos tels ceux de Tarkovski.

de manière simplement séquentielle tout au long du film. La solution de Lynch est au fond proche de celle de Vigo, mais sa présence est suggestive, latente, aléatoire même. La particularité de ces films est que leur composition en unité, leur organisation sensée, au lieu d'émerger comme l'avènement d'une utopie irrésistible à la manière de *L'Atalante*, n'est que l'expérience d'une initiation accidentelle, qui peut ne pas avoir lieu. Face à l'éparpillement apparent que les films offrent, on peut voir le plus grand chaos ou la plus mystérieuse des résonnances.

CONCLUSION : LE SENS COMPLEXE DU MONTAGE QUI CARACTÉRISE LA FORME DES FILMS

Nous devons nous donner les moyens pour ne pas penser que les films sont incomparables, sans les banaliser et les ramener à quelque chose de déjà acquis. C'est pourquoi nous parlons de paradigme de cas : parce que la solution des films est à la fois transversale au cinéma et singulière pour chaque film. Au fur et à mesure que nous la définissons, nous produisons de nouvelles distinctions et comparaisons. Reprenons la solution que nous avons vue chez Lynch. Comment s'y opère la composition globale, consistant à organiser les fragments en une unité supérieure, si ce n'est par des raccords invisibles et efficaces comme chez Vigo ? Par des *détails*. Il s'agit d'éléments qui sont susceptibles de faire revoir le film, de le remonter autrement. C'est là ce que nous avions vu chez Hitchcock. Cependant, chez ce dernier les détails ouvraient les scènes manifestement ; ici, ils relient les séquences souterrainement. Dans les deux cas, il s'agit d'*une révision réflexive de la solution initiale*.

Le détail est bien une solution entre-deux : ni partie d'une composition, la scène, car il ouvre celle-ci, ni fragment d'une série, la séquence, car il renferme celle-ci. Il est – selon la pratique et théorie des arts – très précisément l'élément qui, arraché à une composition, en produit une *révision*, perceptivement et conceptuellement[30]. Nous pourrions l'appeler *l'émergence de l'inédit*, au sens fort de ce qui a échappé à l'édition, qui

30 Arasse, Daniel, *Le détail*, *op. cit.* et Tore, Gian Maria, « De quelques catégories dérivées », *op. cit.*

demande un remontage-réédition. Considérons à nouveau *Le fantôme de la liberté*. Nous avons dit que, à un premier niveau, il compose des scènes et, à un second, il met celles-ci en séquences. Nous devons ajouter, pour une caractérisation plus fine de la forme de ce film, qu'à un niveau qui est transversal aux deux *Le fantôme de la liberté* laisse le spectateur replier le niveau second, les séquences des scènes, en scènes transversales possibles. Des raccords sur objets ou sur gestes *semblent appeler* le spectateur à recomposer le film au-delà de son ouverture. Une fois le trouble passé face à la forme libre du film tout entier, on peut s'apercevoir que tout n'est pas si aléatoire qu'il ne le paraît à première vue, mais en même temps rien n'est sûr : comme chez Lynch, le film chez Buñuel *suggère* la possibilité de relier des détails, qui permettront ainsi de pratiquer des *raccords libres*, des *scénarisations transversales suggestives* des séquences.

Ce serait là une explication précise de la forme surréelle chez l'un comme chez l'autre, malgré la diversité évidente des films. Une nouvelle motivation heuristique – nous l'espérons – de l'extension du domaine du montage.

Gian Maria TORE
Université du Luxembourg

BIBLIOGRAPHIE

MONTAGE, ÉTUDE DES FORMES

AMIEL, Vincent, *Esthétique du montage*, Paris, A. Colin, 2010 (2001).

AMIEL, Vincent & José Moure, *Histoire vagabonde du cinéma*, Paris, Vendémiaire, 2020.

ARASSE, Daniel, *Le détail. Pour une histoire rapprochée de la peinture*, Paris, Flammarion, 1992.

AUMONT, Jacques, *L'œil interminable*, Paris, La Différence, 2007 (1989).

AUMONT, Jacques, *Moderne ? Comment le cinéma est devenu le plus singulier des arts*, Paris, Cahiers du Cinéma, 2007.

BAXANDALL, Michael, *Formes de l'intention. Sur l'explication historique des tableaux*, Nîmes, J. Chambon, 1991 (éd. orig. 1985).

BAZIN, André, *Qu'est-ce que le cinéma ?* (éd. définitive), Paris, Cerf, 1975.

BERLIN, Isaiah, *Les racines du romantisme*, Isère, R&N, 2020 (éd. orig. 1999, posthume).

BORDWELL, David, *Narration in the Fiction Film*, Madison, Wisconsin University Press, 1985.

BORDWELL, David & THOMPSON, Kristin, *Film History. An Introduction*, New York, McGraw-Hill, 2018 (1994).

BURCH, Noël, *Praxis du cinéma*, Paris, Gallimard, 1969.

BURCH, Noël, *La lucarne de l'infini. Naissance du langage cinématographique*, Paris, Nathan, 1991.

CADIOT, Pierre & VISETTI, Yves-Marie, *Pour une théorie des formes sémantiques. Motifs, profils, thèmes*, Paris, PUF, 2001.

CHÂTEAU, Dominique, *Contribution à l'histoire du concept de montage. Kouléchov, Poudovkine, Vertov et Eisenstein*, Paris, L'Harmattan, 2019.

DAMISCH, Hubert, *L'origine de la perspective*, Paris, Flammarion, 1993 (1987).

DEVILLE, Vincent, *Les formes du montage dans le cinéma d'avant-garde*, Rennes, PUR, 2014.

FOCILLON, Henri, *La vie des formes*, Paris, PUF, 1934.

FOCILLON, Henri, *Moyen Âge. Survivances et réveils – Études d'art et d'histoire*, Montréal, Valiquette, 1945, chap. « Préhistoire et Moyen Âge » (1941).

FOUCAULT, Michel, *Histoire de la sexualité I. La volonté de savoir*, Paris, Gallimard, 1976.

FUBINI, Enrico, *L'estetica musicale dal Settecento a oggi*, Turin, Einaudi, 1987 (1964).

GAUDREAULT, André, *Cinéma et attraction. Pour une nouvelle histoire du cinématographe*, Paris, CNRS, 2008.

MAZZOCUT-MIS, Maddalena (éd.), *I percorsi delle forme. I testi e le teorie*, Milan, B. Mondadori, 1997.

METZ, Christian, *Essais sur la signification au cinéma*, Paris, Klincksieck, 1968, chap. « Problèmes de dénotation dans le film de fiction ».

NACACHE, Jacqueline, *L'acteur de cinéma*, Paris, Nathan, 2003.

PINOTTI, Andrea & SOMAINI, Antonio, *Cultura visuale. Immagini sguardi media dispositivi*, Turin, Einaudi, 2016, chap. « Genealogie ».

QUARESIMA, Leonardo, « Pour une histoire du cinéma sans noms », *1895*, 2016, n° 80, p. 8-31.

RENAUT, Aurore, « *L'Inde vue par Rossellini*, un beau montage », *in* BONAMY, Robert (éd.), *Itinéraires de Roberto Rossellini*, Grenoble, UGA, 2014.

TODOROV, Tzvetan, *Théories du symbole*, Paris, Seuil, 1977.

TORE, Gian Maria, « De quelques catégories dérivées de l'"œuvre" et du "montage" : Un aller-retour entre théorie des arts et pratiques des films », *Cahiers Louis-Lumière*, 2018, n° 11, p. 76-90.

VANCHERI, Luc, *Film, forme, théorie*, Paris, L'Harmattan, 2002.

VANCHERI, Luc, *Psycho. La leçon d'iconologie d'Alfred Hitchcock*, Paris, Vrin, 2013.

VANCHERI, Luc, *La Grande Illusion. Le musée imaginaire de Jean Renoir*, Lille, Presses Universitaires du Septentrion, 2015.

VITELLA, Federico, *Il montaggio nella storia del cinema. Tecniche, forme, funzioni*, Venise, Marsilio, 2009.

WÖLFFLIN, Heinrich, *Principes fondamentaux de l'histoire de l'art*, Marseille, Parenthèses, 2017 (éd. orig. 1915).

DITS ET ÉCRITS DE CINÉASTES

BRESSON, Robert, *Notes sur le cinématographe*, Paris, Gallimard, 1988 (1975).

BUÑUEL, Luis, *Mon dernier soupir*, Paris, Laffont, 1982.

KUBRICK, Stanley, « Interviews » (par J. Bernstein), 1966, *in* CASTLE, A. (éd.), *The Stanley Kubrick Archives*, Cologne, Taschen, 2005, sur CD.

ROSSELLINI, Roberto, *Le cinéma révélé* (recueil posthume éd. par A. Bergala), Paris, Cahiers du Cinéma, 2005 (1984).

TARKOVSKI, Andrei, *Le temps scellé. De* L'Enfance d'Ivan *au* Sacrifice, Paris, Cahiers du Cinéma, 2004 (éd. orig. 1985).

TROISIÈME PARTIE

MARGES POÉTIQUES

« LE MONTEUR EST À LA FOIS UNE SAGE-FEMME ET UN ILLUSIONNISTE »

Entretien avec Frédéric Thoraval

Frédéric Thoraval est monteur de cinéma depuis plus d'une vingtaine d'années. Issu du BTS « Métiers de l'audiovisuel » du lycée Jean Rostand à Roubaix, il a commencé sa carrière en montant des publicités et des séries télévisées, avant de rejoindre l'entourage de Luc Besson. Il est notamment un collaborateur fidèle du cinéaste Pierre Morel, dont il a monté tous les films depuis Banlieue 13 *en 2004, y compris* Taken *(2008), qui est l'un des films français ayant eu le plus de succès aux États-Unis.*

Installé à Los Angeles, il officie comme chef monteur pour des productions de genres très variés – films d'actions, films d'horreur, films d'auteurs, etc.

En 2021, il a été nommé aux BAFTA et aux Oscars pour son travail sur le film Promising Young Woman *d'Emerald Fennell (2020). Récemment, il a monté le film* Rebel *d'Adil El Arbi et Bilal Fallah (Festival de Cannes 2022, hors compétition).*

Entretien réalisé par Robin Cauche et Raphaël Jaudon[1].

Robin CAUCHE : Peux-tu nous raconter ce qui, dans ton parcours professionnel, t'a amené à monter de la fiction ?

Frédéric THORAVAL : Après mon BTS Montage à Jean Rostand à Roubaix, j'ai fait mon armée dans un service audiovisuel à Paris.

À la sortie du service, Sophie Fourdrinoy, une copine de promo, m'a appelé et j'ai commencé comme stagiaire en post prod dans une société de production de pub qui s'appelait Movie Box. J'y ai rencontré de nombreux monteurs de publicités et de long-métrage notamment Marco Cavé, qui est devenu une sorte de mentor pour moi et qui m'a

1 Nous remercions chaleureusement Frédéric Thoraval pour sa sympathie et sa disponibilité, ainsi qu'Alain Pétoux qui a permis cette rencontre.

appelé quand j'ai pris mon envol pour être renfort sur *Le Baiser mortel du dragon*, produit par Luc Besson. Je n'avais jamais fait de fiction – je pense qu'il ne le savait pas. Et dès mon premier jour, je me suis senti comme à la maison.

De fil en aiguille, j'ai rencontré Luc Besson, qui m'a appelé sur d'autres renforts. Sur une pub que je montais pour lui, à Bry-sur-Marne, le chef-op s'appelait Pierre Morel. En fin de journée, comme souvent avec la post-prod, on est un peu oublié, et je me retrouve tout seul à Bry. Pierre finissait sa journée, il était le dernier, il me dit « Je te ramène si tu veux ». On s'est retrouvé dans sa petite voiture à discuter pendant le trajet du retour, et quelques mois après, il m'a appelé pour *Banlieue 13*.

Raphaël Jaudon : Donc *Banlieue 13* a été ton premier long-métrage de fiction comme chef monteur.

FT : Exactement. Avant, j'avais travaillé dans différents secteurs plus *alimentaires*. J'ai par exemple monté des reportages pour des émissions de prime time notamment, où j'ai d'ailleurs appris beaucoup par rapport à mon éthique ; j'ai découvert pourquoi il y a des choses que je ne voulais pas faire, et que je ne ferai pas.

RJ : Quand tu dis cela, c'est une question de montage, ou ça va plus loin que ça ?

FT : Ah oui, c'était une question de montage ! C'est-à-dire que le montage ce n'est pas coller deux plans. Le montage c'est justement créer des émotions avec la connexion de deux plans. En l'occurrence, on me demandait de mettre en place des choses qui étaient fausses, et je ne voulais pas utiliser l'effet Koulechov de cette façon-là. Je ne pouvais pas inventer une réalité qui, en fait, n'aurait été que le produit du raccord ; une conjonction de raccords, de textes et de voix off qui avaient des informations fausses et qui venaient chevaucher ce raccord d'une façon insidieuse. La journaliste avec qui j'étais à l'époque était furieuse qu'on lui demande ça, à elle aussi.

Ce n'était pas grave, ce n'étaient pas des informations qui allaient changer la face du monde. Mais c'est quelque chose que j'ai appliqué tout au long de ma carrière : être au plus près du vrai. Même dans les films d'action ! Et ça, je pense que ça vient notamment du travail avec

Pierre Morel, qui est quelqu'un de très précis, réel, réaliste. Il pense tout en termes de « Qu'est-ce qui est possible ? / Qu'est-ce qui n'est pas possible ? » Ça m'a amené à avoir une rigueur sur ce qui est réaliste et ce qui ne l'est pas. Savoir qu'un revolver de cette marque, avec tel chargeur, va avoir tel nombre de balles, tenir compte des temps de changements de chargeurs pour construire la séquence, avoir un personnage qui se met à découvert au bon moment, connaître les effets de tel armement, la perception qu'on a d'une explosion, mais aussi combien on peut réellement zoomer dans une photo et voir encore des détails utiles. Tout cela participe d'une immersion dans une représentation de la réalité pour le spectateur. Moins il se pose de questions sur la crédibilité de ce qu'il voit, plus il est investi dans le film. Parfois on n'a pas le choix, mais la plupart du temps, on joue avec ça. Et c'est, je pense, dans les petits détails que l'on donne de la véracité aux choses.

RC : Pierre Morel est important dans ta carrière de monteur de fiction. Justement, il fait partie de la galaxie de réalisateurs, de techniciens, d'acteurs, qui gravitent autour de Luc Besson et du cinéma d'action au début des années 2000. Comment vois-tu ce mouvement, qui émerge en France à cette période, et quelle est ta place de monteur là-dedans ?

FT : J'ai énormément appris en travaillant avec Luc Besson. Il a compris le montage, et pas seulement dans ses aspects techniques : dans ses éléments rythmiques, dans ses plans, dans des histoires de raccord, de fluidité. C'est la chance du monteur d'avoir des master-class privées avec les réalisateurs avec qui on travaille, et de continuer à apprendre sur chaque film.

Après, ce n'est pas parce qu'on apprend quelque chose qu'on est formaté à cette école-là ! Je ne suis pas quelqu'un qui vient de l'action. Avant *Banlieue 13* je n'avais quasiment jamais vu de film d'action. Donc ça n'est pas quelque chose que j'ai répliqué. Ce n'est pas quelque chose vers lequel j'allais naturellement et ce n'est pas quelque chose vers lequel je vais toujours. J'aime le cinéma dans son ensemble et je peux regarder un film d'action comme je peux regarder un film d'horreur, comme je peux regarder un film d'auteur. J'aime la diversité, passer d'un genre à l'autre et me nourrir de chaque expérience.

RC : En avais-tu regardé pour l'occasion, ou est-ce que tu t'es surtout basé sur tes expériences précédentes (la publicité, la télévision) ?

FT : La pub m'a beaucoup aidé. Je pense que regarder des monteurs de pub qui étaient des grands noms, et qui, sur l'action en général, avaient une forte identité, ça m'a servi.

Ça m'a fait m'asseoir devant les films de certains réalisateurs, notamment Paul Greengrass. Quand j'ai vu le deuxième *Bourne* [*The Bourne Supremacy*, *La mort dans la peau* en France, 2004], j'ai eu un choc. Je me suis dit : « là, il y a quelque chose », par rapport au montage, par rapport à la façon dont la narration se passait, le côté elliptique des choses. C'est quelque chose que j'ai toujours voulu faire, et qui se rapproche de la pub d'ailleurs : couper les moments qui n'apportent rien à l'histoire. Concentrons-nous sur les choses importantes de l'action, pour raconter cette histoire.

RC : Justement, pour qualifier le montage très elliptique des films d'action contemporains, le chercheur Steven Shaviro parle de « post-continuité ». C'est l'idée que s'il n'y a pas de continuité spatiale, ça n'est pas si grave, car d'autres éléments font la continuité – des mouvements, de la musique, etc. Mais j'ai re-regardé, par exemple, la scène de *parkour* qui ouvre *Banlieue 13* : il y a de la continuité spatiale tout le temps ! C'est presque du Spielberg. On dirait que c'est quelque chose que tu travailles vraiment. Le montage peut être très nerveux, par contre, la continuité, tu ne t'en passes pas.

FT : Non, je n'ai jamais lâché la continuité, et la continuité pour moi, c'est justement le but ultime. Que le spectateur ne soit pas perdu dans l'espace, qu'il soit investi dans l'histoire tant au niveau visuel qu'émotionnel. Je monte une séquence d'action exactement comme je monte une séquence de dialogues. Je me focalise sur les points forts de chaque plan, ceux qui vont servir le mieux le propos de la séquence et mon travail c'est de trouver la meilleure manière de mettre tous ces moments ensemble. Parfois, ça passe par un plan qui n'est pas ce qu'on peut attendre à ce moment-là dans une séquence, parce qu'il se passe quelque chose de magique, et je vais construire autour de ça.

Dans l'action, c'est pareil. Il y a des moments qui sont même des accidents. J'ai des accidents dans tous les films – pas des cascadeurs qui font de mauvaises chutes (même si ça arrive parfois), mais des accidents visuels, des accidents de captation. À partir de là, on utilise tout le matériel qu'on a pour faire en sorte que cette séquence engage le spectateur le plus possible et soit le plus facile à suivre. Il peut y avoir un plaisir du montage, mais qui ne doit pas prendre le pas sur la continuité, sur la narration, sur l'histoire.

Tout a une fonction dans un film, chaque élément présenté va avoir une incidence sur l'ensemble et sur la façon dont le spectateur va percevoir les choses, ressentir ce qui lui est montré. C'est crucial de ne pas perdre ça de vue. Une bonne séquence d'action, c'est une séquence d'action qui a des enjeux. Quand il n'y a pas d'enjeu, c'est gratuit, ça n'a aucun intérêt. Mais c'est exactement comme une séquence « normale ». Quelque part, la chose qui me met un peu hors de moi, c'est d'avoir cette séparation du monteur d'action, du monteur de comédie, du monteur de drama. Non ! Une séquence est une séquence. Il y a des spécificités, certes. Mais ce n'est pas parce qu'il y a des spécificités qu'on va les monter différemment.

Quand j'ai commencé, je me posais beaucoup la question du raccord. Et puis au fur et à mesure, on se rend compte que même si deux plans ne sont pas raccord, on peut créer ce sentiment de continuité. Il suffit d'avoir les masses, il suffit d'avoir un élément, une voix. Je dis souvent que le monteur est à la fois une sage-femme et un illusionniste. Parce que parfois un raccord, ce n'est ni plus ni moins que d'amener le regard du spectateur à un endroit, alors que juste à côté, on peut avoir un gros problème de position. C'est pour ça que le fait de regarder un film sur un téléphone portable, ça change tout, parce que d'un coup, le regard est sur toute l'image, donc la façon dont la lecture se fait n'est plus la même.

Le raccord est flexible, et je pense que plus on prend de l'expérience, plus on apprend à ne plus en avoir peur, et à passer outre. L'important est dans ce qu'il crée, pas dans sa forme.

RJ : Récemment, ton travail sur le film *Promising Young Woman* d'Emerald Fennell a été particulièrement remarqué. Une chose très intéressante dans ce film, c'est qu'il oscille entre des phases de montage assez classique, dans lesquelles on est immergé dans l'histoire (on ne se rend même pas vraiment compte de l'ambiance qui est créée par le montage), et des scènes avec des partis pris de montage où, d'un coup, le rythme devient très sensible. On peut notamment penser à plusieurs scènes qui empruntent à des esthétiques pop, à l'esthétique du clip, pour amener dans le cinéma narratif des éléments qui viennent de l'extérieur du cinéma. Comment est-ce que tu crées ce type d'alchimie au montage ? Quels sont les gestes concrets pour arriver à faire cohabiter toutes ces influences dans un film, et que ça reste cohérent ?

FT : Ce mélange des genres s'est imposé parce qu'il a été voulu dès le script par Emerald. C'est quelque chose avec lequel il fallait travailler.

Elle savait vers quoi elle voulait aller, et mon travail a principalement été de l'aider à mettre sur l'écran ce qu'elle avait en tête, à naviguer entre ces genres avec lesquels elle joue tout au long du film pour servir son propos. Être subversif dans l'écriture du montage comme elle l'a été dans l'écriture du script. Mais je pense que la clé du film, c'est le fait d'avoir une extraordinaire comédienne principale [Carey Mulligan], et d'avoir réussi à connecter le public avec son personnage dès les premières minutes. À partir du moment où le spectateur a envie de suivre Cassandra, avec sa personnalité particulière et le mystère qui l'entoure, on peut tout se permettre et le film devient un roller-coaster émotionnel.

RJ : J'ai entendu qu'Emerald Fennell t'avait donné la playlist du film dès le script.

FT : C'est ça, elle a donné la playlist à tout le monde dès leur première lecture du film. Le morceau de Paris Hilton, le morceau d'ouverture, celui de Wagner, tout ça était déjà dans le scénario. Ce sont des morceaux forts, qui ont une importance cruciale par rapport à la séquence, et toute la difficulté, ça a été justement de trouver un chemin pour que la musique ne vienne pas heurter l'expérience (en délimitant une série de plusieurs blocs séparés), mais au contraire, de faire en sorte que ces moments de changements soient justifiés à chaque fois par la narration – et donc dans le montage.

Tout le truc avec *Promising*, c'était justement de trouver comment lier tous ces moments pour qu'on ait un sentiment de fluidité, même si ça ne l'est pas.

Nous avons par exemple beaucoup travaillé sur comment amener le plus naturellement possible la séquence « Love montage / Rom Com » dans la pharmacie, dont la chanson devait impérativement être celle de Paris Hilton. Dans un film classique, le *score* aurait commencé sur le baiser dans le café pour se poursuivre sur la séquence de la pharmacie et le montage. Mais en faisant ça, on aurait perdu l'essence même de la séquence, tous ces détails qui expliquent pourquoi elle tombe amoureuse de lui, on aurait perdu jusqu'à l'identité même du film.

Il n'y a rien de tangible dans le montage, c'est quelque chose qui est totalement immatériel. Pour moi, il y a des séquences qui vous dictent « cette séquence-là doit avoir un rythme comme ça ». Parfois on se trompe, on s'égare, ça génère un ping-pong avec le réalisateur et fait évoluer la séquence, mais en fin de compte, c'est le film qui nous dit où aller.

RJ : Il y a une chose qui m'a aussi beaucoup fasciné, c'est que c'est un film qui se tient vraiment sur la brèche de la violence. Il emprunte pas mal de codes du *rape-and-revenge*, du film de vengeance d'une manière générale. À chaque instant, on s'attend à ce que la protagoniste use de la violence pour se venger, et ça n'arrive jamais. Toi qui as fait une partie de ta carrière dans le cinéma d'action, et dans un usage assez décomplexé de la violence (c'est très clair chez Pierre Morel, par exemple), est-ce que c'est une chose à laquelle tu as pensé ? Comment as-tu travaillé cette tension entre l'explosion et la retenue ?

FT : C'est vrai que *Promising* est un film sur la violence qui est imposée aux femmes. Donc à partir de là, le personnage féminin ne peut pas être dans une violence physique, et elle va être dans la tension psychologique. Et moi, ça m'intéresse. On parlait des films d'action. La violence : oui. Mais je n'ai pas l'impression d'être dans des films d'action à la violence gratuite. Déjà je suis quelqu'un qui n'aime pas la violence, c'est d'ailleurs pour ça qu'à la base je ne regardais pas particulièrement de films d'action.

RC : D'ailleurs, tu as fait ton service militaire dans l'audiovisuel, c'était déjà une manière de sortir du rang !

FT : Oui, totalement ! Je ne cherche pas la violence, au contraire, j'essaye de retenir. Je suis plutôt celui qui va dire « non, on ne va pas montrer ce plan-là parce que ça ne sert à rien ». Je suis pour la violence suggérée. Et c'est peut-être pour ça que je suis naturellement allé parfois vers un montage plus découpé. Parce que ça permet d'utiliser les meilleurs moments, et en même temps de masquer les choses qui sont trop violentes.

La violence, c'est une violence créée, c'est ça que j'aime : c'est faux. J'ai envie que les coups fassent mal, mais c'est manufacturé. Quelque part, je trouve plus dérangeantes ces séquences très réalistes de personnages qui se battent, ou de viol, où les choses se passent devant vous et vous êtes spectateur. 1) vous êtes impuissant et 2) c'est d'une réalité terrible. Je ne veux pas ça. Je veux que les gens ressentent la douleur du personnage mais que ça reste quelque chose de manufacturé, qu'ils sachent que l'on est dans un film. Nous sommes dans une représentation d'une réalité et on peut doser, équilibrer les ressentis et les émotions. Le plan-séquence pour moi peut être quelque chose de très dur car s'il est bien fait, il peut rapprocher le spectateur de la réalité et rendre chaque action plus violente. Comme dans *Promising.*

RC : Comment choisis-tu tes projets ? Et inversement, sais-tu comment tu es choisi pour tel ou tel film ? Parce que ce n'est pas anodin d'aller chercher Frédéric Thoraval, le monteur de *Taken*, pour *Promising Young Woman*, par exemple.

FT : Je me suis posé la question, et je pense qu'Emerald sur ce film-là a voulu avoir quelqu'un qui avait touché à tout, qui avait fait de l'action, qui avait fait des films d'horreur, qui avait joué avec les genres avec lesquels elle-même voulait jouer.

Je pense d'ailleurs que je ne suis pas facile à vendre parce que je ne rentre pas dans les cases. Il est souvent plus simple de prendre un monteur qui est spécialisé dans un genre spécifique. Après *Sinister* [de Scott Derrickson, en 2012], j'ai reçu énormément de projets d'horreur. Là je viens de faire *The Black Phone* [du même réalisateur], et je sais que je vais recevoir des scripts du même genre.

RJ : Dans l'imaginaire du cinéma, on aime bien décerner un poids symbolique à certaines professions. En France, c'est le réalisateur conçu comme « auteur », aux États-Unis ça serait peut-être plutôt le producteur. Et on voit aussi, parfois, une certaine « auteurisation » du monteur, dans la manière de penser les films : tel monteur a ce style, arrive à amener quelque chose qui lui est propre à une production pensée par quelqu'un d'autre. Et c'est intéressant d'être entre les cases, pour ça.

FT : C'est vrai aussi. J'ai travaillé sur un pilote avec Sam Raimi, et nous étions deux monteurs, pour des raisons de temps. Comme souvent avec Sam, il nous a demandé de monter les mêmes séquences. Et d'un coup, c'est la première fois que je me retrouvais – non pas à l'école, mais en situation professionnelle – à monter une séquence qu'un autre monteur montait de son côté. C'est bluffant parce que ce sont les mêmes rushes, et ce sont des séquences radicalement différentes. J'étais dans un montage plus dynamique, lui était plus proche d'un rythme de long-métrage, où on prend son temps. Et ce que je trouve génial, c'est que Sam est arrivé, il a pris un peu de chaque, et il a construit sa séquence. C'était passionnant de voir ça. Comment notre passé, notre histoire personnelle agit sur nos montages. Ce n'est pas une « patte », mais plus l'accumulation de nos expériences professionnelles et de vie qui nous fait interagir différemment avec la matière qui nous est donnée et je pense que c'est ça qui fait la différence.

Quand on coupe un film, on se raconte aussi, on met énormément de nous et je pense que c'est ça qui ressort. On a nos forces, nos faiblesses, on a nos habitudes, et ça se ressent dans le montage. Quand un metteur en scène m'appelle, c'est ça que j'essaie d'apporter : comment moi, avec mon histoire, je peux apporter quelque chose à ce film, m'adapter à ce qu'il veut, et quelquefois même me battre avec lui.

Sauf peut-être avec Pierre [Morel]. Avec lui c'est différent, il y a un côté « vieux couple ».

RC : C'est courant dans l'imaginaire du montage, l'idée du couple formé par un réalisateur et un monteur (ou d'ailleurs une monteuse, souvent).

FT : Oui, on est un couple et on se prend la tête comme tout couple. Et il y a des séparations, comme tout couple. On connaît tous les défauts de l'autre. Mais en fin de compte je fais des films avec lui parce que c'est lui.

En général, j'ai besoin de lire un scénario et d'avoir une connexion avec ce qui se passe, et de prendre des risques. J'avance avec mes tripes. Un film me parle ou ne me parle pas, j'ai besoin d'avoir cette connexion originale au moment de la lecture. Quand je monte, je monte de façon très instinctive. Je pense que cela fait aussi partie de notre culture française, ce côté très fort sur l'instinct.

RJ : Quelque chose qu'on associe quand même à l'art, à l'inspiration.

FT : Il y a de ça. Notre métier, c'est de travailler avec du matériel qui est de l'émotion. C'est pour ça qu'au bout d'un moment, le côté technique est complètement dépassé. Parce qu'un raccord, c'est créer de l'émotion. On est là pour ça. Donc à partir de là, le reste n'a pas d'importance.

Quand je dis que le film vous dit où aller, c'est parce qu'un film est vivant, il évolue au fur et à mesure des différentes phases d'écriture, des différentes interactions de nombre de protagonistes. Chaque département va apporter sa pierre à l'édifice (lumière, décor, maquillage, son, musique, etc.) et le film va peu à peu prendre de la maturité, garder ce qui est important, rejeter ce dont il ne veut pas. Nous sommes un peu des archéologues, des médecins légistes du film, on creuse dans les strates de son histoire, on essaie de le comprendre intimement. Mais pour moi il y a surtout quelque chose de plus mystique, organique, naturel. Nous sommes là pour écouter ce qu'il veut nous dire. Un bon film est un film qui a été bien écouté, qui n'a pas été forcé de suivre un chemin qui n'était pas le sien.

RC : Il y a plusieurs des partis pris que tu as exprimés durant l'entrevue auxquels je ne me serais pas attendu. Notamment le fait que tu as vraiment à cœur un certain classicisme. Tu es très attaché aux histoires, tu as beaucoup parlé du récit. Souvent, quand on te pose une question de montage, tu réponds d'abord en parlant de l'histoire, ou des personnages, et après seulement tu développes sur le montage.

FT : Pour moi, c'est ça le montage, ce n'est pas autre chose. C'est juste raconter l'histoire. Il y a tous ces moments de doute, c'est dur un film. Mais ce que j'adore, c'est quand on se retrouve à la fin, en *screening*, et on se dit « Putain, ouais, ça marche, il y a un truc de magique ». Mais *c'est* magique. C'est magique parce que ça n'arrive pas tout le temps. D'un coup, l'alchimie prend et on le sent, on est dans le film. C'est ça que j'aime. C'est de se faire prendre.

COMPOSER, COMPRESSER

Formes intensives du montage dans le cinéma d'avant-garde et expérimental

Dans un célèbre article publié en 1986, considéré comme l'un des textes fondateurs de la « nouvelle histoire » du cinéma, Tom Gunning mettait en évidence le fait que « L'histoire du cinéma des premiers temps, comme plus généralement celle du cinéma, a été écrite et théorisée dans un contexte d'hégémonie du cinéma narratif. Les premiers cinéastes – Smith, Méliès et Porter par exemple – ont été étudiés principalement du point de vue de leur contribution au cinéma en tant que médium de récit, particulièrement à travers l'évolution du montage narratif[1]. » C'est en prenant appui sur ce constat qu'il développe – dans ce texte, ou ailleurs avec André Gaudreault notamment – la notion de « cinéma d'attractions », dont il estime qu'il « ne disparaît pas avec la période de domination du récit, mais deviendrait plutôt souterrain à compter de ce moment-là [1906-1907], intégrant à la fois certaines pratiques d'avant-garde et certains films narratifs, de façon plus évidente dans certains genres (la comédie musicale par exemple) que dans d'autres[2]. » À une date plus récente, les *blockbusters* hollywoodiens ont abondamment recouru eux aussi à des stratégies attractionnelles, dans une perspective d'intégration narrative où les formes du montage tiennent un rôle majeur[3]. Ainsi, écrit le chercheur, « le cinéma-spectacle a clairement réaffirmé, dans un passé récent, son ancrage dans la culture de la stimulation[4] »,

1 Gunning, Tom, « Le cinéma d'attraction : le film des premiers temps, son spectateur, et l'avant-garde », *1895*, n° 50, décembre 2006 [1986], p. 56.

2 *Ibid.*, p. 57.

3 *Cf.* Gunning, Tom et Gaudreault, André, « Le cinéma des premiers temps : un défi à l'histoire du cinéma ? », dans Aumont, Jacques, Gaudreault, André et Marie, Michel (dir.), *Histoire du cinéma. Nouvelles approches*, Paris, Publications de la Sorbonne, 1989, p. 49-63.

4 Gunning, Tom, « Le cinéma d'attraction : le film des premiers temps, son spectateur, et l'avant-garde », art. cité, p. 65.

ce dont témoignent aussi les formes complexes et renouvelées que proposent certaines productions récentes, tournées dans le contexte des technologies numériques.

Mais si l'héritage de la cinématographie-attraction dans le champ des formes spectaculaires est aujourd'hui bien visible, qu'en est-il par ailleurs des « pratiques d'avant-garde » également évoquées par le texte de Tom Gunning ? Pour l'auteur, en effet, c'est avant tout « le caractère exhibitionniste de l'art populaire au tournant du [XXe] siècle qui fit son attrait pour l'avant-garde – notamment son affranchissement de la nécessité d'une diégèse et l'accent mis par lui sur la stimulation directe[5]. » La décennie qui s'étend de la fin de la Première Guerre mondiale à la généralisation du son synchrone fut en effet le théâtre d'un nombre considérable de réflexions pratiques et théoriques sur le cinéma, et singulièrement sur les formes et les fonctions du montage. D'Abel Gance à Germaine Dulac, d'Eisenstein à Vertov, de Paul Leni à Hans Richter, de Robert Florey à Ralph Steiner, un peu partout s'élaborent des conceptions du montage qui ambitionnent de dépasser l'agencement linéaire des plans, et de penser les vertus de la discontinuité inhérente au matériau filmique contre la continuité narrative et représentative qui se développait alors majoritairement. La syncope, le hiatus, la répétition, la fragmentation, le choc sont quelques-unes des modalités de ces formes du montage qui, en dépit de leur diversité, empruntent souvent à la musique ou à la peinture des modèles d'agencement du visible relevant du paradigme de la *composition*, qu'il s'agisse de l'intervalle vertovien, de la « symphonie visuelle », ou encore du « rythme coloré ».

Cette histoire est désormais bien connue et documentée. Elle a parfois irrigué à son tour des conceptions et des pratiques du montage que l'on retrouve dans de larges pans de la production audiovisuelle ultérieure, y compris la plus populaire, comme en attestent notamment l'histoire de la publicité, du vidéoclip, ou du cinéma à grand spectacle. Mais qu'en est-il du cinéma d'avant-garde ou « expérimental » en tant que tel ? C'est cette question que l'on se proposera de soulever ici, en postulant qu'au-delà – ou à côté – de leur reprise par l'industrie cinématographique et audiovisuelle, les formes complexes du montage élaborées dans le creuset des années 1920 se sont aussi prolongées dans le champ même

5 *Ibid.*, p. 61.

de l'expérimentation filmique, donnant lieu à des initiatives qui en portent l'héritage, tout en les transformant de manière parfois radicale.

Pour tenter de comprendre ce dont la cinématographie-attraction constitue la genèse dans l'ordre spécifique des formes expérimentales en termes de montage, on formulera dans un premier temps l'hypothèse qu'à côté de la grande forme, narrative et fondamentalement *extensive*, qu'est celle du long métrage de fiction, se sont aussi développées des formes *intensives* du montage, que le cinéma expérimental a particulièrement approfondies, et qui ne se manifestent pas uniquement au niveau local – celui de l'intégration narrative –, mais à un niveau structurel et global, c'est-à-dire à l'échelle du film entier, dès lors que celui-ci ne se trouve plus assujetti à la logique narrative. Ce faisant, il s'agira aussi de mettre en évidence des types de composition filmique qui manifestent à travers le montage un degré important de complexité, ce qui peut rendre malaisée la compréhension de ces œuvres, mais n'en constitue pas moins leur horizon esthétique. Dans un second temps, et à partir de quelques exemples choisis pour le rôle qu'ils donnent à la fois au montage et à sa réalisation technique, on s'arrêtera plus spécifiquement sur l'une de ces formes intensives qui nous semble particulièrement féconde, celle de la compression.

INTENSIVITÉ ET EXTENSIVITÉ DU MONTAGE

Commençons par revenir brièvement au texte de Tom Gunning. Celui-ci estime qu'à l'époque où l'avant-garde promouvait l'invention de formes nouvelles, visant simultanément à lutter contre l'uniformisation des structures filmiques, « Marinetti et Eisenstein avaient compris qu'ils puisaient dans une source d'énergie qui demanderait à être *concentrée* et *intensifiée* pour accomplir ses potentialités révolutionnaires[6]. » Il nous faut donc, dans un premier temps, examiner l'hypothèse d'un travail du montage qui, dans le champ du cinéma expérimental, vise fréquemment à élaborer des formes d'intensification visuelle.

---

6 *Ibid.*, p. 65 (je souligne).

Cette proposition s'appuiera sur ce qui demeure sans doute le point d'achoppement le plus saillant entre les productions « grand public » et celles du cinéma expérimental, les premières étant nécessairement tributaires d'une structure narrative dans laquelle le récit se déploie *extensivement* (même si les séquences attractionnelles y constituent des moments localisés de pause, de rupture ou de relance) ; alors que les secondes, historiquement déliées de ce type d'obligation, ont régulièrement cherché à élaborer des textes filmiques dans lesquels la composition d'ensemble est d'emblée et avant tout considérée comme un fait de structure, donnant naissance à des œuvres qui seront parfois conçues comme fondamentalement *intensives*. Pour caractériser plus clairement les formes et les enjeux de ce travail d'intensification, on se penchera sur quelques cas de pratiques filmiques qui envisagent le montage dans une optique visant à manifester quelque chose de la structure du film lui-même : pratique du *Frozen Film Frame*, consistant à exposer d'un seul tenant l'intégralité du ruban filmique constituant un film, plutôt qu'à en projeter successivement les différents photogrammes ; recours à des systèmes de partition visuelle permettant d'élaborer le montage au photogramme près ; ou encore, pratiques de montage/composition du film dans la caméra, au stade de la prise de vues.

Ce que l'on cherche à nommer ici n'est pas seulement le hiatus, l'interruption brutale ou la coupe irrationnelle, tels que des cinéastes ont pu les mettre en œuvre au sein de documentaires ou de films de fiction. Il ne s'agit donc ni des faux-raccord brutaux qui parsèment les films de Robert Bresson, ni de l'éclatement virtuose d'une scène par le montage telle qu'on peut la rencontrer dans ceux de Sam Peckinpah ou de John Woo, ni enfin de la pratique du *jump cut*. Splendides dans leur exécution, bouleversants dans l'économie du récit, ces procédés tirent néanmoins leur puissance du fait qu'ils introduisent une rupture toujours provisoire du régime narratif ordinaire et que, passés ces moments, c'est à nouveau la fluidité ou en tout cas une certaine logique des enchaînements qui prévaudra, c'est-à-dire une certaine manière de produire et d'envisager le sens. Le récit audiovisuel pourra donc ménager autant de stases, d'arrêts, de nœuds ou de dislocations que l'on voudra, mais il finira toujours par produire, *in fine*, un ensemble que l'on appréhende à partir d'une lecture linéaire, dont le montage reste donc toujours à comprendre comme le produit d'un développement extensif.

Dans le champ des sciences et techniques, et en particulier de la thermodynamique, l'extensivité renvoie à la quantité d'un système (volume, nombre, masse), composé d'éléments interdépendants qui affectent l'intégralité de sa mesure, tandis que l'intensivité renvoie à une caractéristique homogène au système ou à l'une de ses parties (température, pression)[7]. En d'autres termes, si l'on transpose – métaphoriquement bien sûr – ces caractéristiques au système que forme tout film, on pourrait dire qu'une conception extensive du montage vise à produire une forme qui fonde la construction du sens sur le paradigme de la narrativité, c'est-à-dire d'une compréhension peu ou prou horizontale, opérant par consécution (un plan après un autre, une séquence après une autre, mis bout à bout et surtout, compris bout à bout). Inversement, une conception intensive du montage produit précisément des intensités, singulières et sensibles[8], et ne produit même, en un sens, que cela. Il ne s'agit pas pour autant de dire que chaque film expérimental invente un modèle structurel qui lui serait propre, mais on peut en tout cas faire l'hypothèse que dans beaucoup de ces films, la fonction du montage n'est pas d'organiser l'enchaînement des plans,

7 Voir Redlich, Otto, « Intensive and Extensive Properties », *Journal of Chemical Education*, vol. 47, nº 2, 1970, p. 154-156. Cette référence est issue du mémoire de Master en études cinématographiques d'Arthur Péraud, « Imaginaire attractionnel des formes numériques dans le *blockbuster* contemporain (2008-2018) », soutenu à l'université Rennes 2 en 2020 (https://dumas.ccsd.cnrs.fr/dumas-02940405, dernière consultation le 24 février 2021). Arthur Péraud y soutient notamment la thèse que les *blockbusters* récents, étant entièrement tournés en numérique, s'affranchissent du modèle linéaire imposé par le tournage sur pellicule, et ce faisant, inventent des formes attractionnelles qui rendent compte d'une production énergétique déliée du cadre attaché à la notion de plan, à travers des phénomènes d'image tels que la superfluidité, l'élasticité des liaisons, la bascule, l'autogénération, la plasmaticité (terme initialement forgé par S. M. Eisenstein pour désigner l'extrême élasticité corporelles des figures forgées par le studio d'animation, et leur intense potentiel de déformation) ou encore l'intensification. Sur les relations entre montage cinématographique et lois de la thermodynamique, et la « théorie énergétique du montage », que nous n'avons pas la possibilité de développer ici, voir Faucon, Térésa, *Théorie du montage – Énergie, forces et fluides*, Paris, Armand colin, coll. « Recherches », 2013.

8 Gilles Deleuze a développé en terrain philosophique une riche (et complexe) conception de l'intensité, arc-boutée au primat de la sensation – immédiate et locale – sur la compréhension – durative et étendue. Ainsi l'intensité est-elle pour lui « différentielle » par nature, « différence en elle-même » (Deleuze, Gilles, *Différence et répétition*, Paris, Presses universitaires de France, 1968, p. 287). Elle exprime l'activité de « particules asignifiantes » (Deleuze, Gilles et Guattari, Félix, *Capitalisme et schizophrénie 2 – Mille plateaux*, Paris, Minuit, coll. « Critique », 1980, p. 10), et la question qu'elle soulève « n'est pas celle de l'organisation mais de la composition » (*Ibid.*, p. 312).

mais plutôt de problématiser, de rendre visibles, sensibles et intelligibles les relations dans lesquelles chaque image entre vis-à-vis des autres, de l'échelle du photogramme à celle du film entier.

C'est aussi pour ces raisons que l'hypothèse d'un montage intensif a certainement à voir avec la notion d'attraction (notamment par ses affinités avec l'idée tout à la fois d'une mécanique et d'une énergétique du montage), sans pour autant s'y résumer. Il nous semble en effet qu'un des enjeux centraux de la cinématographie-attraction, y compris dans ses premiers usages par les avant-gardes, réside en ce que les attractions y sont, presque par principe, destinées à être pensées au sein d'un ensemble de plus grande ampleur, comme « unités autonomes *promises* à un montage pour un effet donné plutôt que les maillons d'une chaîne continue[9]. » Le montage des attractions est ici compris comme un débord, une saillie visuelle ou une embardée, qui sera d'autant plus remarquable qu'on peut y repérer comment tout à la fois il s'oppose et s'intègre au régime « ordinaire » de la représentation cinématographique. C'est ainsi par exemple que Gilles Deleuze qualifiait le travail de la lumière dans le cinéma expressionniste allemand, conçu sinon comme un montage, du moins comme une composition au sein de laquelle « [l]e mouvement se déchaîne, mais au service de la lumière, pour la faire scintiller, former ou disloquer des étoiles, multiplier des reflets, tracer des traînées brillantes[10] ». Ainsi, poursuit-il, « Ce qui appartient à la lumière [dans les films expressionnistes], c'est d'envelopper un rapport avec le noir comme négation [...], en fonction duquel elle se définit comme intensité, qualité intensive. L'instant apparaît ici (contrairement à l'unité et à la partie extensives) comme ce qui appréhende la grandeur ou le degré lumineux par rapport au noir[11]. »

Les formes intensives du montage peuvent ainsi apparaître ponctuellement, à l'intérieur d'une structure qui restera perçue comme globalement extensive – c'est le *blockbuster*, mais aussi la cinématographie-attraction telles que développée par les avant-gardes du début du XXe siècle –, mais elles peuvent aussi être désirées, travaillées et obtenues, plus radicalement, à l'échelle du film entier. C'est en ces termes que le

9 Gunning, Tom, « Le cinéma d'attraction : le film des premiers temps, son spectateur, et l'avant-garde », résumé de l'article, *op. cit.*, p. 182.

10 Deleuze, Gilles, *Cinéma I. L'image-mouvement*, Paris, Minuit, coll. « Critique », 1983, p. 73.

11 *Ibid.*, p. 74.

formule à nouveau Tom Gunning dans un texte plus récent, consacré au cinéaste autrichien Peter Tscherkassky, dont il estime que les films produisent « une collision de temporalités plutôt qu'une simple progression narrative[12]. » La cinéaste et chercheuse Claudine Eizykman avait quant à elle présenté ses propres films en des termes voisins, à la fin des années 1970, estimant que :

> Dans chacun des films que j'ai réalisés, la continuité est toujours apparue comme l'effet à casser, car annulant toutes les opérations de fractures. Il y a un paradoxe à produire des films intermittents, c'est-à-dire non linéaires, non implicatifs, non chronologiques, alors que le support de base, le ruban, est irréversible, linéaire, continu. […] C'est la série de ces opérations de cassure qui forme le corps du film, l'émergence de battements et de vitesses ne s'appréhende pas sur le mode descriptif […], mais sur le mode de l'éprouvé[13].

Quelques années plus tard, évoquant les films « structurels » nord-américains des années 1960 et 1970, Eizykman stipulera qu'à ses yeux « Ces films expérimentaux se déploient dans un espace-temps incommensurable avec celui des films constitués de mouvements et de relief extensifs[14]. » Mais comment comprendre, plus précisément, la nature de cet « espace-temps incommensurable », et les formes du montage à travers lesquelles il se manifeste ? Dans l'ensemble, les cinéastes expérimentaux ne se sont guère préoccupés d'inscrire leurs formes à l'intérieur du cadre fourni par la narration (chronologie, enchaînement, raccords, principe de causalité…), mais plutôt de contester ou d'interroger frontalement ce cadre. L'une des choses qui émerge avec les avant-gardes dans les années 1920, et qui sera amenée à prendre de l'ampleur, c'est donc peut-être une conception du montage entendu comme une opération sémantique et figurative fondamentalement complexe et polysémique. Ce qui ne signifie pas, bien sûr, que le montage des films narratifs ne soit pas complexe, dans sa structure ou sa mise en œuvre : il l'est assurément, et il est même parfois *très* complexe. Mais il existe toutefois des films qui ont fait de

---

12 Gunning, Tom, « Peter Tscherkassky Manufractures Two Minutes of (Im)Pure Cinema », dans MacKenzie, Scott et Marchessault, Janine (dir.), *Process Cinema – Handmade Film in the Digital Age*, Montréal & Kingston, McGill-Queens University Press, 2019, p. 96 (nous traduisons).

13 Eizykman, Claudine, « *Bruine Squamma*, vitesses textures battements » [1978], *Le film-après-coup*, Saint Denis, Presses universitaires de Vincennes, coll. « Esthétiques hors-cadre », 2019, p. 141.

14 Eizykman, Claudine, « Après-coup » [1990], *Ibid.*, p. 292.

cette complexité un véritable projet, et qui pour ce faire ont développé à travers le montage des formes de complexité qui se caractérisent par le fait qu'elles sont résolument intensives. La prise en considération du photogramme, et de la discontinuité inhérente à l'organisation de la bande filmique, tiennent dans ces pratiques un rôle majeur.

On a ainsi remarqué, de longue date, que l'un des acquis importants du cinéma expérimental est d'avoir considéré le photogramme, et non pas le plan, comme l'unité fondamentale de composition du film. Cette position se retrouve de façons diverses dans les films et les écrits de Fernand Léger, d'Abel Gance ou de Man Ray, de Ralph Steiner ou de Dziga Vertov ; puis, quelques années plus tard, dans les positions de cinéastes tels que Peter Kubelka ou Paul Sharits, mais aussi Peter Tscherkassky, Jonas Mekas ou Kelly Egan, qui n'ont pas décidé par hasard de donner à certains de leurs films un double régime d'existence, et d'expérience : d'une part celui du film projeté, constitué d'une multitude d'intensités singulières se succédant à très grande vitesse ; d'autre part celui du film exposé, ou *Frozen Film Frames*, qui oblitère le caractère duratif de cette expérience pour faire apparaître *a contrario* un autre élément important. Il s'agissait en effet pour ces cinéastes de caractériser des formes et des pratiques du montage qui ne visent pas le déploiement d'un récit, ni même la reconstitution d'un espace-temps cohérent, mais au contraire, l'autonomisation de chaque image et leur combinaison dans un projet filmique dont la composition est d'emblée et avant tout considérée comme un fait de structure, que les *Frozen Film Frames* ont pour ambition de donner à comprendre pour ainsi dire d'un coup d'œil, c'est-à-dire d'un seul tenant.

Ce n'est pas un hasard non plus si les cinéastes qui ont donné à leurs films ce mode d'existence ont parfois conçu des partitions visuelles sophistiquées, permettant d'élaborer très précisément leur montage, au photogramme près, y compris dans des circonstances où ce montage se faisait directement dans la caméra, au stade de la prise de vues. C'est notoirement le cas pour Kubelka et Sharits, mais aussi, et parmi d'autres, pour Christian Lebrat, Rose Lowder, ou Guy Sherwin. L'utilisation de ces partitions, couplée parfois à la composition des films dans la caméra, sans recourir à une table de montage, a ainsi permis à plusieurs cinéastes de fixer, en même temps qu'ils l'inventaient, la structure générale de certains de leurs films. Ce faisant, elle permet aussi de relativiser l'idée selon laquelle le montage serait une opération relevant fondamentalement de la « postproduction », c'est-à-dire de l'agencement *a posteriori* des prises de vues. Il semble en effet qu'on puisse mieux rendre compte des enjeux rattachés au montage dans les pratiques expérimentales, si l'on adopte un point de vue qui n'est pas celui de la postproduction mais, plus largement, de la composition. Et ce faisant, de souligner la manière dont les films expérimentaux articulent indissociablement des pratiques et des conceptions du montage, que l'on peut difficilement aborder sous des angles séparés.

En effet, là où les pratiques « professionnelles » et industrielles du cinéma ont assez vite vu dans le montage un moment déterminé de la fabrication du film, associé à des champs de compétence et d'intervention soigneusement délimités, l'avant-garde fera souvent, quant à elle, l'hypothèse ou le pari d'un montage permanent, c'est-à-dire d'un processus qui concerne et qui affecte l'ensemble du film, et dont le travail matériel de coupe et de collure, intervenant après la prise de vues, ne représente qu'une des formes, parmi beaucoup d'autres. Ainsi, c'est peut-être parce que ces cinéastes ont conçu leurs films comme des formes qu'il s'agissait de composer dès le stade de leur conception, avant de les considérer comme un tout dont les fragments, dispersés à la prise de vues, devaient être réagencés au montage, qu'ils ont pu ouvrir la voie à des pratiques du cinéma qui ont assez vite revendiqué le droit et l'intérêt de travailler sur la discontinuité visuelle contre la continuité narrative. Dans cette perspective, le rapport qui s'établit entre les images relève ainsi de la corrélation, plutôt que de la causalité. Dès l'ouverture de son ouvrage consacré aux formes du montage dans le cinéma d'avant-garde, Vincent Deville pose cette question de façon beaucoup plus directe, en se demandant « Comment envisager un film dont je ne comprends pas d'emblée la structure[15] ? » Cette question en amène immédiatement une autre : celle de savoir *pourquoi* je ne comprends pas cette structure. La comprendre, ce ne sera pas « élucider » le film, comme s'il s'agissait d'une énigme ou d'un rébus, mais ce sera peut-être adopter vis-à-vis du film un autre registre d'attente (et d'attention) que celui que je mobilise « naturellement » (c'est-à-dire, en fait, par reconduction d'habitude) devant un film narratif opérant en régime d'extensivité.

15 Deville, Vincent, *Les formes du montage dans le cinéma d'avant-garde*, Rennes, Presses universitaires de Rennes, coll. « Le Spectaculaire », 2014, p. 11.

UNE FORME INTENSIVE EXPÉRIMENTALE : LE MONTAGE PAR COMPRESSION

Au début de son étude consacrée aux films de Peter Tscherkassky, Tom Gunning indique que son objectif sera « d'esquisser la temporalité *compressée* et *complexe* des films [du cinéaste], qui s'oppose au temps narratif *étendu* du long métrage commercial[16]. » Cette manière d'opposer deux régimes de la construction temporelle nous invite à préciser les remarques générales faites précédemment, en nous attardant sur certains films qui manifestent de façon exemplaire les enjeux du montage intensif, à travers ce que l'on peut nommer un montage par compression. Il s'agira ainsi de montrer qu'au cinéma, la compression est tout à la fois *une pratique, une pensée et une forme* du montage, profondément travaillées par le registre de l'intensification.

Les occurrences de la compression filmique sont nombreuses et diverses dans l'histoire du cinéma expérimental, et elles sont souvent tributaires des machines avec lesquelles – et grâce auxquelles – le montage de ces films s'est progressivement élaboré. Au-delà des pratiques mentionnées précédemment, on évoquera aussi comme relevant du montage des techniques comme celle du rayogramme, initiée par Man Ray au début des années 1920, et reprise par différents cinéastes qui envisageront à sa suite le photogramme comme un plan de composition pouvant être assimilé à la pratique du vitrail[17]. On considérera également des pratiques de la compression filmique qui envisagent la coupe comme un prélèvement dans un matériau préexistant à des fins de sélection et

16 Gunning, Tom, « Peter Tscherkassky Manufractures Two Minutes of (Im)Pure Cinema », art. cité, p. 96 : « to trace the compressed and complex temporality of Tscherkassky's films, which is so opposed to the extended narrative time of the commercial feature. » (nous soulignons). Ici nous traduisons le terme « extended » par « étendu », comme il se doit, mais on aurait pu pousser un tant soit peu l'interprétation en le traduisant par « extensif ».

17 Deville, Vincent (*Les formes du montage dans le cinéma d'avant-garde*, *op. cit.*, p. 120) décrit ainsi les pratiques relevant du vitrail ou de la mosaïque : « le bris de totalités présumées et le remembrement d'une unité idéalisée. » Il s'agit ainsi, plus concrètement, de « coupe[r] dans la pellicule et [de] recolle[r] d'autres fragments d'images dans la partie évidée » (*Ibid.*), ou encore de composer le film, photogramme par photogramme, à partir d'éléments disjoints et empruntés à d'autres films, qui seront assemblés à l'intérieur de chaque image.

d'agencement structurel, plutôt que comme le lieu et l'instrument d'un raccord entre deux continuités spatio-temporelles. Enfin, on s'intéressera aux formes numériques de la compression audiovisuelle, à partir de deux fonctionnalités techniques qui affectent les pratiques et la pensée du montage : d'une part, le phénomène d'entrelacement, qui désigne une opération technique permettant de réduire les effets de clignotement des images en alternant les lignes paires et impaires d'une image dans une trame vidéo. D'autre part, le procédé technique de compression des données numériques – à distinguer donc, au moins partiellement, de la compression comme forme esthétique au sens large –, qui ouvre sur les pratiques parfois désignées sous le terme de *Datamoshing*, invitant ainsi à repenser la manière dont le numérique affecte et réinvente le montage, en faisant de celui-ci non plus un enjeu de passage d'un plan à un autre, mais plutôt un principe de contamination d'une image par une autre.

Dans le champ des pratiques artistiques, et plus particulièrement des arts plastiques, le terme de compression est souvent associé à la pratique du sculpteur français César (1921-1998). Mais que voit-on lorsqu'on est face à une « compression » de César, par exemple la célèbre *Dauphine*, réalisée en 1958 en compressant une voiture sous forme de parallélépipède à l'aide d'une presse hydraulique ? Est-ce une voiture ? Le fantôme ou le souvenir d'une voiture ? Une fonctionnalité détruite, ou détournée ? C'est effectivement un peu de tout cela, mais ce que l'on voit aussi, et peut-être avant tout, c'est une forme, et ce à double titre : pas seulement une forme *compressée*, mais aussi une forme *de la compression*.

Pour revenir au cinéma et à la question du montage, on peut ainsi estimer que le principe de compression met en œuvre, simultanément, une pratique et une pensée du montage, qui sont toutes deux fondamentalement intensives, plutôt qu'extensives. Parce qu'il est majoritairement utilisé comme une modalité du récit filmique, le montage est la plupart du temps pensé comme extensif : il se déploie, il s'étend. Dans les cas qui nous intéressent ici, au contraire, il s'agit de faire entrer les images et la structure du film en elles-mêmes, de les concasser, voire de les faire imploser.

Il existe de nombreuses manières de penser le montage à partir du motif de la compression, dans une approche intensive du montage. D'abord, il y a les pratiques de *Frozen Film Frames* et de la partition visuelle, déjà évoquées, qui condensent en une image fixe – ou un schéma, dans le second cas – l'ensemble des photogrammes qui constituent le film, en oblitérant sa dimension consécutive et durative, pour en exposer la structure, dès lors offerte au regard d'un seul tenant. Dans une perspective différente, on peut aussi évoquer comme relevant du montage, autant que de l'enregistrement, ce qui se joue au stade de l'inscription même des images sur le support film, en évoquant notamment la pratique du rayogramme, de Man Ray (*Retour à la raison*, 1923) à Peter Tscherkassky (*Dream Work*, 2002), en passant par Stan Brakhage (*Mothlight*, 1963). On sait en effet que ce mode d'intervention, consistant à déposer des objets directement sur le support film puis à les exposer à la lumière pour en fixer la trace, permet notamment de court-circuiter la continuité de la bande filmique, dans la mesure où certains objets – ailes de papillons chez Brakhage ; épingles, punaises ou ressorts en métal chez Man Ray – sont disposés à cheval sur deux ou plusieurs photogrammes. Au stade de la projection, il en résultera donc des fragments d'objets successivement projetés image par image, tandis qu'ils conservent leur intégrité au plan de l'inscription sur le support physique. Souvent assimilée à la pratique du collage, très en vogue dans les années 1920 sous l'influence des mouvements cubiste et Dada, on peut également y voir, dans la perspective élargie de l'histoire des formes cinématographiques, une manière de produire une perception tout à la fois éclatée et compressée de ces objets du quotidien, ici transfigurés par leur traitement visuel. Le rayogramme peut ainsi être associé au champ de la compression filmique, tout comme la pratique ultérieure qui consistera à considérer la composition du film comme relevant du vitrail, à partir d'un travail réalisé cette fois à l'intérieur même de chaque photogramme, comme c'est le cas notamment dans les films de Frédérique Devaux (exemplairement la série « K », 2002-2008[18]) ou de David Matarasso (*The Action*, 2012[19]).

18 Des extraits de ces films sont visibles sur le site du Collectif Jeune Cinéma, notamment à l'adresse suivante : https://vimeo.com/145528492 (dernière consultation le 24 février 2021). À propos du travail de Frédérique Devaux, voir Deville, Vincent, *Les formes du montage dans le cinéma d'avant-garde*, *op. cit.* ; Contant, Carole et Thouvenel, Éric, « Le continent des signes – Entretien avec Frédérique Devaux », *Fabriques du cinéma expérimental*, Paris, Paris Expérimental, coll. « Classiques de l'Avant-Garde », 2014, p. 25-40.

19 Le film est visible à l'adresse suivante : https://vimeo.com/41995477 (dernière consultation le 24 février 2021).

On peut également considérer d'autres types de compression filmique, tel celui qui consiste à penser l'opération de coupe et de collure comme un moyen d'intensification figurative d'un matériau préexistant, plutôt que comme l'instrument d'une suture entre des espaces-temps plus ou moins hétérogènes, et que l'on pourrait qualifier de montage paratactique[20]. De nombreux films dans l'histoire du cinéma expérimental illustrent ce rapport au montage. C'est par exemple le cas du court film de Len Lye, *Rythm* (1957), ou encore du célèbre *Rose Hobart* de Joseph Cornell (1936), œuvre de réemploi qui, à quelques exceptions près, ne conserve du film d'aventures de George Melford *East of Borneo* (1931), que les plans où apparaît l'actrice qui donne son titre au film de Cornell, produisant ainsi une synthèse élégiaque délibérément tournée vers la célébration de l'actrice, au détriment de la compréhension du récit initial[21]. Sur un autre registre, on peut aussi penser à la version « compressée » de *Wavelength* (1967) de Michael Snow, réalisée en 2003. Intitulée *WVLNT* et malicieusement sous-titrée « *Wavelength for Those Who Don't Have the Time* », il s'agit d'une œuvre existant exclusivement en vidéo. Elle constitue la réponse ironique du cinéaste aux demandes qui lui étaient faites, depuis plusieurs années, d'éditer *Wavelength* en DVD. Refusant d'altérer l'expérience initiale de ce (faux) zoom continu de 45 minutes, qu'il estime tributaire des conditions de visionnement en salle, Snow a décidé de compresser le film en surimposant l'un sur l'autre les trois longs plans de 15 minutes qui le composent. *WVLNT* n'est ainsi pas seulement une boutade à l'attention de ceux qui penseraient pouvoir s'exempter de l'expérience du film en salle. Il représente aussi une manière différente d'appréhender cette expérience perceptive « extrême » que constituait *Wavelength*, en transformant radicalement le

20 Comme l'a expliqué Dominique Chateau lors de sa communication « La définition du montage par l'*Aufhebung* et quelques autres figures plus ou moins dialectiques », à l'occasion du colloque « L'émergence du concept de montage » (Université de Lausanne, 11-13 novembre 2019), le montage paratactique supprime les connecteurs logiques – « Cogito sum » plutôt que « Cogito ergo sum » –, mettant en œuvre une opération relevant de la parataxe plutôt que de l'hypotaxe.

21 Sur le caractère « élégiaque » du film de remploi, voir Brenez, Nicole, « Montage intertextuel et formes contemporaines du remploi dans le cinéma expérimental », *CINéMAS*, vol. 13, nº 1-2, « Limite(s) du montage », Automne 2002, p. 52-53. Sur *Rose Hobart* et les stratégies de sélection opérées par Joseph Cornell, voir notamment, Long, Derek, « Reconstructing *Rose Hobart*. Joseph Cornell's Recutting of *East of Borneo* », *New Review of Film and Television Studies*, vol. 13, nº 4, 2015, p. 313-353.

rapport à la spatialité et à la temporalité qui le structurait à l'origine, par un travail de sape qui oblitère notamment la compréhension initiale du film à partir d'une exploration de la profondeur de champ[22].

Enfin, et sur un registre toujours voisin, on peut mentionner également la vaste série de films réalisés par Gérard Courant entre 1995 et 2018 (près de 400), intitulée précisément « Compressions ». Dans cette série de brèves vidéos, reprenant des images de films plus ou moins célèbres, il s'agit à chaque fois de compresser les œuvres sources pour les réduire à une poignée de minutes, sans éliminer pour autant un seul des plans qui les composent. Il est possible – même si on ne l'a pas vérifié – que cette idée ait été soufflée à Gérard Courant par un film plus ancien, réalisé par Standish Lawder[23] en 1973, *Intolerance (Abriged)*. Le monument de Griffith, *Intolérance* (1916), y est ramené à une durée de dix minutes par une opération de ponction systématique dans les photogrammes qui le composent. Grâce à une tireuse optique qu'il avait lui-même construite, équipée d'un séquenceur permettant de programmer à l'avance les opérations de re-photographie, Lawder n'a en effet conservé qu'un photogramme sur 20 environ de la copie à partir de laquelle il a travaillé[24]. Comme chez Michael Snow, il y a bien sûr de l'ironie dans le titre de ce film ; mais on peut aussi souligner, plus sérieusement, à quel point cette compression de dix minutes permet de rendre tout à la fois visible et sensible, pour les spectateurs, des éléments structurels importants du film de Griffith, tels que la durée relative des plans, l'équilibre des séquences ou encore la fonction rythmique des mouvements de caméra et des opérations de cadrage. En prenant pour objet un matériau narratif préexistant et non une série de prises de vues élaborées directement par Standish Lawder, *Intolerance (Abriged)* rejoint

22 Un compatriote de Michael Snow, Alexandre Larose, a exploré également ce procédé dans les 19 films qui composent la série des « Brouillards » (2009-2015). Dans chacun d'entre eux, le cinéaste effectue un trajet, toujours identique dans chaque opus (et de film en film à l'exception du premier), sur un chemin situé non loin d'un lac, puis revient en arrière, rembobine la pellicule dans la caméra, et recommence, de 30 à près de 250 fois, selon les versions. Parvenu à un tel nombre de surimpressions, le film produit un floconnement très particulier, un brouillard qui n'est plus dans mais *de* l'image, une image-brouillard qui compresse des strates spatiales et mémorielles en altérant la perception de la profondeur.

23 Rappelons que Standish Lawder est également l'auteur de l'ouvrage *The Cubist Cinema*, New York, New York University Press, 1970.

24 Standish Lawder a fait une démonstration de cet appareil en 1975, dans l'un des numéros de l'émission télévisée *Screening Room*, produite et présentée par Robert Gardner pour une chaîne de télévision locale de Boston, puis diffusée sur le réseau ABC.

ainsi, d'une façon différente et avec d'autres ressources techniques, l'ambition qui était au cœur des *Frozen Film Frames* : rendre apparente et intelligible, à travers une opération de compression produisant une forme intensive, la structure complexe de films qui, dans leur régime de fonctionnement « habituel », proposent des expériences fondées sur la durée, qu'elle soit intensive (Sharits, Kubelka et consorts) ou extensive (Griffith, ou les cinéastes appropriés dans la série de Gérard Courant).

Pour finir, il importe d'indiquer une autre modalité possible de la compression dans le cinéma expérimental, celle de l'entrelacement. L'opération de tressage ou d'entrelacement des images dans le régime de production argentique, photogramme par photogramme, est au cœur d'un riche ensemble de pratiques filmiques que l'on désigne généralement sous le terme de *Flicker Films*, et dont Peter Kubelka, Paul Sharits, Tony Conrad ou Rose Lowder comptent parmi les principaux représentants. Mais dans le champ de la vidéo numérique, l'entrelacement est aussi le nom d'une procédure technique permettant de réduire les effets de clignotement des images. Pour ce faire, on double la cadence de défilement des images tout en réduisant la résolution de chacune d'entre elles en deux trames, deux « demi-images » pour ainsi dire, afin de ne pas consommer trop de bande-passante. Le procédé d'entrelacement consiste ainsi à afficher, dans une trame vidéo, les lignes impaires d'une image, puis, dans la trame suivante, les lignes paires de l'image qui suit. En tant que procédure technique mais aussi en tant que motif esthétique (ces deux dimensions étant liées, sans se recouper tout à fait pour autant), l'entrelacement permet d'envisager la manière dont les technologies numériques ont incité certains cinéastes à déplacer le rapport qu'ils entretiennent au montage, en relativisant voire en contestant l'importance donnée à la continuité technique de la prise de vues comme à celle, perceptive, du plan. À ce titre, on peut évoquer par exemple les films récents de Martin Arnold sur des figures de *cartoons*[25], dans lesquels il disloque puis recompose numériquement des fragments de corps, ou des arrière-plans, selon une logique figurative et rythmique qui en perturbe l'appréhension tout en démultipliant leurs possibilités combinatoires. Pensons également aux formes paradoxales

25 Certains de ces films sont visibles à l'adresse suivante : https://www.martinarnold.info/ (dernière consultation le 24 février 2021).

de relief développées dans certaines œuvres de Ken Jacobs[26], obtenues grâce au procédé technique de l'*Eternalism* que le cinéaste a fait breveter en 2007. Se présentant comme « une méthode permettant de créer l'apparence d'un mouvement continu et illimité en trois dimensions, par l'usage d'un nombre limité d'images[27] », l'*Eternalism* consiste à faire alterner rapidement deux images fixes, quasiment identiques (hormis une légère différence de point de vue calculée sur la parallaxe de la vision binoculaire humaine), et une image noire, ce qui suscite chez le spectateur l'impression d'un mouvement en relief indéfiniment maintenu, tournant en boucle sur lui-même. Un mouvement non-extensif donc, obtenu par une alternance très rapide des images qui, pour le spectateur, s'apparente visuellement à un entrelacement, comme dans les *Flicker Films* où notre appareil perceptif est pris de vitesse, et croit voir se chevaucher des images qui, en réalité, lui apparaissent toujours de façon successive.

Le cinéaste autrichien Johann Lurff a recouru à un principe assez similaire pour son film *Twelve Tales Told*, réalisé en 2014. En tressant progressivement ensemble, par très brefs fragments, les images et les sons qui composent les logos animés de douze des principaux studios hollywoodiens, il produit une forme compressée qui, loin de manifester l'identité esthétique ou les singularités de chacune de ces compagnies, en souligne au contraire l'extrême uniformité (même charte graphique, même rapport à la colorimétrie, même texture sonore, mêmes mouvements d'appareil capturant les mêmes paysages grandioses). Enfin, on pourra évoquer sans pouvoir s'y attarder le vaste champ des pratiques de compression et de distorsion des données numériques, parfois regroupées sous le terme de *Datamoshing*. Dans ce cas de figure, il faut toutefois prendre soin de distinguer l'usage courant du terme – la compression des données numériques comme opération technique – de celui que nous

26 Voir notamment *Capitalism/Slavery* (2006) ou encore *Spiky* (2020), visibles aux adresses suivantes : https://vimeo.com/94001787 et https://vimeo.com/418969408 (dernière consultation le 24 février 2021).

27 « [...] a method for creating an appearance of sustained three-dimensional motion-direction of unlimited duration, using a finite number of pictures » (nous traduisons). Jacobs, Ken, description de l'*Eternalism*, USPTO Patent Full-Text and Image Database, mis en ligne le 15 mai 2007 : http://patft.uspto.gov/netacgi/nph-Parser?Sect1=PTO1&Sect2=HITOFF&d=PALL&p=1&u=%2Fnetahtml%2FPTO%2Fsrchnum.htm&r=1&f=G&l=50&s1=7218339.PN.&OS=PN/7218339&RS=PN/7218339 (dernière consultation le 24 février 2021).

en faisons plus généralement dans ce texte, où la compression renvoie prioritairement à un mode de composition et un geste artistique, les deux acceptions n'étant cependant pas exclusives l'une de l'autre. L'un des aspects intéressants de ces pratiques numériques, telles qu'on les rencontre dans les œuvres de Jacques Perconte (*Après le feu*, 2010, et *passim*[28]), Takeshi Murata (*Monster Movie*, 2005) ou Laurie Manessier et Pierre Simion (*Résidus*, 2015), est qu'elles permettent d'interroger la manière dont nous sommes accoutumés à penser le montage, c'est-à-dire les relations d'enchaînement, de continuité et d'interpolation entre les plans. Dans de nombreuses œuvres comme celles-ci en effet, les modes de relation entre les images, et les modes de « basculement » d'un plan à un autre, ne s'opèrent plus plan par plan, à travers une série de coupes. En jouant sur le taux de compression des données, ou en supprimant certaines images-clés par exemple dans un fichier numérique, les plans s'interpénètrent ou se contaminent visuellement, bien plus qu'ils ne s'enchaînent. Nous sommes ainsi invités à comprendre le déroulement du film à partir d'une appréhension de la matérialité de ces images – celle du pixel –, plutôt que de leur contenu initial, lequel est rendu parfois illisible au profit d'une compréhension de la dynamique qui s'exprime dans la relation entre les plans, seule trace ou vestige de l'opération de compression[29].

Comme toutes celles que nous avons trop rapidement évoquées au cours de ce texte, et comme tant d'autres que nous n'avons pu mentionner, ces œuvres travaillent à repenser le montage, en visant, chacune à leur manière, non pas la conjonction ou l'enchaînement, ni même la disjonction, mais plutôt la compression comme une modalité d'intensification des formes filmiques. L'intensivité du montage ne concerne bien sûr pas l'ensemble du cinéma expérimental, et l'on peut aussi en trouver des

28 Voir https://www.jacquesperconte.com/ (dernière consultation le 2 septembre 2021).

29 Le fait que ces artistes aient souvent recours au réemploi d'images préexistantes, et particulièrement celles du cinéma populaire à grand spectacle, n'est peut-être pas fortuit, tant la pratique du *compositing* semble se substituer progressivement à celle du montage dans son acception traditionnelle. Ce n'est ainsi pas seulement le montage qui se déplace, ses usages ou ses formes, mais la notion de plan elle-même, qui souvent ne peut plus être définie comme le simple résultat d'une suite de vues prises de façon ininterrompue dans la caméra. De même, chez les cinéastes expérimentaux, le travail effectué sur les images-clés permet de comprendre celles-ci comme un autre point possible d'articulation du montage, en lieu et place des points de coupe.

occurrences dans des films qui ne se présentent pas explicitement comme expérimentaux. Cependant, il n'en reste pas moins qu'elle constitue le dénominateur commun d'un vaste ensemble de formes et de démarches qui se proposent d'évacuer la narrativité pour mettre en évidence des modes de composition cinématographique qui problématisent, ou rendent simplement apparentes, les inventions structurelles auxquelles peut donner lieu le montage. Chercher un point d'intensité, c'est ainsi chercher, aussi, le point ou le moyen d'un effondrement, tout à la fois des images, à travers les images et entre les images. Effondrement du temps narratif, des enchaînements causaux, des habitudes, dévoration du film par lui-même : Implosante-fixe.

Éric THOUVENEL
Université Paris Nanterre

BIBLIOGRAPHIE

BRENEZ, Nicole, « Montage intertextuel et formes contemporaines du remploi dans le cinéma expérimental », *CINéMAS*, vol. 13, nº 1-2, « Limite(s) du montage », Automne 2002, p. 49-67.

CONTANT, Carole et THOUVENEL, Éric, « Le continent des signes – Entretien avec Frédérique Devaux », dans CONTANT, Carole et THOUVENEL, Éric, *Fabriques du cinéma expérimental*, Paris, Paris Expérimental, coll. « Classiques de l'Avant-Garde », 2014, p. 25-40.

DELEUZE, Gilles, *Cinéma I. L'image-mouvement*, Paris, Minuit, coll. « Critique », 1983.

DEVILLE, Vincent, *Les formes du montage dans le cinéma d'avant-garde*, Rennes, Presses universitaires de Rennes, coll. « Le Spectaculaire », 2014.

EIZYKMAN, Claudine, *Le film-après-coup*, Saint Denis, Presses universitaires de Vincennes, coll. « Esthétiques hors-cadre », 2019.

FAUCON, Térésa, *Théorie du montage – Énergie, forces et fluides*, Paris, Armand Colin, coll. « Recherches », 2013.

GAUDREAULT, André et GUNNING, Tom, « Le cinéma des premiers temps : un défi à l'histoire du cinéma ? », dans AUMONT, Jacques, GAUDREAULT, André et MARIE, Michel (dir.), *Histoire du cinéma. Nouvelles approches*, Paris, Publications de la Sorbonne, 1989, p. 49-63.

GUNNING, Tom, « Le cinéma d'attraction : le film des premiers temps, son spectateur, et l'avant-garde », *1895. Mille huit cent quatre-vingt-quinze*, nº 50, décembre 2006 [1986], p. 55-65.

GUNNING, Tom, « Peter Tscherkassky Manufractures Two Minutes of (Im) Pure Cinema », dans MACKENZIE, Scott et MARCHESSAULT, Janine (dir.), *Process Cinema – Handmade Film in the Digital Age*, Montréal & Kingston, McGill-Queens University Press, 2019, p. 96-107.

JACOBS, Ken, « Eternalism, a method for creating an appearance of sustained three-dimensional motion-direction of unlimited duration, using a finite number of pictures », USPTO Patent Full-Text and Image Database, mis en ligne le 15 mai 2007 : http://patft.uspto.gov/netacgi/nph-Parser?Sect1=PTO1&Sect2=HITOFF&d=PALL&p=1&u=%2Fnetahtml%2FPTO%2Fsrchnum.htm&r=1&f=G&l=50&s1=7218339.PN.&OS=PN/7218339&RS=PN/7218339 (consultaté le 24 février 2021).

KUBELKA, Peter, « La théorie du cinema métrique » [1975], dans Christian Lebrat (dir.), *Peter Kubelka*, Paris, Paris experimental, 1990, p. 61-84.

LAWDER, Standish D., *Le cinéma cubiste*, Paris, Paris Expérimental, coll. « Classiques de l'Avant-Garde », 1992 [1970].

LE BIHAN, Loïg, « Dessiller (l'intensification visuelle dans *Tom Tom the Piper's Son*) », *Exploding*, numéro hors-série « *Tom, Tom, the Piper's Son* », 2000, p. 42-47.

LONG, Derek, « Reconstructing *Rose Hobart*. Joseph Cornell's Recutting of *East of Borneo* », *New Review of Film and Television Studies*, vol. 13, n° 4, 2015, p. 313-353.

REDLICH, Otto, « Intensive and Extensive Properties », *Journal of Chemical Education*, vol. 47, n° 2, 1970, p. 154-156.

TOWARDS A *CINÉMA FÉMININE*

Quilting as a Form of Feminist Discourse

The following is a rumination on my filmmaking process and how – or if – my work relates to traditions of montage. Before writing this piece, I had not considered the idea of montage outside of teaching film history or film theory. But why did I not think of my editing style as a kind of montage? Why did I consider montage in relation to power and violence, from the violent language used to describe it ("shock cutting," "hitting the screen" and "colliding images") to a perceived structural violence in cinema against my body? What exactly does the idea of montage mean to me as a feminist filmmaker?

CINÉMA FÉMININE

Hélène Cixous begins "The Laugh of Medusa" by stating "Woman must write herself: must write about women and bring women to writing, from which they have been driven away as violently as from their bodies – for the same reasons, by the same law, with the same fatal goal. Woman must put herself into the text – as into the world and into history – by her own move."[1] While Cixous was focused on literature, the need for this idea of *écriture féminine* is perhaps even stronger within cinema practice and film discourse where patriarchy and its hegemonic structures have controlled the ways women have been written, both in terms the psycho-semiotic aspects of how women are represented within narrative cinema, and

1 Cixous, Hélène, Cohen, Keith et Cohen, Paula, 1976, « The Laugh of the Medusa », *Signs: Journal of Women in Culture and Society*, juillet 1976, vol. 1, n° 4, p. 875.

also in how the structural syntax of the medium itself has been built by a patriarchal narratology.

Influenced by *écriture féminine*, in 2004 I first began to probe the idea of feminist structural film through a deconstruction of the way we think about film, the filmstrip and the cinematic construction of meaning. What would a *cinéma féminine* be? What would a feminine syntax in film look like? How can the unique properties in film be used to challenge its current dominant discourse? How could my embodied experience as a woman be articulated within the existing cinematic apparatus, a model based so closely within the structures of dominant ideology, within the parameters of white supremacist capitalist patriarchy, and within the "I" of the "eye"? In French, where even the language is gendered, the word *cinéma* presumes the masculine, making the idea of *cinéma féminine* an oxymoronic impossibility, grammatically incorrect and improper. The language of cinema has not much changed since Laura Mulvey declared the cinema as an androcentric exercise in scopophilia where "woman" is beyond the other, rendered non-existent in the eye/I of the dominant male gaze, within which she learns to disassociate with herself, her body, her own lack of voice. How could I define myself within a language structure that essentially excludes my perspective?

Once I had begun asking these questions, I started to consider art-forms that had been relegated to the domestic sphere and to women's labour that might provide counternarratives to the way we visualize and produce histories. My mind turned to quilting[2] as way to disseminate women's narratives and to mark important moments in our lives. As Mara Witzling later wrote in "Quilt Language: Towards a Poetics of Quilting," "quilting is a 'mother tongue,' a visual language and culture indigenous to women" through which women were able to "speak the truth about their lives" through a "coded language often overlooked in

2 The tradition of quilting can be traced back to antiquity, although the applications have changed over time. My work references primarily the North American colonialist traditions of quilting to make bedcoverings by sewing together a top layer from scraps of fabric in patchwork designs and a bottom layer of plain fabric with a filling of cotton batting between these layers for added warmth. Top stitching can be used to create puffy, three-dimensional properties to the design. Quilting techniques have been used to make more than just bed coverings; this sewing technique has been used to create garments, customs, wall hangings, floor coverings, and artwork.

general interpretations of human history."[3] While distinct articulations and utterances that mark individual identity through interpretation can be found in each quilt, quilting patterns have evolved from a shared coded language. Formal structures in quiltmaking serve as a means of documenting, demarcating, and representing significant moments in life, as keycodes to understanding alternative womancentric histories, often linked to the domestic sphere (and therefore outside of dominant social historical narratives). For instance, the double wedding ring pattern often commemorates marriage, star pattern quilts (from the lone star design to block pattern quilts featuring an eight-pointed star) are often given to symbolize spiritual protection, and log-cabin patterns often symbolize a welcoming to a new home. Engagements, marriages, births, deaths, and other important stages of life are marked by their own patterns and offerings.

I began to think about Joyce Wieland's quilts, particularly *Confedspread* (1967), which seems to have cinematic properties. Like film, the meaning or reading of *Confedspread* is bound between layers of plastic that structure and support the inner workings – the materials – of the artwork. The plastic becomes the base through which the signifiers are identified and identifiable. Further, in *Confedspread*, the plastic serves as a binder through which new meanings are produced through the juxtaposition of different textured and coloured materials (cloth, cotton batting, and paper flags). To me, the synthesis produced by placing these different objects together is similar to montage, where meaning is shaped through the forced juxtaposition between two asynchronous scenes. How interesting, too, that the plastic grounding *Confedspread* transforms its functionality as a quilt: no longer could it provide warmth, comfort and protection, it is instead forever cold and clammy, exposing its internal flesh. It is from here that I started to consider "film quilts" as a way to structure my vision for *cinéma féminine.*

While Wieland was the primary inspiration, my film quilts were also informed by what I saw as a linguistic bias in the way that certain structural experimental films were discussed – particularly films that were also framed and installed in gallery spaces, like Paul Sharits' *Frozen Film Frame Series* (1971-1976), Peter Kubelka's *Arnulf Rainer* (1960) and

3 Witzling, Mara, 2009, « Quilt Language: towards a poetics of quilting », *Women's History Review*, septembre 2009, vol. 18, nº 4, p. 619.

Antiphon (2012), and Agnes Varda's *cabanes de cinema* including her first "shack" *Ma cabane de l'échec* (2006) and last *La serre du bonheur* (2018). Rightly or not, I felt that Sharits' and Kubelka's work was discussed through the lens of contemporary painting, while the language used to discuss Wieland's and Varda's work fell distinctly within the definitions of craft and domesticity. This bifurcation bothered me. I noted it too in the way that Michelle Smith's editing process for *Regarding Penelope's Wake (2002)* was described as *weaving* together found footage. The seemingly gendered focus of this language struck me: nobody described Bruce Connor's or Tony Conrad's films as "weavings" – they were "constructs," "editing techniques" or "montage". This gendered language reminded me the descriptors of Wieland's artwork which evoked woman's domestic practices: handtinting and knitting within *Hand Tinting* (1967), singing within *O Canada* (1970), and, quilting within *Confedspread* (1967), *Reason Over Passion* (1968) and *The Water Quilt* (1970-1971). As someone whose practice was most closely associated with structural film, I began to think more critically about the androcentrism baked into this tradition and within discourse on the cinematic apparatus in general.

QUILTING AS MONTAGE

When I first proposed making a film quilt, I was met with a lot of confusion in part because I was asking people to recognize the patriarchal structures at work within the language of cinema and join me on a murky journey in search of new ways to make meaning using the film medium. The idea of creating a tapestry or structural object out of film was not the issue; as mentioned above, there are many earlier examples of filmmakers repositioning their filmstrips-as-objects within gallery spaces. But for me, taking the filmstrip out of the purview of the cinema space was not enough. Quilting was the *language* through which I wanted to make a film. My film quilts are not remediations of an existing film or films, but structuring devices for a new language for cinema. The film quilt as an art object was not my goal; the projected film was my end game. As such, my first film quilt, *c: won eyed jail* (2005) was a means to an end. At the time, I had not considered exhibiting the film quilts in gallery spaces; instead I distributed *c: won eyed jail* almost exclusively as a single-channel theatrical projection.[4] Similarly, my second film quilt, *Athyrium Filix-Femina (For Anna Atkins)* (2016), is primarily known as a single-channel theatrical projection, and has only been exhibited in two gallery spaces to date. From this perspective, my film quilts serve as a functional written score to their corresponding film prints – they perform the task of producing a work of *cinéma féminine.* Rather than standing as passive objects to *be looked at*, these film quilts are active cinematic elements that engender *new ways of seeing.*

This new way of seeing that produced by the film quilts film quilts problematizes existing ontologies of film and the epistemologies of film studies. The dual existence of *c: won eyed jail* and *Athyrium Filix-Femina (For Anna Atkins)* as projected films and as sculptural objects is meant to call into question the original place of analysis of film: is it in the content projected on the screen or is it the filmstrip/film negative? Additionally, the quilts themselves allow audience members access to the abject space of film, the "negative" itself which is sequestered from the viewing public while also regarded as the unique art object (as authoritative, authentic, and special) within the workflow of film. The two forms of my film quilts explore the very notion of film's existence in time and space, as well as illustrate and challenge the linear infrastructure through which meaning is produced.

The name of my first film quilt, *c: won eyed jail*, is an anagram for Joyce Wieland, but it also alludes to ocularcentrism and its epistemological limitations. I began constructing *c: won eyed jail* in 2004, a challenging period in my life. I had just begun my PhD, my three remaining grandparents had passed away, and my childhood home had burned down with generations of family artifacts inside. In some ways, I thought of *c: won eyed jail* as a passive suicide letter: I wanted to remove myself, and my subjective position, from the film (and which I am not sure is possible since the film retains a dark mood and sense of horror that reflected my troubled emotional state). My previous films were mostly handpainted

4 The film quilt of *c: won eyed jail* was exhibited as part my MFA thesis at Bard College in 2005, as a work-in-progress at the Intersection Conference at Ryerson University in 2005, and as part of the Images Festival's off screen exhibition "The Mechanics of the Machine" in 2007.

or collaged cameraless animations, which inherently retain the mark of my hand and the auratic presence of my creation. I did not want to *make* any of my own images or produce any original content for this film. I wanted to gather material from others, to create something new out of what might be considered waste or remnants. I had on reserve a pile of black and white 35mm work prints that I had found, quite literally, in the trash. But simply splicing together these found 35mm filmstrips didn't seem like enough of a transition from traditional forms of editing or narrative production, nor a transformation from what I viewed as the hegemonic masculine syntax of the film structure.

In seeking to remove myself while retaining some vestige of the personal and the domestic within the film quilt, I sought meaningful materials for the fragments I would quilt together. Around the time, Sebastjan Henrickson, owner of Niagara Custom Lab in Toronto, was working on film using 35mm still negatives. Sebastjan was cutting down the 8-perf frames of still negatives to create 4-perf frames for moving images. Since the measurements are the same, he could run either format–35mm motion picture or 35mm still negative – through his printers. I realized that I could use discarded 35mm still negatives to build more visual complexities in my film quilt, to address the common sociotechnological histories of still photography and motion picture, and to add a sense of intimacy without excessively drawing from my own subject position. I generated a call to friends and colleagues asking for donations of old still 35mm negatives. Just as a quiltmaker uses remnants of fabric to create different patterns, I was using remnants of people's personal archives, photographic "memories" that could be stitched together to engender new, innovative, and entirely original narratives. This pastiche of collective memory created something beyond the scope of any one individual's experience.

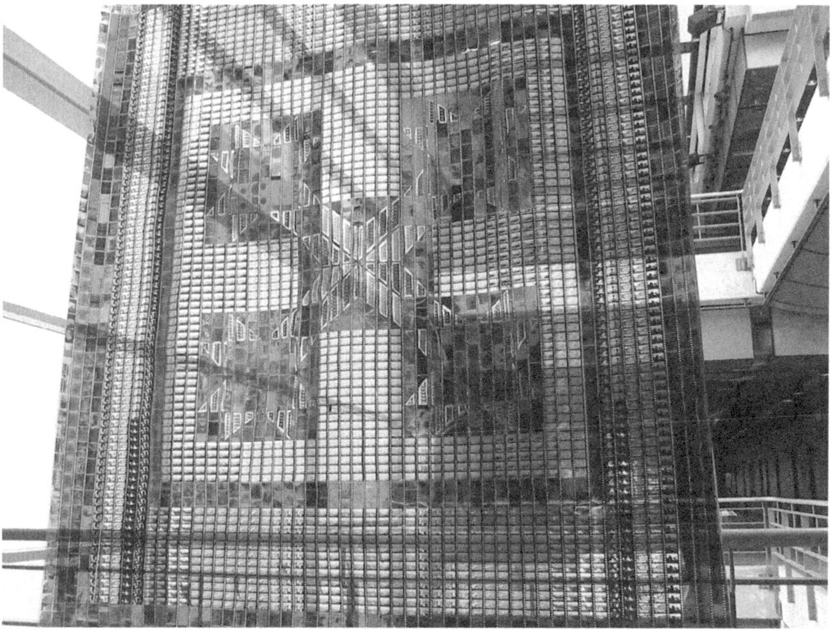

FIG. 1 – Kelly Egan, *c: won eyed jail*, 2005, 35mm and 16mm film, 182.88 x 147.32cm, Ryerson University. Photo: Kelly Egan.

The 35mm still negatives formed the basis of the five eight-point star patches that anchor the film and the rectangular borders around the outside of the quilt [Figure 2]. I handstitched found 16mm film into each of the eight-point star patterns, carefully cutting away the inner section of the frame to allow the 16mm to float freely in the design, while also maintaining the original shape of the 35mm filmstrip. In traditional quiltmaking, the eight-point star is one of the most pervasive patterns, especially in Southern Ontario in Canada where I grew up. For the centre patch, I created a Morning Star pattern, which has traditionally been used to mark rites of passage like marriages, births, and funerals. In the four patches extending from the central Morning Star, I create eight-point block stars using the same 16mm found footage.

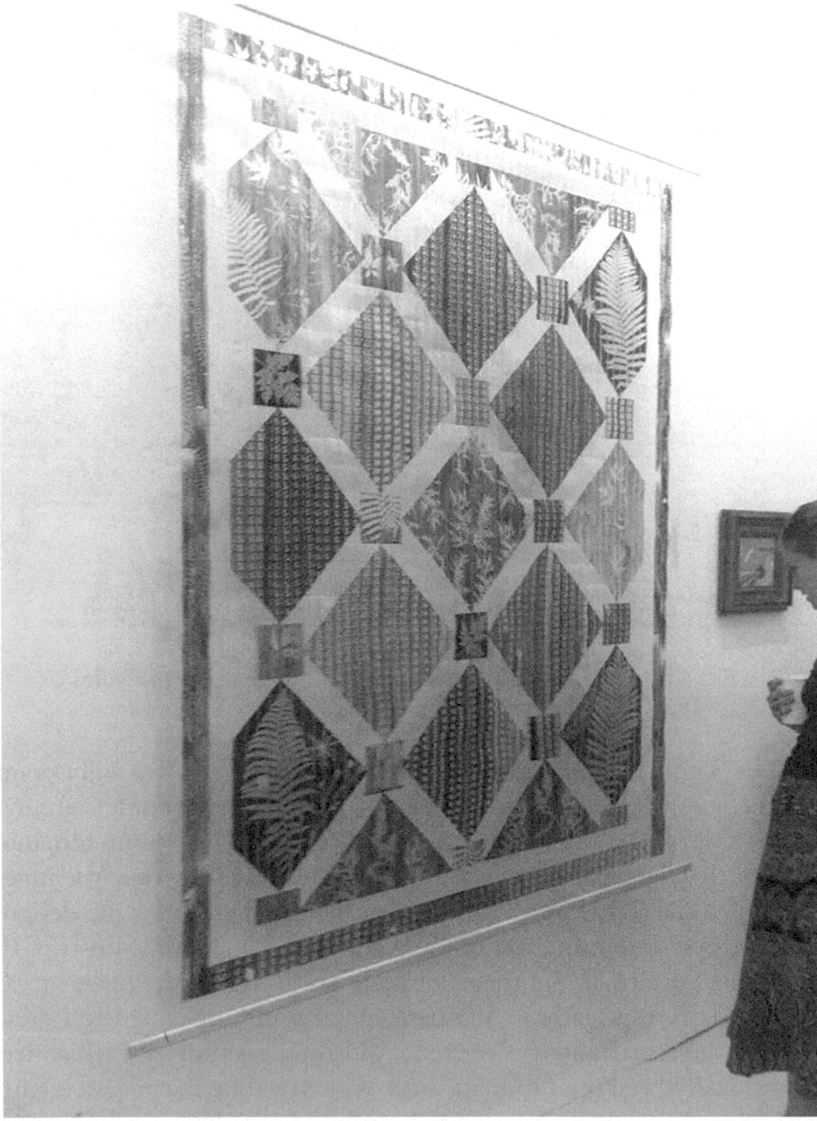

FIG. 2 – *Athyrium Filix-Femina (For Anna Atkins)*, 2016, 35mm film with cyanotype emulsion, 200.7 x 170.2cm, Evans Contemporary. Photo credit: Elizabeth Fennell.

I based the design of my second film quilt, *Athyrium Filix-Femina (For Anna Atkins)* (2016), on an amalgam of diamond block patches and the Irish chain patterns [Figure 3]. I used handmade cyanotype emulsion to create a film dedicated to Anna Atkins and her foundational position in early photography. Atkins was the first person to privately publish a book of photography; her *Photographs of British Algae: Cyanotype Impression*, was published in 1843, months before Henry Fox Talbot's first commercial publication, *The Pencil of Nature.* Unlike *c: won eyed jail*, I wanted to fabricate every aspect of *Athyrium Filix-Femina (For Anna Atkins)*, from handmaking the emulsion to designing the content of the patches and editing the film. The foliage used for the photogram patches from which *Athyrium Filix-Femina (For Anna Atkins)* was made came from my parents' home in Ottawa, Ontario. This was supplemented with some of the 35mm workprints of I had found in the trash depicting social tensions between a group of children. After creating and coating clear filmstrips with a handmade cyanotype emulsion, I would expose entire patches to sunlight at once. The photogram patches were the most difficult to make, if one strip was poorly coated, the entire patch was unusable. Yet, when projected, the counterpoint between the abstracted images of the photograms and the contact printed 35mm negative of the protagonist bullied by a gang of boys engendered the same tension as the still negatives and motion picture film in *c: won eyed jail.*

By focusing on the expanded image as a whole quilt, rather than individual action in specific frames or sequences, I reimagined the idea of montage beyond an action on the surface of the screen. When making the film quilts, I had no idea what my final film would look like when projected, or how the structure would be interpreted by the audience. I knew the repetition and symmetry of the quilt pattern would create a visual rhythm, but I was unsure how the film would "read" since the content was constructed outside of a linear progression and traditional editing schemas. This nonlinearity differs from montage; it generates a different syntax and potential a new paradigm of *cinéma féminine.* I was working with square patches of bonded filmstrips within the language of quilts, rather than lengths of scenes within the language of film. The spatiotemporal relation of the "narrative" depended on the quilt as a whole – a three-dimensional object that exists outside the rules of the cinematic apparatus. Working in this way shifts the way meaning is constructed away from the linearity and temporality of traditional film editing.

While the entire fabrication of *c: won eyed jail* and *Athyrium Filix-Femina (For Anna Atkins)* was linked to the material structure of quilts, as film quilts they gained their subject position only through our material engagement with their projected image as a film. As I argued earlier, the negative in filmmaking is often held in an abject space – for viewers, scholars and even to those involved directly in producing the work. There is no absolute way of working with film: some directors never touch their negatives, some scholars insist on visiting the original elements. While avant-garde filmmaking is often of an individual effort, the original elements still exist in a transitory or schismatic space outside the dominant discourse of film, a discourse privileges the projected image. In photographic arts, the idea of the original (the original elements, whether camera negatives or original positives) differs from the way we think about or experience the original in, for instance, painting or sculpture. The original elements in film remain unseen, materially bound to, but always outside of, what we identify as the cinematic experience; they exist as a promise that is never present, that can only be presented, as past, through a representation or iteration. Through the dual existence of the film quilt and the projected film, I wanted to make that abject space the focus of engagement.

Even if unaware of the film quilts, the impression of the object structure of the corresponding quilts and of their nonlinear narratology is always present when viewing *c: won eyed jail* or *Athyrium Filix-Femina (For Anna Atkins)*. The abject space created by following a non-cinematic structural form, the quilt, forces the viewer into a new field of experience, one that "draws [them] to a place where meaning collapse[s]" (Kristeva 2). From this perspective, the interrelationship between the film quilts and the projected films at once erases and reveals the impossibility of an original because the work exists in a space between the forms. Yet, there is an embodied sense to the projected film that draws the viewer back to the quilt, outside of the linear, literary interpretation favoured in film studies and beyond traditional forms of montage or the simple interplay between two different shots. As such, my quilt-films uproot the structural androcentrism within the film language from which the concept of *montage* emerged. The difference between the editing structure in my film quilts compared to traditional montage is tangible and uncomfortable, generating something akin to visceral entanglement. In this sense, instead of as a new method of montage, my work questions the authority of montage and the cinematic language from which the word was born. While the essentialist and binary language used by *écriture féminine* may seem outdated, the call to action is just as necessary as it was fifty years ago.

Kelly F.W. EGAN
Trent University

BIBLIOGRAPHY

BAL, Mieke, 2017, *Narratology: Introduction to the theory of Narrative Fourth Edition*, Toronto: University of Toronto Press, 206 p.

BLUHER, Dominique, 2021, « Varda's Third Life », *Camera Obscura: Feminism, Culture and Media Studies* vol. 36, n° 1(106), p. 187-213.

CIXOUS, Hélène, Cohen Keith et Cohen Paula, 1976, « The Laugh of the Medusa », *Signs: Journal of Women in Culture and Society*, juillet 1976, vol. 1, n° 4, p. 875-893.

GARASCIA, Ann, 2019, « "Impressions of Plants Themselves": Materializing Eco-Archival Practices with Anna Atkins's *Photographs of British Algae* », *Victorian Literature and Culture*, vol. 47, n° 2, p. 267-303.

HOOKS, bell, 1992, *Black looks: race and representation*, Boston, MA, South End Press, 200 p.

KRISTEVA, Julia, 1982, *Powers of horror: an essay on abjection*, New York, Columbia University Press, 219 p.

MAYNE, Judith, 1975, « Eisenstein, Vertov, and the Montage Principle », *Minnesota Review*, Automne 1975, n° 5, p. 116-124.

PENNY, Prudence, 1027, *Old-Time Quilts*, Seattle: Post Intelligencer, 48 p.

PRICHARD, Sue (ed.), 2010, *Quilts, 1700-2010: hidden histories, untold stories*, London: New York, V&A Publishing; Distributed in North America by Harry N. Abrams, 240 p.

WITZLING Mara, 2009, « Quilt Language: towards a poetics of quilting », *Women's History Review*, septembre 2009, vol. 18, n° 4, p. 619-637.

TRAJECTOIRES DU MONTAGE À L'ÈRE DU NUMÉRIQUE

INTRODUCTION : AU-DELÀ DU DISPOSITIF CINÉMATOGRAPHIQUE

La fermeture (même temporaire) des salles de cinéma en raison de la pandémie COVID-19 nous pousse à reconnaître que le paradigme du dispositif cinématographique de base n'est plus tout ce qu'il était. L'avènement du numérique a bouleversé non seulement les usages et les pratiques cinématographiques, mais aussi les modes d'expérience du cinéma. En l'occurrence, la plus grande interactivité qu'invite le numérique nous oblige à repenser la notion de montage, et ce, plus particulièrement dans l'optique du rôle plus actif qu'est appelé à jouer le public dans l'assemblage d'une expérience donnée. Alors que l'expérience cinématographique se voit traduite à l'écran d'ordinateur – voire celui du téléphone intelligent – la forme symbolique déterminante du cinéma serait-elle également appelée à changer[1] ?

À travers la constellation de nouvelles formes de montage qui s'offre à nous à l'ère du numérique, nous nous penchons ici sur deux formes particulières qui permettent de cerner le rôle du public : le montage dit interactif et celui qu'on appellera « excursif ». Dans un premier temps, nous verrons avec Lev Manovich comment le montage cinématographique traditionnel se voit transformé par l'avènement des systèmes

1 Le concept de forme symbolique, tel qu'introduit par Ernst Cassirer et tel qu'actualisé par Erwin Panofsky, réfère à l'influence de formes de pensées religieuses ou scientifiques sur des techniques et des pratiques esthétiques. Au sens où nous l'utilisons dans cet article, la notion de forme symbolique pourrait être associée au concept de dispositif, suivant Michel Foucault, ou encore à celui de paradigme, suivant Thomas Kuhn. Voir notamment Panofsky, Erwin, *La perspective comme forme symbolique et autres essais*, Paris : Les Éditions de Minuit, 1975.

informatiques et du montage non-linéaire. Spécifiquement, nous verrons en quoi les structures langagières du montage changent quand la linéarité du montage analogique se voit remplacée par la logique éclatée de la base de données. Une étude de quelques films interactifs nous permettra cependant de voir que cet éclatement est d'ores et déjà limité par la linéarité inhérente à la narration cinématographique. Il faudra donc sortir de la forme narrative pour rencontrer d'autres facettes du montage. Nous ferons donc appel, dans un deuxième temps, à Sergueï Eisenstein pour penser le montage selon le modèle du déplacement physique. Ceci nous permettra de découvrir les formes de montage qui s'offrent au public d'installations vidéo multiécrans. À cet effet, Anne Friedberg nous aidera également à penser l'interface graphique des ordinateurs comme une autre forme symbolique qui affecte la notion de montage.

Loin de nous l'idée de prétendre offrir un regard exhaustif sur les pratiques contemporaines du montage. Plutôt, les formes interactives et « excursives » révélées par les objets analysés dans cet article se veulent illustratives de bouleversements plus diffus résultant de l'émergence de nouveaux développements techniques natifs du numérique[2].

MONTAGE (NON)LINÉAIRE

En 1991, Michael Rubin publiait un livre intitulé *Nonlinear : A guide to electronic film and video editing.* Comme le résume Nicholas Rombes dans son survol du livre, ce dernier n'était peut-être pas le premier à introduire le terme non-linéaire pour décrire le fonctionnement du montage à l'ère du numérique, mais il était parmi les premiers à utiliser le terme pour décrire « non seulement un procédé technique, mais aussi une façon de

2 Nous introduisons le néologisme « excursif » pour caractériser l'expérience d'œuvres qui relèvent du trajet, que ce soit à travers un espace où seraient disposés plusieurs écrans, ou encore à travers un écran qui propose plusieurs images contigües. Plus tard dans cet article, nous utiliserons également le terme « installatif » pour décrire ces œuvres qui invitent une expérience excursive. Ainsi, nous pourrons aussi bien parler d'un film « interactif » (pour souligner les interactions qui sont au cœur de l'expérience) que d'une œuvre « installative » (pour insister sur le fait que l'expérience de l'œuvre passe par sa dimension physique, installée dans l'espace).

penser[3] ». Pour Rubin, le montage était traditionnellement – et nécessairement – linéaire : « Cela signifie que vous faites la première coupe, que vous vous y engagez, puis que vous effectuez la deuxième coupe, et ainsi de suite, en commençant par le début de votre projet et en le terminant par la fin[4]... ». Qu'on travaille à la Moviola ou à la Steinbeck, le montage linéaire implique que l'on s'occupe d'une première coupe et d'un premier raboutage avant de passer au prochain, puis au suivant, et ce, pour toute la longueur du film afin d'arriver à bout de l'histoire que l'on veut raconter. Ainsi, même si Rombes reconnaît que les films sont rarement *tournés* en ordre chronologique et même si bien des récits filmiques ne sont pas linéaires, le fonctionnement technique du montage linéaire encourage une approche elle aussi linéaire. Cela dit, l'auteur insiste sur l'influence « conceptuelle » du dispositif technique du montage analogique. La linéarité du processus technique imposerait donc une certaine manière de concevoir la relation entre les images. Ainsi, selon Rombes, il faut tout de même penser que le processus linéaire et séquentiel du montage analogique (qui procède une coupe après l'autre à travers tout le film) présente comme première option le fait de joindre des plans l'un à la suite de l'autre.

Sans tomber dans un déterminisme qui voudrait que les dispositifs techniques *imposent* certains usages, la notion d'« inclinaison télique » proposée par Don Ihde dans *Technics and Praxis* nous permet de reconnaître que les affordances de certaines technologies créent pour le moins des « voies de moindre résistance » qui invitent, encouragent et facilitent certains usages[5]. Ainsi, le principe technique du montage linéaire encouragerait-il une certaine façon de travailler, incluant un rythme particulier, ainsi qu'un rapport au matériel source qui rend plus facile certaines manipulations. Celles-ci contribueraient à favoriser un processus linéaire, si l'on en croit l'interprétation de Rubin.

Au contraire, selon Rombes l'utilisation d'ordinateurs dans le processus de montage d'un film écarte cette linéarité fondamentale au profit d'une organisation des contenus où la linéarité n'est plus qu'une option

---

3 Rombes, Nicholas, « Nonlinear [random access] », in *Cinema in the digital age*, Londres et New York : Wallflower Press, 2009, p. 73-74. Sauf indication contraire, toutes les traductions de l'anglais au français sont signées par l'auteur.

4 Rubin, Michael, *Nonlinear : A Guide to Electronic Film and Video Editing*. Gainesville : Triad Publishing, 1991, p. 6.

5 Ihde, Don, *Technics and Praxis*, Boston : D. Reidel Publishing Company, 1979, p. 42.

parmi d'autres. Or, cet éclatement des possibilités amène une autre question dont l'auteur nous dit qu'elle n'est jamais exprimée explicitement dans l'ouvrage de Rubin : « cette forme relativement nouvelle et émergente de montage a-t-elle le potentiel de changer radicalement la logique et la structure narratives mêmes des films[6] ? » Autrement dit, la question à poser au sujet du montage non-linéaire revient à savoir si et comment cette nouvelle approche a le potentiel de bouleverser la structure narrative propre aux formes dominantes du cinéma depuis l'institutionnalisation du médium.

LA BASE DE DONNÉES COMME FORME SYMBOLIQUE

Pour Lev Manovich, l'éclatement propre au montage non-linéaire est tributaire d'un changement de paradigme plus large, propre à l'ère informatique. En s'inspirant de la notion de perspective comme forme symbolique avancée par Erwin Panofsky, l'auteur propose effectivement la base de données comme une figure culturelle importante qui en sa capacité de forme symbolique organiserait nos perceptions, nos expériences, voire « une manière nouvelle de structurer l'expérience que nous avons de nous-mêmes et du monde[7] ». Manovich propose cette comparaison à la base de données afin d'expliquer la prépondérance d'œuvres médiatiques (*new media*) qui rejettent la forme narrative linéaire qui a dominé à travers le XXe siècle grâce au cinéma en faveur de récits éclatés, fondés sur des « ensembles d'informations qui ont toutes la même importance[8] ».

Dans l'usage du terme qu'en fait Manovich, la « base de données représente le monde comme une liste d'éléments qu'elle refuse d'ordonner[9]. ». Ce désordre inhérent en fait une forme aux antipodes du récit – voire son ennemi naturel[10] –, ce dernier étant une forme que l'auteur décrit comme l'organisation d'éléments narratifs disparates en une histoire

6 Rombes, Nicholas, *op. cit.*, p. 73.

7 Manovich, Lev, *Le langage des nouveaux médias*, Dijon : Les Presses du Réel, 2010, p. 395. Voir aussi Panofsky, Erwin, *op. cit.*

8 Manovich, Lev, *op. cit.*, p. 393.

9 Manovich, Lev, *op. cit.*, p. 403.

10 Manovich, Lev, *op. cit.*, p. 403.

cohérente. La base de données rejette cette mise en récit au profit d'une organisation *a priori* efficace et, plus particulièrement, à l'attention des ordinateurs et des moteurs de recherche qui doivent y retrouver certaines données[11]. Autrement dit, au niveau fondamental, la base de données propose une équivalence entre les différents nœuds (qu'on pourrait accéder comme bon nous semble) d'un réseau (qu'on pourrait *parcourir* comme bon nous semble).

Revenons cependant à l'impact de ce bouleversement technique sur notre conception du montage. Pour Manovich, ce n'est pas simplement la capacité de monter dans un ordre aléatoire qui profère cette indétermination au montage soi-disant non-linéaire, mais bien la nature même de la structure sous-jacente ; celle de la base de données[12]. Ce sont ces qualités qui ouvrent, selon Rombes, la possibilité de proposer des approches plus originales, expérimentales, voire radicales, de la temporalité cinématographique[13].

En outre, le changement de paradigme qu'opère ce passage du récit à la base de données comme forme symbolique se fait déjà ressentir dans le travail du montage et ce, même dans les films qui semblent les plus linéaires. Cela s'explique par le principe même du montage qui, à en croire Manovich, consiste à proposer un parcours particulier parmi tous ceux que pourrait offrir la base de données de tous les films possibles :

> En cours de montage, le monteur construit un récit cinématographique à partir de cette base de données, il trace une seule trajectoire narrative à travers l'espace conceptuel de *tous les films qu'il aurait été possible de construire avec les mêmes éléments*. De ce point de vue, tous les cinéastes sont confrontés dans chaque film au problème base de données/récit, bien que peu en prennent vraiment la mesure[14].

En effet, si l'on considère tous les choix de plans qui s'offrent lors du montage comme une base de données où toutes les possibilités sont à portée de main, essentiellement équivalentes les unes aux autres, il existe un nombre *virtuellement* infini de films possibles à partir des mêmes

11 Manovich, Lev, *op. cit.*, p. 394.

12 Selon Rombes, « l'accès aléatoire et le rappel pratiquement instantané de la base de données modifient fondamentalement la façon dont nous percevons la relation entre les plans d'un film ». Rombes, Nicholas, *op. cit.*, p. 73.

13 Rombes, Nicholas, *op. cit.*, p. 74.

14 Manovich, Lev, *op. cit.*, p. 420. Nous soulignons.

données de départ. Le geste du montage, en opérant une mise en récit des éléments disponibles, réduit cette infinité virtuelle en *actualisant* un choix après l'autre, jusqu'à en arriver à un seul film actuel, somme de toute la virtualité contenue dans la base de données.

DU SYNTAGMATIQUE AU PARADIGMATIQUE

Ce qui frappe réellement dans le geste d'actualisation que constitue le montage d'un film (particulièrement dans le contexte d'un processus de montage non-linéaire) est la proximité du procédé à celui du langage. Manovich reconnaît cette similarité quand il compare les tentatives de mise en récit d'une base de données à la structure des langues naturelles. Or, ce sont plus spécifiquement les concepts de paradigme et de syntagme, originalement introduits par Ferdinand de Saussure, que l'auteur emprunte pour définir la structure langagière d'un parcours à travers la base de données. Et puisque le montage d'un film n'est qu'un cas bien particulier d'un trajet à travers la base de données, la comparaison s'avère pertinente ici aussi. Cela est d'autant plus vrai qu'elle nous permettra également de mieux comprendre l'expérience spectatorielle qui s'apparente le plus à celle du montage, soit celle des films interactifs.

La dimension syntagmatique du langage se réfère à l'énonciation et à l'organisation temporelle – voire spatiale selon Roland Barthes[15] – des éléments de langage les uns à la suite de l'autre, de sorte à former un énoncé. Pour sa part, la dimension paradigmatique est plus diffuse. À la relation *in praesentia* de l'ensemble syntagmatique, Manovich oppose l'ensemble paradigmatique au sein duquel les termes sont joints par une relation *in abstentia*[16]. Cela découle du fait que ce dernier constitue l'étendue des choix qui s'offrent à l'individu à chaque étape de son énonciation, à savoir tous les synonymes desquels ce dernier peut choisir pour se faire comprendre, et ce, à chaque étape de l'énoncé. Le paradigme est ainsi défini par une virtualité fondamentale qui, dans le cas du langage plus spécifiquement, s'effondre à chaque choix de mot qui actualise l'énonciation.

15 Barthes, Roland, « Éléments de sémiologie » *Communications* 8, nº 1 (1964), p. 91-135.
16 Manovich, Lev, *op. cit.*, p. 410.

Manovich applique cette structure langagière aux récits tant littéraires que cinématographiques quand il explique que : « Les mots, les phrases, les plans, les scènes qui composent un récit ont une existence matérielle ; d'autres éléments appartenant au monde imaginaire d'un auteur ou d'un style littéraire ou cinématographique qui auraient pu y figurer n'ont d'existence que virtuelle[17] ». L'étendue des choix possibles est ainsi réduite à une seule mise en récit actuelle et explicite (la dimension syntagmatique), tandis que tous les autres mondes possibles du récit (la dimension paradigmatique) restent implicites, ajoute Manovich[18].

C'est là où la conclusion de Manovich prend tout son sens, à savoir que le film que nous voyons à l'écran n'est qu'une trajectoire unique à travers l'espace conceptuel de tous les films qui auraient pu être construits. Or, comme le laisse entendre l'usage du terme « implicite », cette virtualité fondamentale de la dimension paradigmatique n'est jamais perceptible en tant que telle dans le film projeté à l'écran. C'est bien que le paradigme n'est ressenti que dans l'acte d'énonciation, tandis que le syntagme nous est donné à voir dans la succession des plans tout au long d'un film. Or, qu'en est-il des films interactifs, là où l'acte d'énonciation du montage est intégré (quoique périodiquement) à l'expérience spectatorielle ?

MONTAGE INTERACTIF

Manovich avance que les œuvres médiatiques ont ceci de particulier qu'elles mettent de l'avant le paradigme au détriment de la dimension syntagmatique : « La base de données (le paradigme) y acquiert une existence matérielle, tandis que le récit (le syntagme) est dématérialisé. Le paradigme est privilégié, le syntagme est minimisé. Le premier est réel, le second est virtuel[19] ». Ce renversement s'opère tout simplement en raison du rôle plus actif que ces œuvres « actées[20] », pour le dire comme Pierre Barboza et Jean-Louis Weissberg, donnent à l'individu qu'on

17 Manovich, Lev, *op. cit.*, p. 411.
18 Manovich, Lev, *op. cit.*, p. 410.
19 Manovich, Lev, *op. cit.*, p. 411.
20 Barboza, Pierre et Weissberg, Jean-Louis, *L'image actée*, Paris : L'Harmattan, 2006.

appelle « spectateur » dans le contexte du cinéma, mais que ces auteurs proposent d'appeler spect*acteur* : « Acteur de son spectacle (en collaboration avec les logiciels installés par les concepteurs), spectateur des effets de ses actes : telle est bien la posture de celui qui se confronte à ces dispositifs, franchissant sans cesse la barrière sémiotique délimitant l'intérieur (la présentation) et l'extérieur (le dispositif organisant l'accès)[21] ». Ce terme nous permet également de caractériser l'expérience de films interactifs[22].

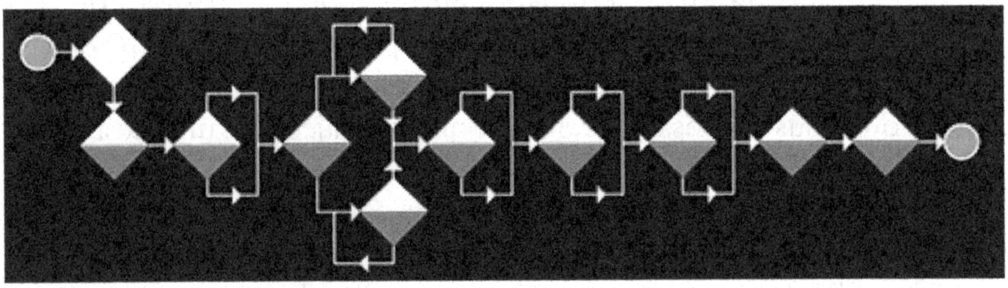

FIG. 1 – Structure narrative de *Kinoautomat* (Radúz Činčera, 1967).
Avec la permission de Brian Moriarty.

L'un des premiers exemples de film interactif – ou du moins l'un des plus importants – est *Kinoautomat : Un homme et sa maison* (*Kinoautomat : Člověk a jeho dům*). Réalisé par Radúz Činčera et présenté à Montréal dans le cadre de l'Exposition Universelle de 1967, le film proposait au public d'influencer le cours du récit en se prononçant à des moments clés de l'histoire grâce à une paire de boutons placés sur l'appui-bras de chaque siège. Faisant écho à la figure de bonimenteur, un animateur guidait le public et leur expliquait le fonctionnement du dispositif et les décisions à prendre. Le public était ainsi appelé à faire des choix qui affecteraient les décisions prises par le personnage, M. Novak. Le public s'étant prononcé, les votes étaient comptés et le film continuait selon le parcours choisi par la majorité.

21 Barboza et Weissberg, *op. cit.*, p. 17.

22 Catégorie diffuse, le terme film interactif désigne aussi bien des œuvres cinématographiques avec moments d'interaction que des objets qu'on placerait plus facilement dans la catégorie des jeux vidéo. Quelques exemples de films interactifs incluent *The 7th Guest* (Rob Landeros 1993), *The 11th Hour* (David Wheeler 1995), *Mr. Payback* (Bob Gale 1995), *Phantasmagoria* (Peter Maris 1995), *Tender Loving Care* (David Wheeler 1998), *The 11th Hour* (David Wheeler 1995), *Late Shift* (Tobias Weber 2016) et *Black Mirror : Bandersnatch* (David Slade 2018).

Comme l'explique Manovich, ces quelques moments d'interaction rendent visible la dimension paradigmatique, aussi ponctuelle fût-elle ici. Chaque moment d'interaction dans le film expose une paire d'éléments qui font partie de l'ensemble paradigmatique. Les choix présentés côtes à côtes à l'écran révèlent en partie les rouages de l'histoire. Pour reprendre ce que dit Jean-Pierre Fourmentraux du cinéma numérique interactif : « L'image n'est point ici une finalité en elle-même, elle incarne davantage un lien, une interface qui affiche sur l'écran la structure langagière, visibilise le programme, en même temps qu'elle relie l'auteur et le public[23] ». Si pour Manovich les œuvres médiatiques rendent explicite la dimension paradigmatique du médium, pour Fourmentraux l'image « n'est plus mise au service d'un récit linéaire ou d'une représentation fixée. Elle joue le rôle d'une interface mobilisée pour concevoir, véhiculer et agir une œuvre dont la carrière idéale suppose précisément que certains de ses fragments puissent demeurer potentiels ou "à faire"[24] ». Le parallèle entre les œuvres numériques interactives décrites par l'auteur et les moments d'interactions que propose *Kinoautomat* est limité cependant par le caractère ponctuel et futile de ces derniers.

La dimension paradigmatique d'un film narratif apparaît dans chaque opération de montage ; chaque choix d'angle de caméra, de contrechamp, d'insert, etc., rend explicite l'ensemble paradigmatique. Dans *Kinoautomat* les choix qui s'offrent au public sont ponctuels et ont à faire plus spécifiquement au *déroulement* de l'histoire. En l'occurrence, le fait de devoir choisir l'une des deux avenues proposées laisse entrevoir que c'est plutôt l'agencement syntagmatique qui prime dans ce premier film interactif ; les choix du public n'influencent que la séquence d'événement. C'est donc la linéarité du récit qui prime encore et toujours, et ce, au détriment de l'éclatement paradigmatique et de la virtualité inhérente annoncés par la base de données. Autrement dit, *Kinoautomat* ne se détache que très peu de la forme dominante du long métrage de fiction. Cela est d'autant plus vrai que la plupart des choix offerts au public mènent soit vers les mêmes options (les deux choix produisent le même résultat), ou encore vers des branches parallèles légèrement différentes qui finissent cependant par revenir à la même conclusion (voir figure 1).

23 Fourmentraux, Jean-Paul. « Numérique : Vers un cinéma numérique interactif ». In de Baecque, Antoine et Chevallier, Philippe (dir.), *Dictionnaire de la pensée du cinéma*, Paris : Presses Universitaires de France, 2012 p. 505-508.

24 Fourmentraux, *op. cit.*

Réalisé à une époque où la Tchécoslovaquie était sous le joug de l'URSS et à peine un an avant les violences du Printemps de Prague en 1968, il est facile de voir ce film comme une satire de la démocratie ; les choix du public n'ont aucune importance. Outre son propos politique, *Kinoautomat* est pertinent à un autre niveau d'interprétation, soit en ce qu'il nous révèle sur le cinéma interactif, du moins à une époque encore si jeune de son développement. Les choix que propose le film sont effectivement superficiels, menant inévitablement vers la même conclusion. On peut même s'imaginer que les boutons qui avaient été décrits comme permettant au public de voter sur le cours à suivre auraient pu ne jamais fonctionner, tant les choix du public sont insignifiants. En effet, ne pourrait-on pas se demander si le film aurait pu aussi bien choisir aléatoirement au lieu du public ? Le public n'aurait eu aucune façon de savoir que son choix n'avait eu aucun impact.

Finalement, si les choix du public n'ont pas d'impact, peut-on vraiment parler d'interactivité ? Non, bien évidemment. Cela dit, ceci ne veut pas dire que cette interactivité, aussi factice soit-elle dans la construction du récit, ne vaut pas la peine d'être étudiée pour d'autres raisons. En effet, bien que *Kinoautomat* ne propose à toute fin pratique qu'une illusion d'interactivité, celui-ci présente tout de même l'un des premiers pas dans l'instauration d'une expérience cinématographique qui saurait répondre, un tant soit peu, à l'interaction du public[25].

POSSIBILIA : UN AUTRE POINT DE VUE SUR LE MONTAGE INTERACTIF

Le déroulement d'une œuvre interactive est tributaire de l'interaction d'un public avec les matériaux qui lui sont proposés. À cet effet, la notion de spectacteur proposée par Barboza et Weissberg nous permet de concevoir un individu dont le rôle ne relèverait pas simplement de la réception de l'œuvre d'autrui. Il ne s'agit pourtant pas non plus d'un

25 Pour en savoir plus sur la notion d'un dispositif qui saurait s'adapter aux choix de son public, voir Bédard, Philippe, « La machine subjective ? Les appropriations cinématographiques des dispositifs immersifs contemporains », *Revue Canadienne d'Études Cinématographiques* 8, nº 1 (printemps 2019), p. 66-92.

rapport de production totalement original. Au contraire, le principe d'œuvre actée que décrivent les auteurs nous invite plutôt à considérer l'implication d'un spectacteur à cheval entre les deux pôles d'expérience. D'une part, cette notion a l'avantage d'être nuancée, puisqu'elle ne va pas jusqu'à faire de grandes déclarations utopiques et à proclamer que les membres du public sont maintenant sur un pied d'égalité avec l'artiste. D'autre part, l'expérience des œuvres interactives nous permet également de reconnaître que l'image « actée » n'existe, en partie, que dans la performance qu'en fait le spectacteur. Différents individus produiront nécessairement des performances légèrement différentes, selon le parcours qu'ils emprunteront à travers « l'espace conceptuel de tous les films possibles qu'il aurait été possible de construire avec les mêmes éléments[26] ».

Le film interactif *Possibilia* (Daniels 2016) met en lumière cette virtualité fondamentale qui caractérise l'œuvre actée. Celui-ci illustre également une autre perspective sur la forme de montage interactif. Présenté sur un site Web dédié, *Possibilia* raconte l'histoire d'un couple sur le point de rompre. Contrairement à *Kinoautomat*, le public n'est pas appelé à faire des choix influenceront les décisions que prennent les personnages. Plutôt, l'interaction proposée par l'œuvre relève du changement de point de vue.

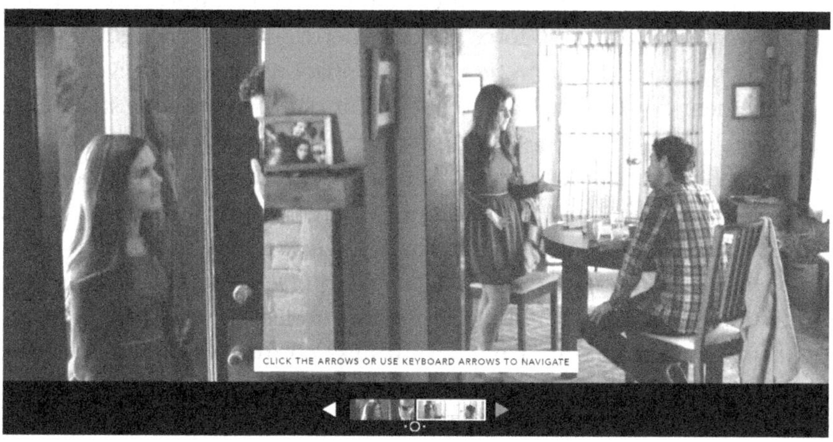

FIG. 2 – Plus l'histoire avance, plus le nombre de trames narratives parallèles augmente. *Possibilia* (Daniels, 2016). Avec la permission de PrettyBird.

26 Manovich, Lev, *op. cit.*, p. 420.

Plus l'histoire avance, plus le parcours de *Possibilia* se divise en trames narratives distinctes, mais toujours parallèles (voir figure 2). Comme le suggère un intertitre en début d'expérience, il s'agit d'observer la rupture de ce couple à travers différents univers parallèles ; divergents, mais équivalents. Ces nouveaux trajets sont présentés sous l'image et passent de deux options en début de parcours à seize options au paroxysme du conflit de couple (voir figure 3). Alors que les trames narratives se décuplent, les modes d'interactions qui s'offrent à nous restent les mêmes : appuyer sur les flèches du clavier ou cliquer sur celles affichées de part et d'autre de la frise chronologique. Passer d'un point de vue à l'autre nous révèle tout simplement une autre version du même conflit ; le ton de personnages est différent et leurs déplacements les ont menés à différents endroits de la maison, mais le dialogue reste le même.

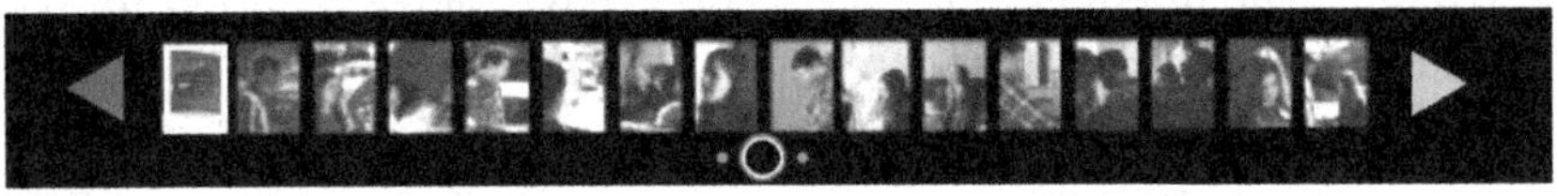

FIG. 3 – Détail de l'interface d'interaction de *Possibilia* (Daniels, 2016). Avec la permission de PrettyBird.

Bien que les modalités d'interaction diffèrent radicalement entre *Possibilia* et *Kinoautomat*, force est d'admettre que les choses n'ont pas réellement changé du point de vue de l'impact réel que nous avons sur le dénouement de l'histoire, son impact étant plutôt formel que structurel. En effet, s'il nous est possible de choisir le *récit* que nous voulons voir, l'*histoire* de *Possibilia*, elle, reste la même : le couple est sur le point de rompre, Elle tente de partir, Il essaie de la retenir, ils se disent la même chose, peu importe la réalité alternative sélectionnée, etc.

Cela dit, contrairement à *Kinoautomat* qui se présentait comme une œuvre permettant au public d'influencer le déroulement de l'histoire, ici *Possibilia* semble consciente des limites de l'interactivité qu'elle offre au public. Plutôt que de chercher à nous convaincre que nos choix ont un impact, *Possibilia* met de l'avant l'inévitabilité des choses. Ce faisant, l'expérience de l'œuvre fait écho à son récit, ce dernier présentant d'un ton ironique l'impossibilité de changer les choses. Or, bien que le résultat soit toujours le même et que le couple revienne toujours au début, prêt à recommencer la boucle sans fin de rupture, il ne faut pas complètement perdre de vue la performance de chaque individu qui voit l'œuvre et qui, par ses choix, se fraye un chemin chaque fois unique à travers des réalités parallèles.

LE FILM INTERACTIF EST-IL TROP LINÉAIRE ?

Dans son étude de l'expérience proposée par des œuvres médiatiques, Manovich décrit les gestes de l'utilisateur de la même manière qu'il le faisait pour ceux du monteur, à savoir que son travail revient à effectuer un parcours à travers la base de données : « On peut donc comprendre le récit interactif [...] comme la somme de trajectoires multiples au travers d'une base de données[27] ». Or, ce qui nous apparaît de cette analyse initiale c'est qu'en contradiction avec le caractère éclaté et fondamentalement paradigmatique de la base de données, c'est la forme linéaire qui l'emporte dans ces films interactifs. Plutôt que de n'être qu'« une trajectoire parmi d'autres », la « narration linéaire traditionnelle » demeure la forme privilégiée dans ces films interactifs[28]. Outre ces quelques moments d'interactivité où l'agentivité de l'individu est reconnue et prise en compte par le système que constitue l'œuvre interactive, c'est la linéarité des séquences narratives qui l'emporte. Devrait-on donc conclure que la forme cinématographique nous limite à des assemblages qui s'opèrent nécessairement dans le temps et qui, ce faisant, encouragent la linéarité ?

En réalité, la question devrait être plutôt inversée : serait-ce au contraire la quête de cohérence narrative qui favorise la forme linéaire ? Dans son survol des liens entre la base de données comme forme symbolique aux antipodes du récit linéaire, Manovich explique qu'une suite quelconque d'éléments ne constitue pas un récit en soi. Suivant la théoricienne Mieke Bal, l'auteur résume les critères à satisfaire afin qu'on puisse parler d'un récit : « on devrait pouvoir y trouver à la fois un acteur et un narrateur ainsi que trois niveaux distincts composés du texte, de l'histoire et du récit ; et ses "éléments" devraient consister en "une série d'*événements*

27 Manovich, *op. cit.*, p. 406.
28 Manovich, *op. cit.*, p. 406.

logiquement reliés entre eux, et causés ou subis par des *acteurs*"[29] ». Manovich en conclut qu'il ne suffit pas de naviguer la base de données de manière aléatoire pour constituer un récit.

Or, ce que les films interactifs mentionnés jusqu'ici démontrent en offrant des choix qui mènent à « une série d'événements liés causés ou vécus par des acteurs », c'est bien une révérence pour la cohérence narrative qui s'avère incompatible avec la virtualité et l'interactivité propres au paradigme de la base de données. Dans un passage particulièrement révélateur de son étude, Manovich adresse cette incompatibilité entre la notion de récit et le fait de parcourir une base de données de manière aléatoire :

> On croit aussi à tort et fréquemment que c'est en créant son propre chemin (par exemple en suivant un certain ordre dans le choix des documents d'une base de données) que l'utilisateur construit un récit unique et qui lui est propre. S'il se contente d'accéder à divers éléments l'un après l'autre et au hasard, comme c'est généralement le cas, il n'y a aucune raison de supposer que ces éléments constituent le moindre récit[30].

La logique inverse s'applique. Le fait de chercher à respecter une cohérence narrative empêche ces films interactifs de permettre à chaque membre du public de tracer la trajectoire de son choix au travers de la base de données des éléments narratifs disponibles. Comme ce renversement le suggère, ce n'est pas que les films interactifs sont incapables de satisfaire l'impératif d'indétermination propre à la base de données, ni que le cinéma narratif, en tant forme symbolique dominante du XXe siècle est encore aussi puissant aujourd'hui. Seulement, il faut se départir du *dispositif* cinématographique de base si l'on veut se défaire également de la forme hégémonique qui lui est associée, soit le long métrage de fiction, le plus souvent en prise de vues réelles. Il faut se tourner vers d'autres dispositifs afin d'apprécier l'influence de la base de données ou de l'interface graphique comme autant de nouvelles formes symboliques pour le XXIe siècle. À l'agencement temporel propre à la forme cinématographique, substituons maintenant l'arrangement spatial de ces dispositifs qui proposent soit des juxtapositions d'images, soit des successions d'objets disparates. Plutôt que la continuité d'un montage linéaire, pensons maintenant la *contigüité* d'un assemblage plutôt spatial.

29 Manovich, *op. cit.*, p. 406.
30 Manovich, *op. cit.*, p. 407.

EXCURSIONS AU TRAVERS DES IMAGES

Alors que Manovich parle de trajectoire pour décrire l'actualisation d'un chemin particulier à travers « l'espace conceptuel » de tous les films possibles, pour Sergueï Eisenstein l'analogie du trajet se rapporte plutôt à un réel déplacement physique. Celui-ci s'avère néanmoins révélateur pour notre compréhension du montage. Plutôt que les images mouvantes que le cinéma propose au public, le théoricien soviétique interprète en termes de montage des expériences (principalement architecturales) qui demandent à l'individu de se déplacer afin d'occuper des points de vue successifs. C'est ce que nous proposons d'appeler un montage « excursif ».

Transposant le concept de montage à la disposition de certains éléments architecturaux – par exemple dans l'Acropole et dans les représentations du Chemin de Croix – Eisenstein écrit, « le spectateur se déplaçait à travers une série de phénomènes soigneusement disposés qui semblaient absorbés dans l'ordre avec son sens visuel[31] ». Les structures sont disposées dans l'espace de façon à être perçues par un œil et un corps en mouvement ; les uns à la suite des autres et généralement dans un ordre bien particulier. La trajectoire ainsi décrite par Eisenstein met l'accent sur la linéarité d'un montage qui s'opèrerait d'abord et avant tout par la succession (dans le temps comme dans l'espace) de points de vue. La dimension spatiale de ce montage mérite d'être soulignée. Bien que le cinéma traditionnel permette des « variations d'échelle, de position et d'angle de la caméra d'une prise de vue à l'autre », Anne Friedberg nous rappelle que ces dernières « forment une séquence – image par image, plan par plan – [...] contenues dans le cadre fixe d'un écran, une surface qui reste constante en dépit des discontinuités spatiales ou temporelles entre les plans[32] ». Le trajet d'Eisenstein dépasse les confins de l'écran et renverse la logique du mouvement et de la succession que propose normalement le dispositif cinématographique. Il nous convie plutôt à penser les déplacements de l'individu comme moteur de la succession de

31 Eisenstein, Sergueï, « Montage and Architecture » in Taylor, Richard, et Glenny, Michael (dir.), *Sergei Eisenstein, Selected Works Vol 2, Towards a Theory of Montage*, Londres : I.B. Tauris, 2010, p. 59.

32 Friedberg, Anne, *Virtual window : From Alberti to Microsoft*, Cambridge, MA : MIT Press, 2006, p. 192.

points de vue *a priori* immobiles. Ce mode excursif du montage s'oppose ainsi à la conception interactive que Manovich évoquait par son analogie du montage non-linéaire d'un film, en ce sens que celui-ci est physique et actuel là où celle-ci était conceptuelle et virtuelle.

Nous pouvons voir cette approche excursive du montage à l'œuvre dans quelques films qui ont joué avec la démultiplication des cadres à l'intérieur du cadre[33], dans les expérimentations avec des dispositifs multiécrans[34], et plus particulièrement le cas des installations multiécrans d'artistes vidéo[35]. Alors qu'au cinéma, c'est l'artiste (cinéaste, monteur, etc.) qui décide ultimement de l'agencement des images et des séquences – sans parler du rythme de la succession – l'installation vidéo qui déploie un dispositif multiécrans nous ouvre à d'autres possibilités en raison de l'implication plus active des membres du public. En témoignent des exemples comme le *Labyrinthe* de Colin Low et Roman Kroitor, présenté à Expo 67 (voir figure 4), mais aussi *Electric Earth* (2000) et *Sleepwalkers* (2007) de Doug Aitken, ou encore le *Five Angels* de Bill Viola (2000). Cela est dû à trois variables reliées au caractère excursif de l'expérience que proposent ces œuvres.

33 Friedberg nomme *Suspense* (Lois Weber et Phillips Smalley 1913), *The Boston Strangler* (Richard Fleischer 1968), *The Thomas Crown Affair* (Norman Jewison 1968) et *New Book* ([*Nowa Książka*] Zbigniew Rybczynski 1976).

34 En plus du *Napoléon* d'Abel Gance (1927), pensons au cas du Cinerama, mais aussi aux dispositifs qui faisaient légion aux Expositions Universelles, dont les projets de Charles et Ray Eames présentés à la foire de Moscou en 1959 (*Glimpses of the U.S.A.*) et de New York en 1964 (*Think*), de même que le Polyvision de Josef Svoboda et le Diopolyecran d'Emil Radok, tous deux présentés à Expo 67 à Montréal. Pour plus d'informations sur les dispositifs de cinéma élargi à Expo 67, voir Marchessault, Janine. « Multi-Screens and Future Cinema : The Labyrinth Project at Expo 67 ». In Marchessault, Janine et Lord, Susan (dir.), *Fluid screens, expanded cinema*, Toronto : University of Toronto Press, 2019, p. 29-51.

35 Dans son survol des installations multiécrans proposées par des artistes vidéo, Anne Friedberg nomme par exemple *Third Party* (Sam Taylor-Wood 1999), *The Long Road to Mazatlan* (Isaac Julien et Javier de Frutos 1999), *The Third Memory* (Pierre Huyghe 2000), *Electric Earth* (Doug Aitken 2000), *Video Quartet* (Christian Marclay 2002) *Twelve* (Barbara Kruger 2004), de même que la trilogie *Turbulent* (1998), *Rapture* (1999), et *Fervor* (2000), tous trois de Shirin Neshat. *Cf.* Friedberg, *Virtual window*, *op. cit.*, p. 219.

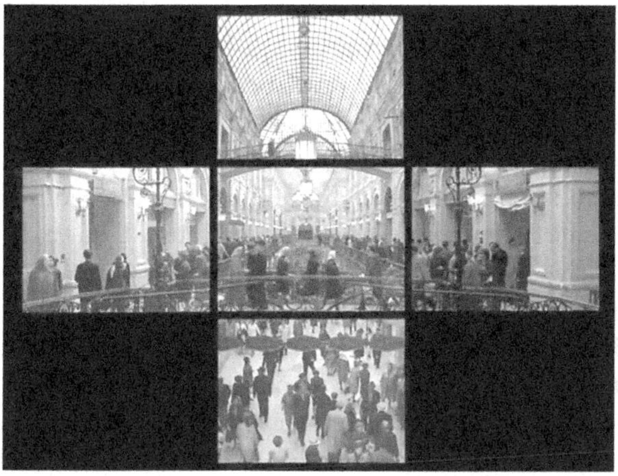

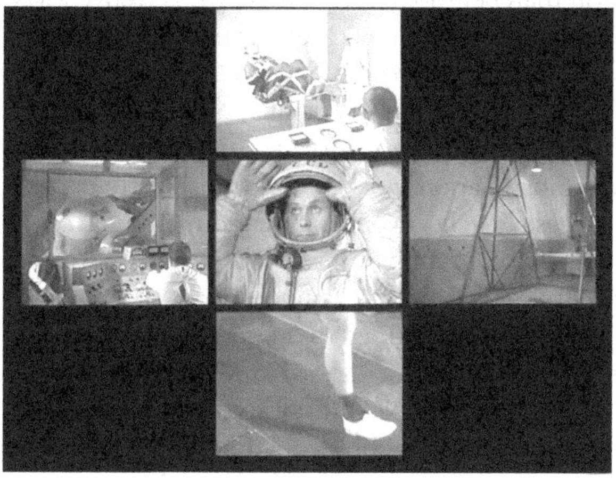

FIG. 4 – Deux captures d'écran de la disposition cruciforme des images de *Labyrinthe* (Colin Low et Roman Kroitor, 1967), © Office national du film du Canada.

TROIS VARIABLES DU MONTAGE EXCURSIF

La première variable est le résultat de l'éclatement du dispositif cinématographique, tant au niveau spatial que temporel. Tout d'abord, au cinéma on impose au public le début et la fin de la projection. C'était d'ailleurs l'un des facteurs déterminants de l'expérience cinématographique selon Raymond Bellour[36]. Les installations vidéo qu'on présente le plus souvent en boucle dans le contexte muséal s'opposent à cet impératif, en ce sens que chaque membre du public est généralement libre d'entrer et de sortir quand bon lui semble. Toute illusion d'une « durée prescrite », comme le disait Bellour, est ainsi remise en cause. Il en va de même pour le point d'entrée et de sortie de l'œuvre qui n'est plus dicté par l'artiste, mais bien par la « trajectoire unique » de l'individu ; début et fin sont des concepts désuets dans l'installation vidéo. De la sorte, la notion de *final cut* (le montage final si cher au cinéma) est éliminée dans l'installation vidéo, cette dernière restant ouverte à d'innombrables possibilités.

La seconde variable est fortement liée à cette notion de public/monteur[37] et de l'idée du marcher/monter dont nous avons trouvé les échos dans les textes d'Eisenstein et de Manovich qui, tous deux, pensaient le montage en termes de trajet ou de parcours. S'ajoute ainsi une variable qui découle de l'*excursion* du public parmi les écrans. Non seulement son œil et son esprit se déplacent-ils à travers l'image, mais le spectateur lui-même se déplace dans l'installation vidéo multiécrans. Cette excursion physique parmi les images fait écho au déplacement du public au sein de structures architecturales que mentionnait Eisenstein et au trajet tracé au travers des espaces conceptuels de la base de données décrits par Manovich. Ainsi, en plus du fait que l'œuvre elle-même comporte potentiellement un nombre infini d'associations d'images – c'est-à-dire un montage « interne » indéterminé et infiniment variable – le fait que le public doive se déplacer au sein de l'œuvre ajoute encore un degré d'indétermination externe.

Finalement, la troisième variable découle de la rencontre des différents écrans, voire des différentes images au sein d'un même écran. Nous disions plus tôt que même quand le cinéma jouait avec des suites de points de vue, le résultat restait contenu dans les limites de l'écran unique. Or, même l'écran unique peut receler des perspectives disjointes. C'est ce que propose Friedberg quand elle avance que l'interface graphique visuelle

36 Bellour, Raymond, *La querelle du dispositif : Cinéma – installations, expositions*, Paris : P.O.L., 2012, p. 14.

37 Faucon, Térésa, « Le spectateur/monteur dans les installations vidéo », in Saba, Cosetta et Poian, Cristiano (dir.), *Unstable Cinema Film and Contemporary Visual Arts*, Pasian di Prato : Campanotto Editore, 2007, p. 78-87.

(GUI, pour *Graphical User Interface*) des ordinateurs aurait fracassé et démultiplié les perspectives que peut contenir la surface de l'écran :

> Si nous suivons l'affirmation de Panofsky selon laquelle la perspective était une « forme symbolique » – une façon d'appréhender le monde par un appareil mental – alors les postulats de représentation de la perspective ont rencontré leur fin sur l'écran d'ordinateur. Et, si nous acceptons l'argument supplémentaire de Panofsky selon lequel la perception est conditionnée par des habitudes de représentation, alors notre nouveau mode de perception est multiple et fracturé. Il est « post-perspectival » – il n'est plus encadré dans une seule image avec une centralité fixe ; « post-cinématique » – il n'est plus projeté sur une surface d'écran comme l'étaient la *camera obscura* ou la lanterne magique ; « post-télévisuel » – il n'est plus unidirectionnel dans le modèle de l'expéditeur et du destinataire[38].

L'interface graphique des ordinateurs nous enjoint à penser l'écran non plus comme une fenêtre vers un autre monde, mais bien comme une surface où se côtoient et se superposent de multiples fenêtres vers des mondes distincts. En sa capacité de forme symbolique, elle nous encourage aussi à penser plus largement à l'impact de cette vision fracturée et démultipliée. En outre, un régime scopique différent s'impose quand le dispositif cinématographique cède sa place à la mosaïque de l'écran d'ordinateur, une forme qui n'est plus conçue pour ni régie par le Regard, mais bien pour et par le coup d'œil furtif, voire vagabond[39].

Si un film traditionnel ne comporte qu'une seule suite possible d'images – celle que l'artiste a choisie parmi tous les agencements possibles qui s'offraient au moment du montage – et si l'interface graphique propose un agencement de différentes images sur le même écran, l'installation multiécrans propose un nombre infini d'association d'images selon le trajet que le regard de l'individu emprunte d'une fenêtre ou d'un écran à l'autre. Comparativement au texte fermé[40] que constitue le cinéma – qui nous amène vers une interprétation unique –, l'installation vidéo propose

38 Friedberg, *Virtual window*, *op. cit.*, p. 194.

39 En parlant d'expériences cinématographiques où l'écran est divisé en plusieurs images, la cinéaste Julie Talen écrit : « Le film monobande est la forme d'art visuel du Regard ; le multicanal est la forme d'art du coup d'œil ». Talen, Julie, « 24 : Split-Screen's Big Comeback », Salon.com (14 mai 2002). https://www.salon.com/2002/05/14/24_split/ (dernière consultation le 14 juillet 2022).

40 Suivant la distinction que fait Umberto Eco entre « texte fermé » et « œuvre ouverte ». *cf.* Djonov, Atanas, « Navigating viewers : Montage, space and meta-art in new media video installation ». Thèse de doctorat, Sydney, University of New South Wales, 2011.

ainsi une *œuvre ouverte*, faite de manière à inviter le public à l'interpréter de multiples façons en raison de son haut « degré d'ambiguïté, d'ambivalence sémantique et d'indétermination[41] ». Cette indétermination fait en sorte que l'installation vidéo ne peut être perçue de la même façon par deux individus, ni par une même personne lors de multiples visites. Chaque visionnement constitue une œuvre actée, unique et éphémère, dont l'individu est le monteur. Finalement, comme le monteur de Manovich, le spectacteur d'une installation vidéo multiécrans accède à la dimension paradigmatique de l'œuvre, et ce, au profit de la dimension syntagmatique que lui réserve généralement le récit linéaire d'un film narratif.

CADAVRE EXQUIS

Cadavre exquis est une série de performances cinématographiques issue de la revue *Hors Champ* et dirigée par André Habib. Celle-ci nous permet aussi d'offrir une dernière perspective sur le montage.

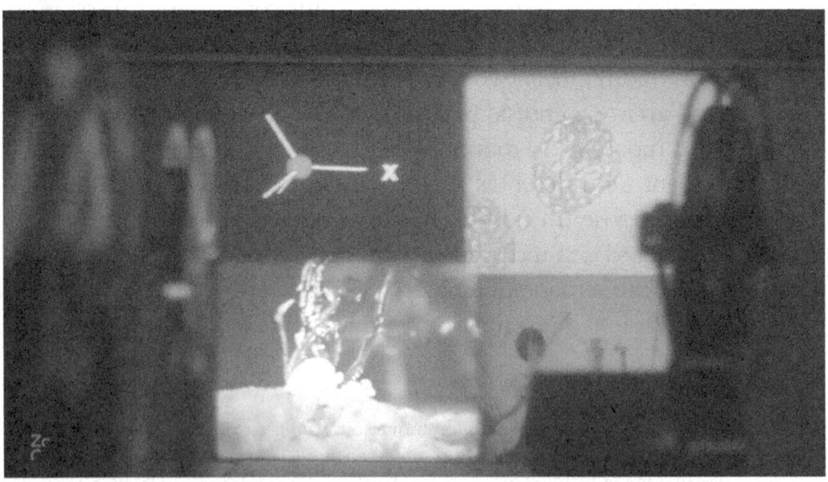

FIG. 5 – *Cadavre exquis #1.* Performance du 7 août 2021. Source : Zoom Out. Avec la permission d'André Habib.

41 Djonov, Navigating Viewers, *op. cit.*, p. 9.

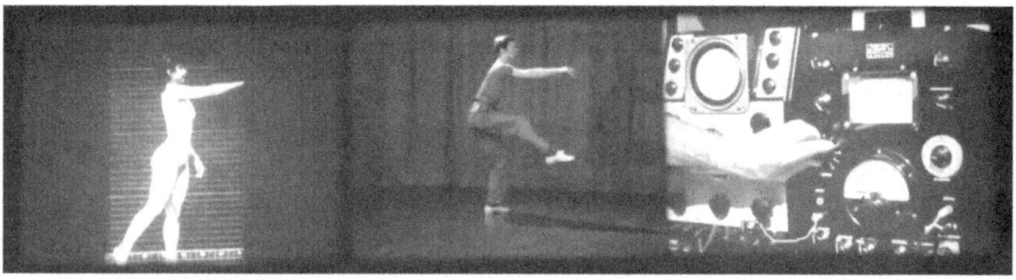

FIG. 6 – *Cadavre exquis #2*. Performance du 2 septembre 2021.
Source : Zoom Out. Avec la permission d'André Habib.

Partant de bobines de pellicule récupérées de la collection de films scientifiques 16mm de l'Université de Montréal, les différentes performances de cette œuvre proposent des agencements tant spatiaux que temporels d'images et de sons. Par exemple, lors d'une performance de *Cadavre exquis #1* le 7 août 2021 dans le cadre de l'événement "Ok Là", à Verdun, Québec, les quatre quadrants de l'écran présentaient chacun une bande visuelle différente (voir figure 5). Pour sa part, *Cadavre exquis #2*, projeté le 2 septembre 2021 lors de la soirée "À l'ombre des astres II", à Montréal, Québec, a pris la forme d'un triptyque (voir figure 6).

La juxtaposition de ces trois ou quatre sections d'écran et le fait que ces dernières ne présentent généralement pas de montage interne contribuent à minimiser la dimension syntagmatique de l'œuvre en faveur d'une dimension paradigmatique plus évidente. Par ailleurs, en sa capacité d'œuvre médiatique, cette dimension paradigmatique est mise de l'avant, rendue explicite et dotée d'une « existence matérielle », comme l'explique Manovich[42]. En l'occurrence, c'est chaque membre du public qui crée son propre montage subjectif de l'œuvre en parcourant du regard un trajet particulier au travers des quatre quadrants. Pour reprendre les mots de Richard Bégin au sujet de l'expérience de visionnement de *Time Code* (Mike Figgis, 2000), elle aussi une expérience à quatre séquences conjointes :

> [...] la place du spectateur, face à la simultanéité de ces quatre séquences, semble glisser de son statut de récepteur passif vers celui d'une subjectivité active. C'est que la présence de ces quatre images pose la question du choix ; l'œil du spectateur *vagabonde au gré des sensations*, tant auditives que visuelles,

42 Manovich, Lev, *op. cit.*, p. 411.

> qu'il reçoit. C'est-à-dire qu'un son plus élevé dans le cadre inférieur gauche peut attirer l'attention d'un spectateur, tout en laissant son voisin libre de garder l'œil vissé au cadre supérieur droit[43].

En plus d'être un autre exemple d'œuvre actée – en ce sens que la performance de l'œuvre dépend en partie du fait qu'un individu y opère une trajectoire qui lui est propre – *Cadavre exquis* nous rappelle que la notion de montage elle-même n'est pas limitée à la cohérence narrative qu'on associe au récit cinématographique traditionnel, dans toute la linéarité qu'on lui connaît.

CONCLUSION : DE NOUVELLES FORMES SYMBOLIQUES

D'une part, nous avons démontré comment la forme dominante du cinéma narratif favorise grandement la linéarité propre au récit, aux dépens d'une virtualité qui serait celle de base de données et d'un montage dit interactif. Or, ce n'est pas le *montage* cinématographique (linéaire ou non) qui est la condition de cette cohérence narrative dont nous avons noté qu'elle était incompatible avec l'exploration libre de l'espace conceptuel de tous les films possibles. Que l'on s'intéresse au montage ou à l'expérience proposée par les films interactifs qui, toutes deux, sont des activités qui nous confrontent à la dimension paradigmatique à chaque fois qu'il faut faire un choix, c'est plutôt le souci de mise en récit ou de cohérence narrative qui nous ramène à la préséance de la dimension syntagmatique. Le cas des installations vidéo et de ce que nous avons appelé le montage excursif nous permet de concevoir des agencements purement aléatoires qui, à leur tour, peuvent produire des effets inattendus.

Or, force est d'admettre que le dispositif cinématographique de base n'est pas le facteur limitant de cette équation. Le cas d'Eisenstein et des montagistes soviétiques devrait suffire à nous démontrer que d'autres approches du montage existent qui ne nous limitent pas qu'à une organisation linéaire de séquences. Il est tout à fait possible de penser la

43 Bégin, Richard, "L'œil vagabond / *Time Code* de Mike Figgis", *Ciné-Bulles*, vol. 18, n° 4, p. 16-17.

notion de montage en termes d'agencements spatiaux, formels, affectifs, voire idéologiques. Ainsi, le fait de penser la notion de montage à la lumière des formes symboliques que constituent aujourd'hui la base de données ou l'interface graphique des ordinateurs ne fait que nous encourager à dépasser les limites d'un montage linéaire. Ainsi libéré du joug de la linéarité sous lequel l'impératif de cohérence narrative l'avait soumis, le montage peut être pensé en termes d'agencements stylistiques, dialectiques, voire simplement affectifs.

En l'occurrence, l'héritage culturel de *Cadavre exquis* nous invite aussi à penser que d'autres formes symboliques devraient peut-être prévaloir. Considérons l'exercice formel du cadavre exquis des surréalistes du XXe siècle[44]. Le cadavre exquis, qu'il s'agisse de la forme littéraire ou de celle picturale, est le produit d'une suite incohérente d'éléments disjoints, créés chacun sans connaître les éléments précédents ou suivants. L'absurdité du résultat final est le fruit de l'agencement de contenus disparates. Ceux-ci contribuent à la production d'une expérience étrange où se suivent des éléments sans relation aucune. Cette description du cadavre exquis aurait aussi bien pu être écrite à propos d'une autre expérience, celle-là beaucoup plus moderne : celle du fil d'actualités. Pensez à l'expérience que vous proposent les pages de vos réseaux sociaux préférés (Facebook, Instagram, Reddit, LinkedIn, Twitter, YouTube, etc.). L'un après l'autre, des blocs de contenus se suivent qui ne tiennent pas compte des éléments préalables ou suivants. Selon la plateforme, ces contenus peuvent être tous de la même nature (texte, photo, vidéo, etc.) ou bien des mélanges peuvent survenir quand une vidéo suit un texte et précède une infographie, etc. Autrement dit, le fil d'actualités ne serait-il pas une forme moderne et multimédia du cadre exquis ?

Ainsi le fil d'actualités s'ajoute-t-il à la base de données et à l'interface graphique comme autant de formes symboliques potentielles pour le XXIe siècle. Ce faisant, une nouvelle conception du montage peut également s'épanouir sans les restrictions que lui imposerait la cohérence narrative. La base de données nous a permis de comprendre le montage en termes de trajectoires à travers l'espace conceptuel de tous les films possibles. C'est ce que nous avons appelé le montage « interactif ».

44 Selon le *Dictionnaire abrégé du surréalisme*, le cadavre exquis est un « jeu qui consiste à faire composer une phrase, ou un dessin, par plusieurs personnes sans qu'aucune d'elles ne puisse tenir compte de la collaboration ou des collaborations précédentes. »

Cette conception demeure pourtant théorique dans la plupart des films narratifs. Pendant ce temps, l'interface graphique des ordinateurs nous a offert la chance d'apprécier les agencements post-cinématiques que permettent des dispositifs multiécrans, voire les juxtapositions d'images à même un seul écran. Ces installations vidéo nous invitent plutôt à penser le montage en termes d'excursions à travers l'espace bien réel que délimitent les différentes images. C'est pourquoi nous avons appelé cette forme de montage « excursive ». Finalement, le fil d'actualités contemporain – si tant est qu'on le considère en termes de forme symbolique – nous contraint de concevoir le montage à la lumière du cadavre exquis ; suite de contenus disparates n'étant pas limités par l'impératif de la cohérence narrative, mais bien par le souci de produire des effets formels discordants. Comment appellerait-on cette nouvelle conception du montage ?

Pour apprécier la « manière nouvelle de structurer l'expérience que nous avons de nous-mêmes et du monde[45] » qui découle des formes symboliques que sont la base de données, l'interface graphique de l'ordinateur et, peut-être aujourd'hui, le fil d'actualités des téléphones intelligents, il faudra chercher des manifestations artistiques qui rejettent la linéarité d'un récit en faveur d'agencements plus éclatés. Il faudra plutôt considérer des œuvres actées – interactives, immersives, installatives, etc. – qui favorisent d'autres priorités. Peut-être les innovations que nous amène le domaine de la réalité virtuelle seront-elles suffisantes pour proposer d'autres approches du montage. Peut-être faudra-t-il attendre l'arrivée d'autres développements technologiques encore inconnus. Peut-être, au contraire, nous faut-il tout simplement repenser les formes contemporaines du montage à la lumière des trajectoires proposées par de nouvelles formes symboliques.

Philippe BÉDARD
Université McGill

45 Manovich, *Le langage des nouveaux médias*, *op. cit.*, p. 395.

RÉSUMÉ/*ABSTRACTS*

Robin CAUCHE et Raphaël JAUDON, « Avant-propos. L'impossible topologie du montage »

Robin Cauche est doctorant en études cinématographiques et professeur certifié de lettres modernes. Il prépare actuellement une thèse consacrée à l'affichage des paroles de chansons à l'écran, sous la direction de Martin Barnier (Lyon 2) et d'André Gaudreault (Université de Montréal). Monteur vidéo de formation, il a d'abord travaillé comme responsable de postproduction d'une chaîne de télévision musicale. Depuis 2021 il produit et anime le podcast « Une invention sans avenir », co-créé avec Raphaël Jaudon.

Raphaël Jaudon est maître de conférences en études cinématographiques à l'Université de Caen Normandie. Spécialiste des relations entre cinéma et politique, il a publié de nombreux articles et chapitres d'ouvrages sur ce sujet, ainsi qu'un ouvrage tiré de sa thèse de doctorat : *Cinémas politiques, lecture esthétique* (Circé, 2022). Depuis 2021, il produit et anime le podcast « Une invention sans avenir », co-créé avec Robin Cauche.

À qui s'intéresse au montage, trois évidences s'imposent spontanément : 1) le montage ne représente qu'une fraction de l'expérience cinématographique ; 2) le montage constitue le principe esthétique fondamental du cinéma ; 3) le montage dépasse le cadre filmique, pour englober toutes les possibilités d'association d'éléments hétérogènes. Si le montage était un lieu, il serait à la fois le territoire propre du cinéma, une portion *et* une extension de ce territoire. Dans cette introduction, nous nous demanderons comment il est possible de situer les « marges » d'un tel territoire.

Mots-clés : théorie du montage, esthétique du cinéma, histoire du cinéma, poétique, philosophie.

Robin CAUCHE and Raphaël JAUDON, "*Foreword. The Impossible Topology of Editing*"

Robin Cauche is a doctoral student in film studies and a certified teacher of modern literature. He is currently preparing a dissertation on the onscreen display of song lyrics, under the supervision of Martin Barnier (Lyon 2) and André Gaudreault (Université de Montréal).

Trained as a video editor, he first worked as a post-production manager for a music television channel. Since 2021, he has produced and hosted the podcast "Une invention sans avenir" alongside Raphaël Jaudon.

Raphaël Jaudon is a lecturer in film studies at the University of Caen Normandy. An expert on the relationship between cinema and politics, he has published numerous articles and book chapters on this topic, as well as a book based on his doctoral thesis: Cinémas politiques, lecture esthétique *(Circé, 2022). Since 2021, he has produced and hosted the podcast "Une invention sans avenir" alongside Robin Cauche.*

The one who is willing to reflect on film editing and montage will quickly run into three self-evident facts: 1) editing is only responsible for a small part of the cinematic experience; 2) editing is the aesthetic principle of cinema as a whole; 3) montage embraces all the poetic forms that associate heterogeneous elements. So, if editing was a place, it would coincide with the territory of cinema itself, with a portion of it and with an extension of it, all at once. The purpose of this introduction is to draw hypotheses on how to explore the margins of such a complex territory.

Keywords: editing theory / montage theory, film aesthetics, film history, poetics, philosophy.

Jérémy HOUILLÈRE, « Du lecteur au spectateur. Spectacles de boxe et pratiques de montage dans la presse illustrée et le cinéma en France au début du XXe siècle »

Jérémy Houillère est docteur en études cinématographiques, chercheur associé à l'Université Rennes 2, et actuellement responsable du développement culturel au cinéma L'Alliance de Guipry-Messac (Ille-et-Vilaine). Il a publié plusieurs articles sur les rapports entre presse illustrée et cinéma au début du XXe siècle, ainsi qu'un ouvrage dirigé avec Sébastien Denis, *Cirque, cinéma et attractions. Intermédialité et circulation des formes circassiennes* (Presses Universitaires du Septentrion, 2019).

Dès le tournant des années 1910 des formulations attestent d'une volonté, de la part de la presse illustrée, de se rapprocher d'un « modèle cinématographique ». Ce rapprochement, métaphorique dans les termes utilisés, met en jeu des assemblages de photographies, une mise en page audacieuse visant à renouveler les modes de lecture du journal. Au premier rang de cette « révolution de papier », les illustrés sportifs produisent des séquences d'images que le lecteur fait défiler page après page, comme défilent les images sur l'écran du cinématographe.

Mots-clés : cinéma des premiers temps, presse illustrée, photographie, sport, montage.

Jérémy HOUILLÈRE, "*From the Reader to the Spectator. Editing Practices and Boxing in Early Twentieth-Century French Illustrated Press and Cinema*"

Jérémy Houillère holds a PhD in film studies, is a research associate at Rennes 2 University, and is currently in charge of cultural development at the Alliance cinema in Guipry-Messac (Ille-et-Vilaine). He has published several articles on the relationship between the illustrated press and cinema in the early twentieth century, as well as a book co-edited with Sébastien Denis: Cirque, cinéma et attractions. Intermédialité et circulation des formes circassiennes *(Presses universitaires du Septentrion, 2019).*

Around the 1910s, speeches attest to a desire, from the illustrated press, to move closer to a "cinematographic model". This metaphorical rapprochement resorts to assemblages of photographs, a bold layout aimed at renewing the ways of reading the newspaper. At the front stage of this "paper revolution", sports magazines produced sequences of images that the reader scrolled through page after page, like images scrolling on the cinematograph screen.

Keywords: early cinema, illustrated press, photography, sport, editing.

Raphaël SZÖLLÖSY, « L'Unité par le multiple. Sur *Native Land* (1942) de Leo Hurwitz et Paul Strand »

Raphaël Szöllösy est maître de conférences en études cinématographiques à l'Université de Strasbourg. À partir des pensées de la modernité mélancolique et de l'utopie d'Ernst Bloch, ses publications et communications ont exploré l'œuvre de plusieurs cinéastes issus de multiples contextes géographiques et sociaux, de Pier Paolo Pasolini à Tariq Teguia. La figure de Paul Robeson, traversée par le spectre de Toussaint Louverture, constitue son sujet de recherche actuel.

Le 8 décembre 1941, au lendemain de l'attaque de Pearl Harbor, Léo Hurwitz et Paul Strand reçoivent leur copie zéro de *Native Land*, œuvre inspirée par le comité La Follette mettant en lumière les violentes pratiques de déstabilisation des mouvements syndicaux aux États-Unis. En vertu de l'unité nationale nécessaire à l'effort de guerre, le corrosif long-métrage ne pourra être projeté en son temps. S'y déploie pourtant une pensée de l'unité, une association par le multiple, et ce par le moyen de la pratique du montage. Et celle-ci ne saurait être construite sans la voix de Paul Robeson.

Mots-clés : cinéma politique, mouvements sociaux, histoire du syndicalisme, montage, voix.

Raphaël SZÖLLÖSY, "*Unity in Multiples.* Native Land *(1942) by Leo Hurwitz and Paul Strand*"

Raphaël Szöllösy is a lecturer in film studies at the University of Strasbourg. Taking as their point of departure Ernst Bloch's thoughts on melancholic modernity and utopia, his publications have explored the work of several filmmakers from multiple geographical and social contexts, from Pier Paolo Pasolini to Tariq Teguia. The figure of Paul Robeson, indelibly linked to the specter of Toussaint Louverture, is his current research subject.

On December 8, 1941, the day after the attack on Pearl Harbor, Leo Hurwitz and Paul Strand received their answer print of Native Land, *a work inspired by the La Follette committee highlighting the violent practices of destabilization of the labor movement in the United States. By virtue of the national unity linked to the war effort, the corrosive feature film was not screened in its time. However, it deploys a thought of unity, rather in favor of an association through the multiple, and this by the practice of editing. And it could not be built without the voice of Paul Robeson.*

Keywords: political cinema, social movements, labor history, editing, voice.

Mathilde LEJEUNE, « Le montage et la mémoire chez Dekeukeleire. L'espace-temps cinématographique de la pensée »

Mathilde Lejeune est doctorante aux universités de Lille et de Lausanne sous la direction d'Edouard Arnoldy et de Laurent Le Forestier. À partir du fonds Dekeukeleire déposé à la Cinémathèque royale de Belgique, ses recherches portent sur la théorie puis l'historiographie du cinéma, ainsi que sur le rôle que peuvent y jouer les archives film et non-film. Elle a récemment publié plusieurs articles autour de son sujet de thèse dans des revues scientifiques telles qu'*Écrans* et *Images du travail, travail des images.*

Cet article explore les correspondances entre l'écriture du cinéma et l'écriture de la pensée chez le réalisateur belge Charles Dekeukeleire à travers une analyse croisée de la structure de ses carnets de notes personnelles (1931-1962) et de ses discours sur le montage cinématographique. Aux limites du film, les carnets s'apparentent à une mise en pratique conceptuelle des théories du cinéaste, faisant entrevoir une réécriture de l'espace et du temps à mi-chemin entre cinéma et mémoire.

Mots-clés : Charles Dekeukeleire, histoire du cinéma belge, théorie du montage, cinéma et mémoire, processus de création.

Mathilde LEJEUNE, "*Montage and Memory in Dekeukeleire. The Cinematographic Space-Time of Thought*"

Mathilde Lejeune is a doctoral student at the universities of Lille and Lausanne under the supervision of Edouard Arnoldy and Laurent Le Forestier. Drawing on the Dekeukeleire collection at the Cinémathèque royale de Belgique, her research focuses on film theory and historiography and on the role that film and non-film archives can play. She has recently published several articles on her thesis subject in scholarly journals such as Écrans *and* Images du travail, travail des images.

This article deals with the connections between the writing of film and the writing of thought throughout Charles Dekeukeleire's work. It intends to analyze the Belgian filmmaker's reflection about cinematographic montage on the one hand and the structure of his notebooks (1931-1962) on the other. The notes can be defined as a hybrid object which rewrites space and time and seems to characterize Dekeukeleire's theoretical work about memory and film.

Keywords: Charles Dekeukeleire, Belgian film history, montage theory, cinema and memory, creating process.

Rémy BESSON, « L'émergence du rôle de la monteuse de *Shoah* (1985) dans l'espace public. 1973-2022 »

Rémy Besson a mené une thèse en histoire à l'EHESS portant sur la mise en récit du film *Shoah* de Claude Lanzmann. Celle-ci a été publiée (MkF Éditions) et a conduit à la réalisation d'un documentaire de C. Hébert : *Ziva Postec, la monteuse derrière le film* Shoah (2018). Il a été chercheur postdoctoral au CRIalt (2012-2014), puis au LLA-CREATIS (Toulouse II, 2014-2015) et à TECHNÈS (2016-2020). Il enseigne et travaille actuellement à l'Université de Montréal dans le cadre du partenariat international de recherche TECHNÈS. Il est membre de comités de rédaction des revues *Intermédialités* (Université de Montréal), *Entre-temps* (Collège de France), *Sonorités* (Association française de sociologie des archives orales sonores et audiovisuelles) et *Conserveries mémorielles* (IHTP-CNRS).

Le rôle de la monteuse et l'importance du montage dans la conception de *Shoah* (1985) sont restés quasiment absents des discours tenus dans l'espace public pendant une trentaine d'années (1985-2018). En croisant étude génétique et analyses de discours, cet article rend compte de la place prise par ce sujet depuis 2018. Il revient pour cela sur la réalisation du documentaire de C. Hébert, *Ziva Postec, la monteuse derrière le film* Shoah (2018), dont l'auteur de ces lignes a été le conseiller historique et un protagoniste.

Mots-clés : Ziva Postec, cinéma documentaire, *Shoah*, poétique du montage, étude génétique des films, analyse de discours.

Rémy Besson, *"The Emergence of the Role of the Editor of* Shoah *(1985) in the Public Space. 1973–2022"*

Rémy Besson wrote a dissertation in history at the EHESS on the mise en récit of Claude Lanzmann's film Shoah. *It was published (MkF Éditions) and led to a documentary by Cathérine Hébert entitled* Ziva Postec, the editor behind the film *Shoah (2018). He was a postdoctoral researcher at CRIalt (2012–2014), then at LLA-CREATIS (Toulouse II, 2014–2015) and at TECHNÈS (2016–2020). He currently teaches and works at the Université de Montréal as part of the TECHNÈS international research partnership, and he is a member of the editorial boards of the journals* Intermédialités *(Université de Montréal),* Entre-temps *(Collège de France),* Sonorités *(Association française des archives sonores, orales et audiovisuelles) and* Conserveries mémorielles *(IHTP-CNRS).*

The film editor's role and the importance of editing in the conception of Shoah *(1985) remained almost absent from the discourses held in the public space for a period of thirty years (1985-2018). By crossing film genetics and discourse analyses, this paper examines the place occupied by this issue since 2018. To this end, it looks back at the making of C. Hébert's documentary,* Ziva Postec, the editor behind the film *Shoah (2018), of which the author of these lines was the historical advisor and a protagonist.*

Keywords: Ziva Postec, documentary filmmaking, Shoah, *poetics of montage, film genetics, discourse analysis.*

Bertrand Bacqué, « Deleuze, Rancière et le montage. Le cas Godard »

Docteur ès lettres, Bertrand Bacqué est professeur associé HES en cinéma au sein de la Haute École d'Art et de Design de Genève (HES-SO). Il a organisé divers colloques parmi lesquels, en 2011, *Dans l'antre du chat* consacré à l'œuvre de Chris Marker et, en 2021, *Editing Arts ! Montage en mouvement* à la HEAD – Genève. En 2015, il a co-dirigé l'ouvrage *Jeux sérieux : cinéma et art contemporain transforment l'essai* et, en 2018, *Montage. Une anthologie (1913-2018)* édités par la HEAD et le MAMCO. Ses recherches actuelles portent sur l'essai, le montage et l'œuvre de Jean-Luc Godard.

En partant des réflexions sur le montage que Gilles Deleuze développe dans *L'Image-mouvement* (1983) et dans *L'Image-temps* (1985), et plus particulièrement de l'analyse qu'il propose d'*Ici et ailleurs* (1976) de Jean-Luc Godard, nous envisagerons une série de concepts, issus en partie de Kant, Bergson et Foucault : le Tout, l'intervalle et l'Ouvert, l'interstice et le Dehors. Autour de la notion d'*incommensurable*, nous confronterons sa pensée du montage avec celle de Jacques Rancière et son analyse des *Histoire(s) du cinéma* (1988-1998).

Mots-clés : philosophie du cinéma, esthétique du cinéma, théorie du montage, Gilles Deleuze, Jacques Rancière, Jean-Luc Godard.

Bertrand Bacqué, *"Deleuze, Rancière, and Montage. The Godard Case"*

Bertrand Bacqué has a doctorate in literature and is an associate film professor at the Geneva University of Art and Design (HEAD – Genève). He has organized various colloquia, including, in 2011, Dans l'antre du chat, *devoted to the work of Chris Marker, and, in 2021,* Editing Arts! Montage en mouvement *at HEAD – Genève. In 2015, he co-edited the book* Jeux sérieux: Cinéma et art contemporain transforment l'essai, *and, in 2018,* Montage. Une anthologie (1913–2018), *published by HEAD and MAMCO. His current research focuses on the essay, editing, and the work of Jean-Luc Godard.*

Using as a point of departure Gilles Deleuze's reflections on montage, as developed in The Movement-Image *(1983) and* The Time-Image *(1985), and specifically from his analysis of Jean-Luc Godard's film* Here and Elsewhere *(1976), we will consider a series of concepts taken in part from Emmanuel Kant, Henri Bergson and Michel Foucault: the Whole, the Interval and the Open, the Interstice and the Outside. We will compare his thoughts on montage with those of Jacques Rancière, notably his analysis in* Histoire(s) du cinéma *(1988–1998), basing ourselves on the notion of the* incommensurable.

Keywords: philosophy of film, film aesthetics, montage theory, Gilles Deleuze, Jacques Rancière, Jean-Luc Godard.

John MacKay, "What did Vertov Mean by 'Interval'? Some More Guesses"

John MacKay is Professor of Film and Media Studies and Slavic Languages and Literatures at Yale University. He is the author of the first volume of *Dziga Vertov: Life and Work* (Academic Studies Press, 2018), among other works.

This essay revisits Dziga Vertov's mysterious and much-discussed idea of "interval-based" montage. It suggests that Vertov might have borrowed from contemporary notions of musical intervals as forms of perceptual anchorage for spectators. It goes on to suggest how the idea of interval-based montage might offer an answer to those who believed that a non-narrative cinema of motion was impossible. Finally, it offers a couple of concrete examples of Vertov's montage of intervals, and suggests that interval-based montage answered to the ideological demands of the early Soviet period.

Keywords: film history, Soviet montage theories, avant-garde, non-narrative cinema, cinema and music, Dziga Vertov.

John MacKay, « *Que voulait dire Vertov par "intervalle" ? Quelques suppositions* »

John MacKay est professeur de cinéma et d'études médiatiques et de langues et littératures slaves à l'université de Yale. Il est notamment l'auteur du premier volume de Dziga Vertov : Life and Work *(Academic Studies Press, 2018).*

Cet article revisite le concept de montage « basé sur l'intervalle » formulé par Dziga Vertov. Il suggère que Vertov pourrait avoir emprunté une conception des intervalles musicaux comme formes d'ancrage perceptuel pour les spectateurs. Il suggère ensuite que l'idée de montage basé sur l'intervalle pourrait répondre aux doutes sur la possibilité d'un cinéma non narratif. Enfin, il offre un certain nombre d'exemples concrets du montage par intervalles de Vertov, et suggère que le montage basé sur l'intervalle répond aux impératifs idéologiques du début de la période soviétique.

Mots-clés : histoire du cinéma, théories soviétiques du montage, avant-garde, cinéma non narratif, cinéma et musique, Dziga Vertov.

Stéphane PICHELIN, « Note sur la non-émergence du concept de montage documentaire en France vers 1920 »

Stéphane Pichelin est doctorant à l'Université Rennes 2 où il prépare un doctorat sur l'émergence de la catégorie « documentaire » dans les discours sur le cinéma en France dans l'après-Première guerre mondiale sous la direction de Laurent Le Forestier (UNIL). Il est membre des partenariats Technès et PRAGM/e et du programme de recherche Beauviatech.

Si le montage est toujours un trait distinctif du style de chaque documentariste, nous restons dépourvus d'un concept général du montage appliqué au documentaire. Il ne saurait donc être question de faire l'histoire de l'émergence de ce concept, mais bien plutôt de sa forclusion dont nous étudierons la mise en place dans le contexte français autour de 1920.

Mots-clés : histoire du cinéma, cinéma documentaire, cinéma français, théorie du montage, années 1920 en France.

Stéphane PICHELIN, "*Thoughts on the Non-Emergence of the Notion of Documentary Editing in France Around 1920*"

Stéphane Pichelin is a doctoral student at Rennes 2 University, where he is preparing a dissertation on the emergence of the "documentary" category in the discourse on cinema in France after the First World War under the supervision of Laurent Le Forestier (UNIL). He is a member of the Technès and PRAGM/e partnerships and of the Beauviatech research program.

Although every documentary filmmaker may be stylistically defined by his editing, there is no such thing as a general concept of documentary editing. Rather than the history of the surge of this concept that never happened, we aim to study the way its forclusion had been implemented in France around 1920.

Keywords: film history, documentary filmmaking, French cinema, montage theory, France in the 1920's.

Gian Maria Tore, « Extension du domaine du montage. L'étude de la forme problématique des films »

Gian Maria Tore est professeur assistant à l'Université du Luxembourg. Co-fondateur en 2010 de la revue *Signata. Annales des sémiotiques/Annals of Semiotics* (Presses Universitaires de Liège et OpenEdition) et de l'Université Populaire du Cinéma (Cinémathèque de Luxembourg), il collabore régulièrement avec plusieurs musées et centres artistiques pour des programmations ou des recherches. Parmi ses derniers ouvrages, sur la sémiotique et l'étude des formes artistiques et médiatiques : *L'énonciation aujourd'hui. Un concept clé des sciences du langage* (co-éd., Lambert-Lucas, 2016), *Comprendre la mise en abyme. Arts et médias au second degré* (co-éd., Presses Universitaires de Rennes, 2019), *« Re- ». Répétition et reproduction dans les arts et les médias* (co-éd., Mimésis, 2021). Il dirige avec V. Amiel et L. Le Forestier le séminaire de recherche « Pour une histoire des formes de montage » (Paris 1). Sa monographie sur l'étude du film est en cours de publication.

Cet article propose une extension systématique du domaine du montage. D'une part, il avance des pistes pour relier le niveau local, le film monté plan par plan, au niveau global, le film pensé comme un tout. D'autre part, il présente celui-ci comme un vaste problème formel, qui ne peut se passer de l'étude de ses autres dimensions : des cadres à la narration, jusqu'à l'activité interprétative tout entière. À partir de quelques cas d'études, l'article discute la différence entre « scène » et « séquence », « composition » et « assemblage », « composantes » et « fragments », « parties » et « détails »...

Mots clés : esthétique du cinéma, théorie du montage, sémiotique, histoire de l'art, philosophie de l'art.

Gian Maria Tore, "*Extending the Field of Editing. A Study of the Problematic Form of Films*"

Gian Maria Tore is assistant professor at the University of Luxembourg. Cofounder in 2010 of the journal Signata. Annals of Semiotics *(Presses universitaires de Liège and OpenEdition) and of the Université Populaire du Cinéma (Cinémathèque de Luxembourg), he regularly collaborates with several museums and art centers on programming and research. His latest works, on semiotics and the study of artistic and media forms, include:* L'énonciation aujourd'hui. Un concept clé des sciences du langage *(co-ed., Lambert-Lucas, 2016),* Comprendre la mise en abyme. Arts et médias au second degré *(co-ed., Presses universitaires de Rennes, 2019), and* "Re-". Répétition et reproduction dans les arts et les médias *(co-ed., Mimésis, 2021). Along with Vincent Amiel and Laurent Le Forestier, he chairs the research seminar "Pour une histoire des formes de montage" (Toward a History of Forms of Editing) (Paris 1). His monograph on the study of film is set to be published soon.*

This paper proposes a systematic extension of the domain of editing. On one hand, it puts forward some leads to link the local level (the film edited shot by shot) together with the global level (the film conceived as a whole). On the other hand, it presents the latter as a huge formal problem, which cannot be managed without studying editing with other dimensions. By means of some case studies, the paper discusses the difference between "scene" and "sequence", "composition" and "montage", "components" and "fragments", "parts" and "details"...

Keywords: film aesthetics, montage theory, semiotics, art history, philosophy of art.

Robin CAUCHE, Raphaël JAUDON, « "Le monteur est à la fois une sage-femme et un illusionniste". Entretien avec Frédéric Thoraval »

Frédéric Thoraval est un monteur ayant accompagné le développement d'un certain cinéma d'action français dans les années 2000 avant de travailler à Hollywood. Il a été nommé aux Oscars pour *Promising Young Woman* d'Emerald Fennell. Dans cet entretien, il se prête à l'analyse de sa propre pratique, de son style, de ses valeurs, et de leur évolution au fil de sa carrière. Que reste-t-il du raccord, de la continuité, du récit et même de la morale dans son métier de monteur, là où la discontinuité, l'ellipse et l'ubiquité semblent des lieux communs de la pensée sur le cinéma contemporain ?

Mots-clés : cinéma français, cinéma de genre, pratique du cinéma, montage, processus de création.

Robin CAUCHE, Raphaël JAUDON, "*'The Editor is Both a Midwife and an Illusionist.' Interview with Frédéric Thoraval*"

Frédéric Thoraval is a film editor who accompanied the birth of a certain French action cinema in the 2000's, and then moved to Hollywood. He was nominated for an Academy Award for the film Promising Young Woman *by Emerald Fennell. In this interview, he tries to view his own practice, style, values and career with a critical eye. What remains of cuts, continuity, narratives and ethics in today's editing work? Shall we subscribe to the hypothesis of a global rise of discontinuity, post-continuity, ellipsis poetics or any other commonplace of contemporary film aesthetics?*

Keywords: French cinema, genre films, film practice, editing, creating process.

Éric THOUVENEL, « Composer, compresser. Formes intensives du montage dans le cinéma d'avant-garde et expérimental »

Éric Thouvenel est Professeur en études cinématographiques à l'université Paris Nanterre. Ses recherches portent notamment sur le cinéma expérimental, l'épistémologie des techniques, et le western contemporain. Il a notamment publié ou codirigé *Fabriques du cinéma expérimental* (Paris Expérimental, 2014, avec Carole Contant), *Jean Epstein – Actualité et postérités* (PUR, 2016, avec Roxane Hamery), et *Gaston Bachelard et le problème-cinéma* (Mimésis, 2020). Il codirige la collection PUR-Cinéma aux Presses universitaires de Rennes.

Cet article envisage la postérité de formes de montage élaborées dans le champ de la cinématographie-attraction sur les pratiques d'avant-garde et expérimentales. Parallèlement au mouvement extensif qui caractérise le montage des films dans le cadre narratif-représentatif, certains cinéastes ont recouru au montage pour élaborer des formes filmiques fondamentalement intensives. Après avoir caractérisé les enjeux esthétiques de telles pratiques, on se penchera sur une forme intensive expérimentale dont on tâchera de montrer l'intérêt : le montage par compression.

Mots-clés : cinéma expérimental, cinéma non narratif, avant-garde, esthétique du cinéma, analyse filmique.

Éric THOUVENEL, "*Composing, Compressing. Intensive Forms of Editing in Avant-Garde and Experimental Cinema*"

Éric Thouvenel is Professor of Film Studies at Paris Nanterre University. His research interests include experimental cinema, the epistemology of techniques, and the contemporary Western. He has notably published or co-edited Fabriques du cinéma expérimental *(Paris Expérimental, 2014, with Carole Contant),* Jean Epstein – Actualité et postérités *(PUR, 2016, with Roxane Hamery), and* Gaston Bachelard et le problème-cinéma *(Mimésis, 2020). He co-edits the PUR-Cinéma collection at the Presses universitaires de Rennes.*

This paper considers the posterity of certain forms of editing, developed in the field of the cinematography of attractions, on avant-garde and experimental film practices. Alongside the extensive movement that characterizes film editing in the narrative-representative broader sense, some filmmakers have considered editing as a tool to elaborate some fundamentally intensive film forms. After pointing the aesthetic issues of such practices, we will approach what could be an intensive experimental form of film, and will try to show its interest: compression montage.

Keywords: experimental cinema, non-narrative cinema, avant-garde, film aesthetics, film analysis.

Kelly F.W. EGAN, "Towards a *cinéma féminine*. Quilting as a Form of Feminist Discourse"

Kelly Egan is Associate Professor in Cultural Studies at Trent University whose work focuses on materiality and obsolescence, reimagining dead media through the lens of contemporary art practices, and considering the story of a medium outside of its hierarchal, canonical and linear history. Her award-winning films have screened internationally, including at the Toronto International Film Festival, New York Film Festival, Edinburgh International Film Festival, Images Festival, amongst others.

In this essay, I propose we recognize an androcentric foundation in film studies and film production, and explore the structural possibilities for what I call *cinéma féminine* – a reimagining of "women's work" like cooking, sewing, crafting, and quilting through new and innovative film practices. Using my first two film quilts *c: won eyed jail* (2005) and *Athyrium Filix-Femina (For Anna Atkins) (2016)* as examples, I suggest structuring and editing film using the patterns and visual language of quiltmaking rather than devices that come from western literary traditions.

Keywords: feminism, film history, expanded cinema, montage theory, creating process.

Kelly F.W. EGAN, « *Vers un* cinéma féminine. *La courtepointe comme forme de discours féministe* »

Kelly Egan est professeure associée en études culturelles à l'université Trent. Son travail porte sur la matérialité et l'obsolescence, la réimagination des médias morts à travers le prisme des pratiques artistiques contemporaines, et la prise en compte de l'histoire d'un média en dehors de son histoire hiérarchique, canonique et linéaire. Ses films primés ont été projetés à l'échelle internationale, notamment au Festival international du film de Toronto, au Festival du film de New York, au Festival international du film d'Édimbourg et au Festival Images.

Dans cet essai, je propose d'identifier un androcentrisme à l'œuvre dans les études cinématographiques et la production filmique, et d'explorer les possibilités offertes par un cinéma féminine *– une réinjection de pratiques comme la cuisine, la couture ou l'artisanat, dans des pratiques filmiques innovantes. Prenant en exemple mes deux premiers films-courtepointes,* c : won eyed jail *(2005) and* Athyrium Filix-Femina (For Anna Atkins) *(2016), je suggère de penser le montage au prisme du langage visuel de la courtepointe plutôt que de traditions littéraires occidentales.*

Mots-clés : féminisme, histoire du cinéma, cinéma élargi, théorie du montage, processus de création.

Philippe BÉDARD, « Trajectoires du montage à l'ère du numérique »

Philippe Bédard est chercheur postdoctoral à l'Université McGill, où il travaille sur les enjeux d'incarnation et d'empathie en réalité virtuelle. Dans le cadre de son doctorat, Philippe s'est penché sur les rapports caméra-corps-espace dans l'histoire des techniques de prise de vues au cinéma. Ses recherches l'ont également amené à travailler sur l'histoire des caméras, le cinéma numérique, la vidéodanse, les caméras GoPro, la production virtuelle et la réalité virtuelle. Avec Alanna Thain et Carl Therrien, il codirige présentement un ouvrage collectif intitulé *States of Immersion: Bodies, Media, Technologies* (Amsterdam University Press, à venir).

Cet article se penche sur deux formes de montage propres à l'ère du numérique. Les films interactifs et les installations vidéo multi-écrans nous permettent en effet de repenser la linéarité du montage cinématographique en faveur d'approches qui mettent en lumière d'autres dimensions de l'opération de montage. L'analyse d'œuvres interactives ou installatives permet de voir, d'une part, que le public joue désormais un rôle plus actif dans le montage d'un film et, d'autre part, que le souci de cohérence narrative nuit à l'exploration des possibilités du montage à l'ère du numérique.

Mots-clés : art numérique, cinéma élargi, œuvres interactives, théorie du montage, esthétique du cinéma.

Philippe BÉDARD, "*Trajectories of Editing in the Digital Age*"

Philippe Bédard is a postdoctoral researcher at McGill University, where he works on the issues of embodiment and empathy in the context of virtual reality exhits. As part of his PhD, Philippe focused on camera-body-space relationships in filmmaking techniques throughout the history of cinema. His research has also led him to work on historical developments in camera technology, digital cinema, screendance, GoPro cameras, virtual production and virtual reality. With Alanna Thain and Carl Therrien, he is currently working on an edited collection titled States of Immersion: Bodies, Media, Technologies *(Amsterdam University Press, forthcoming).*

This article focuses on two forms of editing that are specific to the digital age. Interactive films and multi-screen video installations allow us to rethink the linearity of film editing in favor of approaches that highlight other dimensions of the editing process. More specifically, an analysis of interactive films or installation works allows us to see, on the one hand, that the public now plays a more active role in the editing of a film and, on the other hand, that the concern for narrative coherence hinders the exploration of the possibilities of editing in the digital age.

Keywords: digital art, expanded cinema, interactive works, montage theory, film aesthetics.

IMPRIM'VERT®

Achevé d'imprimer par Corlet,
Condé-en-Normandie (Calvados),
en Septembre 2022
N° d'impression : 177762 - dépôt légal : Septembre 2022
Imprimé en France

CLASSIQUES GARNIER

Bulletin d'abonnement revue 2022

Écrans

2 numéros par an

M., Mme :

Adresse :

Code postal : Ville :

Pays :

Téléphone : Fax :

Courriel :

Prix TTC abonnement France, frais de port inclus		Prix HT abonnement étranger, frais de port inclus	
Particulier	Institution	Particulier	Institution
41 €	50 €	49 €	58 €

Cet abonnement concerne les parutions papier du 1er janvier 2022 au 31 décembre 2022.

Les numéros parus avant le 1er janvier 2022 sont disponibles à l'unité (hors abonnement) sur notre site web.

Modalités de règlement (en euros) :

- Par carte bancaire sur notre site web : www.classiques-garnier.com
- Par virement bancaire sur le compte :
  Banque : Société Générale – BIC : SOGEFRPP
  IBAN : FR 76 3000 3018 7700 0208 3910 870
  RIB : 30003 01877 00020839108 70
- Par chèque à l'ordre de Classiques Garnier

Classiques Garnier
6, rue de la Sorbonne – 75005 Paris – France
Fax : + 33 1 43 54 00 44
Courriel : revues@classiques-garnier.com

mis à jour le 26/08/2021

Abonnez-vous sur notre site web :
www.classiques-garnier.com